Falso
POSITIVO

CB058587

Copyright © 2019 por Theodore Dalrymple c/o Writers' Representatives LLC, New York. Publicado pela primeira vez em inglês nos EUA pela Encounter Books. Todos os direitos reservados.
Copyright da edição brasileira © 2022 É Realizações
Título original: *False Positive: A Year of Error, Omission, and Political Correctness in the New England Journal of Medicine*

Editor | Edson Manoel de Oliveira Filho

Produção editorial e projeto gráfico | É Realizações Editora

Capa | Daniel Justi

Diagramação | Mauricio Nisi Gonçalves/Nine Design

Preparação de texto | Luciane Gomide

Revisão | Alessandra Miranda de Sá

Reservados todos os direitos desta obra. Proibida toda e qualquer reprodução desta edição por qualquer meio ou forma, seja ela eletrônica ou mecânica, fotocópia, gravação ou qualquer outro meio de reprodução, sem permissão expressa do editor.

CIP-Brasil. Catalogação na Publicação
Sindicato Nacional dos Editores de Livros, RJ

D157f

    Dalrymple, Theodore, 1949-
    Falso positivo : um ano de erro, omissão, e o politicamente correto no New England Journal of Medicine / Theodore Dalrymple ; tradução Rodrigo Maltez Novaes. - 1. ed. - São Paulo : É Realizações, 2022.
    336 p. ; 23 cm. (Abertura cultural)

    Tradução de: False positive: a year of error, omission, and political correctness in the New England Journal of Medicine
    Inclui índice
    ISBN 978-65-86217-57-5

    1. New England Journal of Medicine - Crítica social. 2. Periódicos americanos. I. Novaes, Rodrigo Maltez. II. Título. III. Série.

22-76178   CDD: 610.72
                                                  CDU: 61-167(73)

Gabriela Faray Ferreira Lopes - Bibliotecária - CRB-7/6643
21/02/2022 23/02/2022

É Realizações Editora, Livraria e Distribuidora Eireli
Rua França Pinto, 498 – São Paulo SP – 04016-002
Telefone (5511) 5572-5363 – atendimento@erealizacoes.com.br – www.erealizacoes.com.br

Este livro foi impresso pela Mundial Gráfica, em março de 2022. Os tipos usados são da família Sabon Light Std e Frutiger Light. O papel do miolo é o Pólen Soft 80 g, e o da capa, cartão Ningbo C2 250 g.

THEODORE DALRYMPLE

Falso positivo

Tradução de Rodrigo Maltez Novaes

É Realizações Editora

Um ano de erro, omissão, e o politicamente correto no *New England Journal of Medicine*

À memória de Joseph Hartmann, M.D.,
cardiologista e alma gêmea.

Nenhuma cabeça tão astuta se dá,
Quando o erro escorregadio infiltrar-se-á.
Pois o homem sem erro dificilmente será,
Porque erro, a toda diligência exceder-se-á.

— Robert Recorde,
The Grounde of Artes, 1552

Sumário

Introdução 13

Lendo o *New England Journal of Medicine*,
12 de janeiro de 2017 – 4 de janeiro de 2018

12 de janeiro de 2017 17
19 de janeiro de 2017 23
26 de janeiro de 2017 29

2 de fevereiro de 2017 35
9 de fevereiro de 2017 39
16 de fevereiro de 2017 45
23 de fevereiro de 2017 51

2 de março de 2017 57
9 de março de 2017 63
16 de março de 2017 69
23 de março de 2017 75
30 de março de 2017 81

6 de abril de 2017 87
13 de abril de 2017 91
20 de abril de 2017 97
27 de abril de 2017 103

4 de maio de 2017 109
11 de maio de 2017 115

18 de maio de 2017 121
25 de maio de 2017 127

1º de junho de 2017 133
8 de junho de 2017 137
15 de junho de 2017 143
22 de junho de 2017 149
29 de junho de 2017 155

6 de julho de 2017 161
13 de julho de 2017 167
20 de julho de 2017 173
27 de julho de 2017 179

3 de agosto de 2017 185
10 de agosto de 2017 191
17 de agosto de 2017 197
24 de agosto de 2017 203
31 de agosto de 2017 209

6 de setembro de 2017 215
14 de setembro de 2017 221
21 de setembro de 2017 227
28 de setembro de 2017 233

5 de outubro de 2017 239
12 de outubro de 2017 245
19 de outubro de 2017 251
26 de outubro de 2017 257

2 de novembro de 2017 263
9 de novembro de 2017 269
16 de novembro de 2017 275

23 de novembro de 2017 281
30 de novembro de 2017 287

7 de dezembro de 2017..293
14 de dezembro de 2017..299
21 de dezembro de 2017..305
28 de dezembro de 2017..311

4 de janeiro de 2018 317

Envoi 323
Agradecimentos...325
Índice 327

Introdução

A maioria dos médicos lê periódicos de medicina para orientação em sua prática e presume que o resumo e as conclusões no final dos artigos são mais ou menos justificados pelo que vem antes. Afinal, os periódicos de medicina têm editores cujo trabalho não é apenas selecionar artigos dignos de inclusão, mas também eliminar erros óbvios. Durante a maior parte da minha carreira, acreditei que eles exerciam sua função.

Essa também é a crença da maioria dos jornalistas que divulgam os resultados da pesquisa médica ao público em geral como se fossem incontestáveis. Por necessidade, talvez, os jornalistas tomam o resumo e as conclusões dos artigos científicos pelo seu valor nominal, não tendo tempo nem inclinação para indagar muito além. Um fato científico direto ou inequívoco é jornalisticamente mais convincente do que uma pergunta ainda sem resposta. Da mesma forma, dobrar o risco de uma doença é uma história mais dramática do que a extrema improbabilidade de contrair a doença em primeiro lugar, mesmo com o dobro do risco – um pequeno detalhe que os periódicos de medicina costumam omitir.

Desde minha aposentadoria na medicina, tive tempo de ler periódicos com muito mais atenção e percebi quão falha é grande parte de seu conteúdo. Não se pode tomar a precisão ou mesmo a veracidade como garantidas, independentemente de quantos editores eminentes estejam no cabeçalho de um periódico. A responsabilidade pela detecção do erro é do leitor, que deve manter a mente aberta tanto para o que foi omitido quanto para o que está incluído. Desde que sir Arthur Conan Doyle, um dos mais famosos autores médicos de todos os tempos, registrou as façanhas e os ditos de Sherlock Holmes, sabemos que o silêncio do cão que não ladra pode ser tão eloquente quanto qualquer latido. Quanto mais cuidadosamente leio os artigos médicos, mais frequentemente o cachorro que não ladra à noite me parece uma lição importante. O que não é dito pode ser com frequência muito revelador, em especial para mentes desconfiadas como a minha se tornou.

Fui encorajado a escrever este livro depois que meu sobrinho Joseph, que é estudante de medicina em Paris, pediu minha ajuda antes do exame que estava prestes a fazer, sobre a maneira adequada e crítica de ler um artigo de pesquisa médica. Nunca me ensinaram a fazer isso e gostaria de ter tido tal ensino. Ao tentar ajudá-lo, esclareci minhas próprias ideias.[1]

As causas dos erros são numerosas e variam do descuido à desonestidade, do pensamento positivo à corrupção pura, e muito mais. A pesquisa médica depende de estatísticas cada vez mais complexas para concluir qualquer coisa, e o bom senso costuma ser a primeira vítima da sofisticação técnica. No entanto, não existe um artigo perfeito que não omita nada, responda a todas as perguntas possíveis e não possa ser criticado por nenhum motivo.

Nas páginas seguintes, examino o conteúdo do *New England Journal of Medicine* ao longo de um ano. Ao lado do *Lancet*, o *Journal* é o periódico de medicina geral mais importante e influente do mundo. Quando se pronuncia sobre a filosofia social, como costuma fazer, lê-se como o *Pravda*, não no sentido de que seja marxista-leninista, é claro, mas no sentido de que considera as próprias atitudes tão certas, tão indiscutivelmente virtuosas e verdadeiras, que outros pontos de vista raramente são expressos em suas páginas. O *Journal* por certo não está sozinho nesse aspecto: o *Lancet* é, no mínimo, pior. A mão pesada do politicamente correto paira sobre os periódicos de medicina.

---

[1] Ele passou no exame, mas não quero cair na velha falácia de que, como *a* seguiu *b*, *b* causou *a*.

Meu objetivo tem sido duplo: primeiro, alertar os leitores sobre a hipocrisia doentia que me parece ter infectado o *New England Journal of Medicine* (NEJM), contraída, sem dúvida, da cultura em geral; e, em segundo lugar, sintonizá-los com as ambiguidades da pesquisa médica que tantas vezes é considerada fornecedora de respostas inequívocas, mesmo para questões que são inescapavelmente éticas por natureza. Não é meu desejo expor ninguém ao ridículo ou desprezo, razão pela qual omiti os nomes dos autores e apenas ocasionalmente inferi ou atribuí motivos quando me pareciam óbvios.

Começo com a edição de 12 de janeiro de 2017, porque minha assinatura anual começou nessa data, e prossigo semana a semana até 4 de janeiro de 2018. Minha esperança é de que os leitores vejam como a pesquisa médica é complexa e difícil, e como devem permanecer céticos em relação aos resultados médicos relatados na imprensa em geral

12 de janeiro de 2017

Suspeito de que nem todo mundo se debruçaria com o coração acelerado sobre um artigo com o título "Eliminando a Transmissão da Cólera no Haiti", o primeiro no *Journal* dessa semana. O Haiti tem pouca importância no mundo, um caso infame e desesperador de patologia política; mas, como já visitei o país duas vezes, nada do haitiano me é estranho. O país domina a imaginação do visitante como nenhum outro; sua paixão por ele, embora possa diminuir um pouco com o tempo, é reavivada na primeira menção de seu nome. Seu trágico destino é como uma história altamente comprimida da humanidade, ou um *memento mori* para toda a humanidade.

No entanto, havia boas notícias no artigo: duas vacinas orais eficazes contra a cólera tinham sido produzidas, uma na Índia e uma na Coreia do Sul (um sinal da mudança do centro de gravidade científico mundial, talvez). Lembro-me dos dias em que as vacinas contra a cólera tinham de ser injetadas na parte superior do braço e causavam dor considerável, embora não necessariamente muita imunidade à cólera. As novas vacinas orais são estáveis por um mês a 37 graus Celsius e, portanto, não requerem nenhuma cadeia de refrigeração para serem usadas com sucesso em áreas rurais remotas. No Haiti, a eletricidade é menos confiável do que o clima.

O segundo parágrafo de um quase excelente artigo era quase tão interessante pelo que *não* dizia quanto pelo que dizia. Sua primeira frase nos informa: "A cólera não havia sido registrada no Haiti até sua introdução em 2010". Aprendemos, então, que a epidemia implicou 800 mil casos, o que é cerca de 8% da população, e resultou em 10 mil mortes. (A taxa de mortalidade de 1 em 80 casos demonstra que mesmo no Haiti os atendimentos médicos modernos têm um longo alcance e um efeito benéfico, pois a taxa de mortalidade da cólera quando apareceu pela primeira vez nos países ocidentais no século XIX era de cerca de 50%. Lamentamos o estado do mundo, mas o progresso, embora desigual, tem sido patente.)[1]

Mas observe o cachorro que não ladrou: *a cólera foi introduzida*. Por meio do quê, ou por quem, foi introduzida? Certamente esse é um assunto de algum interesse e vale uma ou duas palavras. Seria a omissão um sinal de constrangimento?

As evidências científicas sugerem claramente que a cólera foi introduzida no Haiti pelas tropas nepalesas de missão de paz das Nações Unidas, conhecida por suas iniciais MINUSTAH (Missão das Nações Unidas para a Estabilização no Haiti). Pouco antes de um grupo chegar ao país em outubro de 2010, houve um surto de cólera no Nepal, mas ninguém pensou em tomar medidas de precaução para evitar que as tropas propagassem a doença no Haiti, um lugar muito vulnerável a qualquer doença epidêmica, favorecida pela pobreza e pelo pobre, ou inexistente, saneamento básico. Parece que os arranjos sanitários para as tropas de paz eram tão precários que, logo após sua chegada a um acampamento perto do Rio Artibonite (o maior do Haiti), um caminhão despejou os resíduos dos soldados direto em suas águas. Isso provocou uma epidemia que ainda não terminou.

É desnecessário dizer que ninguém tinha a intenção de iniciar uma epidemia de cólera no Haiti; mas, uma vez iniciada, houve um esforço considerável para encobrir sua origem. Os Centros Americanos para Controle de Doenças, a Organização Mundial da Saúde, as Nações Unidas e

---

[1] É necessário ter um pouco de cautela ao triar as taxas de mortalidade por cólera devido às diferentes definições de casos. A maioria das pessoas infectadas com o organismo causador, *Vibrio cholerae*, não sofre da doença. São casos de infecção de cólera, mas não de cólera. A taxa de mortalidade, portanto, depende muito consideravelmente da definição de cada caso.

vários pesquisadores supostamente independentes decidiram ofuscar a doença até que se tornou quase inegável a evidência de que as tropas de paz nepalesas a trouxeram com eles.[2] Curiosamente, aqueles que tentavam ofuscar a verdade foram auxiliados em seu trabalho pelos dois periódicos de medicina geral mais influentes do mundo, o *Lancet* e o *New England Journal of Medicine*, os quais se recusaram a publicar artigos científicos que argumentassem claramente que os soldados nepaleses eram a fonte da epidemia. O *Lancet*, no entanto, publicou um artigo no qual especular sobre a origem da epidemia era desnecessário e até contraproducente.

Por que encobrir tanto? Só podemos tentar adivinhar. Por um lado, a população haitiana, já vítima de tantos desastres naturais e políticos, ficou compreensivelmente zangada quando começou a suspeitar de que as tropas nepalesas eram a fonte da epidemia. Houve alguns tumultos antinepaleses e as autoridades temiam que uma admissão de responsabilidade da MINUSTAH pudesse levar a uma explosão. Então, quanto mais obscureciam a verdade, mais difícil era admiti-la. E, de qualquer modo, quem gosta de confessar ter causado uma catástrofe, mesmo inadvertidamente? É provável também que houvesse relutância em acreditar que aqueles que queriam gerar o bem poderiam de fato causar danos, e em uma escala tão grande. Ninguém quer acreditar que a melhor das intenções possa resultar em desastre e, portanto, a verdade foi ocultada e a mentira propagada.[3]

O *NEJM* certamente não se comportou bem durante todo o episódio, talvez porque seguiu as linhas oficiais. Suponho que não mencionar quem introduziu a cólera no Haiti (que afinal não gastaria mais do que quatro palavras) foi um sinal de inquietação ou mesmo de má consciência entre

---

[2] As tropas nepalesas têm sido proeminentes nas missões de paz das Nações Unidas desde 1959. A tradição continuou mesmo durante a guerra civil no Nepal, que durou de 1996 a 2008. Graças à pobreza do Nepal, as tropas são baratas e sempre houve uma grande discrepância entre o que elas recebem em pagamento e o que o exército nepalês recebe das Nações Unidas. Para o Nepal, portanto, a manutenção da paz é uma valiosa fonte de renda.

[3] Para um relato brilhante e fascinante do caso: Ralph R. Frerichs, *Deadly River: Cholera and Cover-Up in Post-Earthquake Haiti*. Ithaca, New York, Cornell University Press, 2016.

os editores, que em geral não perdem a oportunidade de expressar os sentimentos humanitários do *Journal*.

Dizer a verdade ameaçaria não apenas alguns indivíduos e instituições, mas toda uma visão de mundo que era mais difícil e dolorosa de abandonar do que um mau hábito. Ninguém poderia se colocar contra as Nações Unidas; seria como preferir a crueldade à gentileza. Infelizmente, esta não foi a primeira vez que uma agência das Nações Unidas causou uma catástrofe e depois tentou encobri-la.

Na década de 1970, o Unicef e o Banco Mundial tentaram reduzir a taxa muito alta de mortalidade infantil em Bangladesh perfurando milhões de poços tubulares para fornecer água subterrânea bacteriologicamente limpa. (Uma alta porcentagem de mortes infantis era causada por água de superfície contaminada com fezes contendo agentes de gastroenterite fatal.) No que diz respeito à redução da taxa de mortalidade infantil, os poços foram um grande sucesso, mas infelizmente as águas subterrâneas continham uma alta concentração de arsênico, um cancerígeno. O resultado foi que dezenas de milhões de bengalis agora enfrentam a perspectiva de vários tipos de câncer, do qual milhares já morreram. Quando isso se tornou evidente, o Unicef tentou por muito tempo ocultar o fato – uma reação humana normal, sem dúvida, mas totalmente inesperada vinda de uma organização humanitária sem objetivos de autointeresse.

* * *

Um artigo de revisão intitulado "Rastreio de Câncer Colorretal" foi de certo interesse pessoal porque a minha família sofre dessa doença com frequência. Resumidamente, eu o li para encontrar algum motivo, ou melhor, uma racionalização, para *não* me submeter a uma colonoscopia de triagem regular, cujo desconforto temo. Meus olhos notaram imediatamente um trecho que satisfez meus desejos:

> Embora nem todos os estudos tenham mostrado um benefício significativo com relação à redução da mortalidade [...] vários estudos controlados, extensos e randomizados confirmaram a eficácia da

sigmoidoscopia periódica e única, baixando a taxa de mortalidade para 26% a 31% por câncer colorretal. [...]

Portanto, uma colonoscopia regular parece diminuir a taxa de mortalidade por câncer colorretal, mas o artigo nunca menciona a taxa de mortalidade *por todas as causas*. Assim, deixa em aberto a possibilidade de que a triagem possa salvar as pessoas de morrer de câncer colorretal, mas que possam morrer de outra coisa na mesma idade. O que quero saber é se a triagem pode prolongar minha vida, não apenas que evite minha morte por câncer colorretal. Esta é uma consideração importante: se uma doença não for especialmente comum em comparação com outras condições possivelmente fatais.

Também gostaria de saber o risco *absoluto* de morrer de câncer colorretal, não apenas a redução do risco *relativo*. Isso ocorre porque uma grande redução no risco relativo pode se traduzir em uma redução trivial no risco absoluto se a condição for rara em primeiro lugar, enquanto uma redução menor no risco relativo de uma condição comum pode ser muito maior em termos absolutos.[4] Não estou dizendo que esse é o caso aqui, mas o artigo não fornece meios de calcular o risco absoluto. Há muito estabeleci como princípio desconfiar de artigos em que apenas riscos relativos e não absolutos são fornecidos, ou que tornam muito difícil calcular a redução do risco absoluto.

Por suas omissões, o artigo me deu exatamente o que eu queria então: um motivo para não me submeter à triagem.

* * *

Desde que escrevi este texto, tive a oportunidade (março de 2019) de ler o livro do professor Renaud Piarroux, *Choléra: Haiti 2010-2018 Histoire d'un Désastre* (CNRS Éditions). Parece-me que, tendo seguido o *NEJM*, subestimei consideravelmente a letalidade da epidemia de cólera, talvez até oito vezes.

---

[4] Suponha que eu tenha uma chance em 1 milhão de morrer da doença X e que, comendo brócolis todos os dias, posso reduzir o risco para uma em 3 milhões. Isso é uma redução de dois terços, mas não muito significativa em termos absolutos. Não valeria a pena o esforço.

19 de janeiro de 2017

"Além das montanhas, há mais montanhas", dizem os camponeses do Haiti. Quanto mais transparentes são as coisas, mais opacas se tornam; ou talvez simplesmente imponham outras questões difíceis.

Um artigo intitulado "Transparência e Confiança – Avaliações On-line de Médicos por Pacientes" gerou mais perguntas do que respondeu. O autor, em prosa impecavelmente burocrática, exalta o valor potencial das avaliações de médicos por pacientes publicadas na internet:

> As análises dos pacientes oferecem aos médicos um *feedback* valioso sobre o desempenho para aprender e melhorar, tanto individualmente quanto no sistema como um todo. A receptividade à avaliação de desempenho, que depende muito da aceitação dos médicos quanto à validade dos dados, facilita uma cultura de aprendizado contínuo e foco no paciente.

Observe que o que ainda está por ser provado é aqui considerado um fato estabelecido: o que se supõe ser possível, ou desejavelmente o caso, realmente *é* o caso. Assisti a muitas reuniões e li muitos documentos nos quais os burocratas fizeram exatamente essa suposição. O mundo, eu descobri, muitas vezes é refratário às melhores das intenções (as piores sendo mais fáceis de realizar).

Göring supostamente disse: "Sempre que ouço a palavra *cultura*, pego minha Browning [pistola]". Sempre que leio prosa burocrática, caso sequer algum significado seja discernido nela, já preparo minhas objeções. Às vezes, uma voz mansa e delicada sussurra em algum lugar no fundo da minha cabeça (parece que realmente está localizada lá) dizendo que minhas objeções a tudo o que é proposto são, na verdade, uma manifestação de medo e aversão à mudança. A mudança específica discutida nesse artigo pouco importa para mim agora que estou aposentado, mas não gostaria de saber o que meus pacientes pensavam de mim.

Quais são minhas objeções a essas avaliações na internet, que tratam os médicos como se fossem restaurantes? Entre elas está a possibilidade de que os pacientes valorizem as coisas erradas em seus médicos. Um paciente não é um cliente e um médico não é apenas um prestador de um serviço, como um lojista que vende tudo o que seus clientes desejam comprar de seu estoque; o médico, é importante notar, também é um conselheiro. Um médico pode se recusar a fazer o que seu paciente deseja dele porque não considera ser do interesse do paciente. Isso pode não lhe render uma boa avaliação do paciente; mas, por outro lado, o Dr. Harold Shipman era geralmente bem-visto por seus pacientes e acabou por ser o assassino em série mais prolífico da história britânica.

Minha cautela com as avaliações *on-line* não foi totalmente dissipada pelos três exemplos de avaliação de uma cirurgiã chamada Courtney L. Scaife que foram citados no artigo. São eles:

> 1. Fiquei profundamente impressionado com a médica.
>
> 2. Dra. Courtney é uma excelente cirurgiã, explica as coisas muito claramente, é muito detalhista e simplesmente incrível. Eu recomendaria muito a Dra. Scaife.
>
> 3. Senti que a provedora não estava tão preocupada com minha condição quanto eu.

Há muito pouco conteúdo nesses comentários. Pode-se facilmente ficar impressionado com charlatões; na verdade, livros inteiros, alguns muito divertidos, foram escritos sobre a credulidade dos humanos, às vezes envolvendo milhares e milhares de pessoas ao mesmo tempo. Além disso, apenas os sobreviventes da cirurgia podem fazer uma avaliação de seu cirurgião, portanto um médico poderia dizimar toda uma região e mesmo assim receber avaliações elogiosas.

Quanto ao comentário crítico entre os três citados, você confiaria na avaliação de alguém que queria ou esperava que sua médica estivesse "tão preocupada com minha condição quanto eu"? Um médico que se preocupasse com seu paciente exatamente da mesma maneira e no mesmo grau que o paciente se preocupa consigo mesmo seria inútil ou, pior, possivelmente perigoso. O médico deve ser simpático, é claro, e também empático; mas sua simpatia e empatia pelo paciente não são as do amigo íntimo ou parente. O médico se preocupa com seu paciente, mas também se distancia dele, caso contrário, logo ficaria paralisado pela emoção. Um médico não pode e não deve lamentar a morte de seu paciente da mesma forma que um cônjuge, um filho ou um pai. Nem tudo o que é insensível é grosseiro.

O comentário de que a Dra. Scaife não estava tão preocupada com a condição de seu paciente quanto o próprio paciente é um exemplo de nossa crescente relutância em fazer distinções adequadas, como aquela entre o uso apropriado e inadequado do demótico, ou do formal e do informal. Já se foi a sabedoria ensinada em Eclesiastes: "Para tudo há um tempo... tempo de chorar e tempo de rir... tempo de calar e tempo de falar...".

É bem possível que a Dra. Scaife estivesse correta ao ver a condição do paciente como medicamente trivial e nada com que valesse a pena se preocupar, mas essa consideração simplesmente não passou pela cabeça do paciente.[1]

* * *

Mais adiante, no Journal, há um artigo intitulado "Surto 'Zumbi' Causado pelo Canabinoide Sintético AMB-FUBINACA em Nova York", que nos diz:

---

[1] Tenho em mente, entretanto, o ditado de sir George Pickering, um eminente médico britânico, de que uma pequena operação é uma operação realizada em outra pessoa.

Em 12 de julho de 2016, um canabinoide sintético causou intoxicações em massa de 33 pessoas em um bairro da cidade de Nova York, em um evento descrito pela imprensa como um surto "zumbi" devido à aparência das pessoas afetadas.

Esse evento faz parte do capítulo mais recente da eterna luta do homem para *tune in, turn on, and drop out*.[2] Centenas de canabinoides sintéticos, os ingredientes ativos da *cannabis*, estão agora sendo fabricados em laboratórios clandestinos em todo o mundo, mas principalmente na China. Somente em 2014, foram encontrados 177 novos canabinoides usados na América. Não é de surpreender que as autoridades tenham dificuldade em acompanhar a engenhosidade e dedicação dos químicos.

A atração dos canabinoides sintéticos, para quem os fabrica e distribui, é que são altamente potentes, fáceis de contrabandear e vendáveis em pequenas quantidades com enorme lucro. A atração para quem os consome é menos óbvia, uma vez que os efeitos são nitidamente desagradáveis e às vezes perigosos, variando de tontura a psicose, delírio, convulsões, insuficiência renal e morte (porém o perigo pode realmente aumentar a atração para certo tipo de pessoa). Uma variante da droga que foi o assunto desse artigo, AMB-FUBINACA, foi encontrada em um produto chamado *Trainwreck #2*, vendido na Louisiana, descrito em *sites* dedicados a discussões sobre drogas como *incrivelmente potente*. Tanto o nome quanto a descrição são indícios do niilismo mental dos usuários. O produto que causou a zumbificação das 33 pessoas em Nova York é chamado de *AK-47 24 Karat Gold*. O que há em um nome? Às vezes, muito.

Pode-se supor que alguns efeitos mais obviamente prazerosos induziriam as pessoas a usar drogas. Em alguns casos, sem dúvida, mas nem sempre. Na prisão em que trabalhei como médico, quando os presos encontravam um esconderijo de pílulas, eles roubavam todas, sem o menor conhecimento do que eram ou dos efeitos que causariam. A esperança era a obliteração, ou pelo menos uma mudança no estado mental,

---

[2] Famosa frase cunhada por Timothy Leary na década de 1960, vagamente traduzida como "entra na *vibe*, se liga, e relaxa". (N. T.)

embora não necessariamente uma melhora. (Às vezes, acabavam sendo hospitalizados.) Essa tendência não é exclusiva a presidiários, é claro. Já ouvi muitas vezes jovens britânicos discutirem sua incrível noitada, da qual, graças ao álcool que consumiram, não conseguiam se lembrar – prova de como foi boa. O esquecimento era o maior prazer disponível para eles. Nas Ilhas Gilbert, no Pacífico Central, perguntei aos jovens por que deliberadamente inalavam os vapores de gasolina, cujos efeitos são náuseas, tonturas, forte dor de cabeça, problemas de coordenação e, por fim, inconsciência – efeitos nada agradáveis à primeira vista. Eles responderam que os vapores de gasolina os faziam sentir-se *diferentes*. A vida deles era realmente monótona, não havia estações climáticas e o dia durava doze horas o ano todo; eles desejavam algo diferente em seu estado de espírito, mesmo à custa de considerável desconforto. E na Ilha de Ibiza, onde pelo menos alguns jovens da Europa gostam de passar as férias, as duas maiores baladas, com espaço para milhares de pessoas, chamam-se Manumissão e Amnésia, como se apenas o esquecimento pudesse realizar a libertação da escravidão.

O surto "zumbi" em Nova York, portanto, se encaixou em uma triste saga de esforços para escapar do mundano. A boa notícia é que a identificação e caracterização química da droga que causou a zumbificação – o olhar vazio e movimentos robóticos como de um dos primeiros humanoides da ficção científica de Hollywood – levaram apenas dezessete dias e foram um triunfo técnico e organizacional, conforme o *Journal* relata:

> A colaboração entre a equipe de laboratórios clínicos, profissionais de saúde e polícias facilitou a identificação oportuna do composto e permitiu que as autoridades de saúde tomassem as medidas adequadas. [...] Esse tipo de coordenação entre várias agências é importante para a resolução oportuna de surtos futuros.

Infelizmente, no entanto, o artigo não dá nenhuma indicação do que consiste tal *resolução*, ou qual poderia ser a ação apropriada das autoridades de saúde. Uma proibição da estupidez humana, talvez?

* * *

Um artigo de revisão com o título "Mecanismos, Fisiopatologia e Gerenciamento da Obesidade" nos informa que "pessoas com sobrepeso ou obesidade representam mais de dois terços da população dos Estados Unidos e estão super-representadas nos consultórios de primeiros socorros". Isso significaria que a maioria dos pacientes americanos em atendimentos primários, presumivelmente três quartos pelo menos, são gordos.

A explicação oferecida para esse fato lamentável da América moderna é interessante pelo que não diz:

> Os fatores que favorecem um balanço energético positivo e ganho de peso nas últimas décadas incluem o aumento da oferta e do consumo de alimentos *per capita*, particularmente de alimentos palatáveis e de alto teor calórico que costumam ser servidos em grandes porções; [...] e deslocamento das atividades de lazer com atividades sedentárias, como assistir televisão e usar dispositivos eletrônicos.

Os culpados, então, seriam nossos velhos amigos, dois dos pecados capitais: gula e preguiça. Mas isso não pode ser dito de forma tão direta. "Não fales aos ouvidos do tolo, porque ele desprezará a sabedoria das tuas palavras."

26 de janeiro de 2017

Imaginei saudosamente que estava atualizado com as siglas de sexo e gênero, até que vi um artigo intitulado "Escolhas Íntimas, Ameaças Públicas – Direitos Reprodutivos e LGBTQ sob a Administração Trump". O que o Q significa? Por fim, descobri que significa *queer*. Mas *queer* já não está incluído em G de *gay*? Nenhuma outra explicação foi dada.

Percebi que estava desatualizado, embora tivesse lido um artigo no *Journal* alguns meses antes explicando a nova terminologia sexual *correta*. Hoje temos cis- e transgênero, como antigamente tínhamos Cis- e Transjordânia. O artigo listava algo chamado *genderqueer*, um termo aparentemente de uso tão comum que meu programa Word, graças a atualizações constantes, não o sublinha com uma linha vermelha ondulada, como faz quando pensa que cometi um erro de ortografia. Uma pessoa *genderqueer* é aquela que se identifica como homem e mulher, ou nenhum dos dois. Mas a letra Q dificilmente pode representar o *genderqueer*, a menos que esse termo tenha sido encurtado para *queer* no intervalo. O artigo sobre terminologia advertia que sua própria lista não era definitiva, pois, como dizia delicadamente, "os conceitos estão evoluindo". Certamente estão.

De qualquer forma, a sigla LGBTQ me pareceu escandalosamente não inclusiva. Sem dúvida, deveria, no mínimo, ser LGBTQFNPI, que significa Lésbica, Gay, Bissexual, Transexual, Queer, Fetichista, Necrofílico, Poligâmico e Incestófilo. Mesmo isso, assim como os leitores de *Psychopathia*

Sexualis de Krafft-Ebing apreciarão, de forma alguma esgota as possibilidades: um acrônimo verdadeiramente reflexivo da variedade sexual humana teria várias páginas.

Seja como for, o artigo mais recente não é sobre taxonomia, mas sobre "direitos". A maioria dos artigos na imprensa médica que discutem direitos parece-me confundir dois usos da palavra *direito*, e essa declaração no *Journal* é típica: "A Emenda Hyde limita o uso de fundos do Medicaid para procedimentos de aborto, evitando que mulheres pobres exerçam seus direitos constitucionais". Deixando de lado a questão de se a Constituição dos Estados Unidos permite ou proíbe o aborto (suspeito de que não permite), observe que a declaração pressupõe que o exercício de um direito requer não apenas uma ausência de restrição, mas também, em alguns casos, a disposição de benefícios.

Mas dizer que tenho o direito (bem compreendido) de comer chocolate não significa de forma alguma que alguém tenha o dever de me fornecer chocolate ou de garantir que o chocolate esteja disponível para mim. Meu direito de comer chocolate não é violado pela ausência de chocolate para comer. Da mesma forma, deixar de disponibilizar fundos públicos para procedimentos de aborto não anula o direito de ninguém ao aborto.

Um regime de proliferação de "direitos", definido para incluir reivindicações sobre o fornecimento de bens, tem a tendência de embrutecer a imaginação moral. Onde algo é concedido como certo, não há necessidade de pensar em qualquer outro motivo pelo qual deveria ser concedido. Quando pergunto aos alunos por que as pessoas devem receber atendimento de saúde, eles geralmente não conseguem pensar em outra razão além de "as pessoas têm direito a isso". Para eles, tem que ser um direito ou nada.

* * *

Ultimamente, há uma tendência marcante de o *Journal* publicar resultados negativos, ou seja, resultados de experimentos em que o tratamento em estudo não funcionou. Essa tendência em direção a mais negatividade é, na verdade, um desenvolvimento positivo, um corretivo ao *viés de publicação* decorrente de uma preferência de longa data por resultados positivos.

A edição de 26 de janeiro publicou resultados negativos envolvendo o uso de hipotermia (temperatura corporal reduzida) no tratamento de parada cardíaca em crianças no hospital. Uma parada cardíaca interrompe o fluxo sanguíneo para o cérebro, que, quando é restaurado, muitas vezes causa danos cerebrais permanentes. Em adultos, descobriu-se que o resfriamento do corpo após a parada cardíaca diminui os danos cerebrais, provavelmente porque a menor demanda metabólica reduz a diferença entre o que é necessário e o que está disponível. Se funciona em adultos, por raciocínio, por que não funcionaria em crianças?

Não há, entretanto, nenhum argumento mais perigoso na medicina do que É *lógico*, visto que o que é lógico pode não o ser de fato. Por centenas de anos, se não milhares, o que era tido como racional com base na teoria humoral da doença foi praticado de modo assíduo, quase certamente fazendo mais mal do que bem. Pode ser lógico que o que funciona em um grupo de pessoas deva funcionar em outro, mas nem sempre esse é o caso, e esse é um dos motivos pelos quais é necessário evitar tirar conclusões muito amplas de um único experimento. Na verdade, os resultados da transferência de conclusões de um grupo de pacientes para outro podem ser desastrosos (como veremos mais tarde a respeito da prescrição de opiáceos para a dor).

O experimento com hipotermia em crianças foi realizado em 37 hospitais; teve que ser realizado em muitos hospitais porque a parada cardíaca em crianças não é muito comum. Aqui está um resumo do que foi feito e os resultados:

> Dentro de 6 horas após o retorno da circulação, crianças comatosas com mais de 48 horas e menores de 18 anos de idade foram aleatoriamente designadas para hipotermia terapêutica (temperatura-alvo 33,0 °C) ou normotermia terapêutica (temperatura-alvo, 36,8 °C). [...] O estudo foi encerrado devido à futilidade após 329 pacientes terem sido submetidos à randomização. [...] Entre as crianças que sobreviveram a uma parada cardíaca em hospital, a hipotermia terapêutica, em comparação com a normotermia terapêutica, não conferiu um benefício significativo na sobrevida com um resultado funcional favorável em 1 ano.

Um grande esforço para nada, ao que parece. (O artigo menciona não menos que 49 autores!) Mas as aparências enganam. É tão necessário saber que um procedimento não funciona ou causa danos quanto que funciona – ainda mais quando é caro e demorado.

A não publicação de resultados negativos, especialmente no campo da farmacologia, pode dar uma impressão enganosa da eficácia de um medicamento. Se, por exemplo, houvesse dez estudos de um novo medicamento, apenas um dos quais o tendo considerado eficaz, não publicar os resultados dos outros nove estudos levaria os médicos a supor que o medicamento *era* eficaz, embora, se todos os resultados fossem amalgamados, seria demonstrado que não era eficaz. Antes que isso fosse compreendido, as revistas médicas tendiam a resultados positivos, e esse viés tem consequências reais para a prática.

Essa é uma das razões pelas quais em muitos países agora é legalmente obrigatório que todos os estudos médicos tenham um registro central, que seus protocolos sejam publicados com antecedência e que seus resultados sejam publicados, mesmo que apenas *on-line*. Além disso, os estudos devem ser registrados assim que começam, se não antes, para que aqueles que os conduzem não mudem seus objetivos à medida que avançam, caso fique claro que seus objetivos originais não serão alcançados. Isso é importante porque, se você gerar muitos dados, sempre poderá derivar algum tipo de resultado deles; mas fazer isso não é cientificamente legítimo. Suponha que você correlacione o consumo de duzentos alimentos diferentes com acidentes de carro: você certamente encontrará uma correlação positiva ou negativa, ou ainda, talvez, uma correlação com o consumo de maçãs. Mas essa é uma descoberta quase inútil, a menos que respaldada por mais experimentos para estabelecer que a correlação era reproduzível. Somente se a coleta de dados for precedida por uma hipótese é que qualquer conclusão dela provavelmente (embora não necessariamente) será válida.

Outro artigo no *Journal* esta semana descreve o trabalho do cartório americano de estudos clínicos que está em operação desde 2000. Fiquei surpreso ao ver que 208.822 estudos desse tipo foram registrados durante esse período (e 323.018 no cartório da Organização Mundial da Saúde, dos quais 208.024 coincidem com o cartório americano). Isso mostra quão vasto é agora o empreendimento da pesquisa médica. O artigo não nos diz quanto dessa empresa, incluindo o próprio cartório, contribui para o progresso. A pergunta, embora real, não pode ser respondida.

Há muito se pensa que pesquisas boas e honestas são impedidas pelo interesse comercial que as financia. No campo médico, isso significa essencialmente as empresas farmacêuticas. Obviamente, os pesquisadores têm outros interesses, que não são comerciais. Eles podem estar tão apegados a uma teoria favorita que distorcem os resultados no interesse do que percebem ser a verdade superior; ou podem desejar bons resultados por razões puramente carreiristas. Os autores agora são solicitados a declarar seus possíveis interesses pecuniários e trabalho remunerado para as empresas farmacêuticas, na suposição de que, se o fizerem, não falsificarão seus resultados a mando de seus pagadores. Em um estudo de um novo medicamento publicado no *Journal* desta semana, financiado por uma empresa farmacêutica, um dos autores declarou que recebeu:

> [...] honorários de consultoria da Alere, Actelion Pharmaceuticals, Cubist Pharmaceuticals, Astellas, Optimer Pharmaceuticals, Sanofi Pasteur, Summit Pharmaceuticals, bioMérieux, Da Volterra, Qiagen, Cerexa, Abbott, AstraZeneca, Pfizer, Durata Therapeutics, Merck, Seres Therapeutics, Valneva, Nabriva Roche, Medicines Company e Basilea Pharmaceutica; honorários de palestras da Actelion Pharmaceuticals, Cubist Pharmaceuticals, Astellas, Optimer Pharmaceuticals, Sanofi Pasteur, Summit Pharmaceuticals, bioMérieux, Da Volterra, Qiagen, AstraZeneca e Pfizer, e bolsa de apoio da Alere, Actelion Pharmaceuticals, Cubist Pharmaceuticals, Astellas, Optimer Pharmaceuticals, Sanofi Pasteur, Summit Pharmaceuticals, bioMérieux, Da Volterra, Qiagen, Cerexa e Abbott.

Poderia ter economizado espaço se listasse as empresas que *não* lhe pagaram honorários de consultoria, para as quais *nunca* deu palestras e que *não* financiaram sua pesquisa.

E antes que alguém diga "ah, bem, a América é assim", esclareço que o autor era inglês e trabalhava na Inglaterra.

2 de fevereiro de 2017

Na sátira de Samuel Butler, *Erewhon* (um anagrama de *nowhere*, ou seja, de lugar nenhum, *por enquanto*), os criminosos são tratados como doentes e os doentes como criminosos. A questão da responsabilidade moral é sempre contestada, e ninguém é tão determinista a ponto de nunca culpar ninguém por nada. Na verdade, o desejo humano de culpar as pessoas é pelo menos tão forte quanto o desejo de desculpá-las e considerá-las vítimas indefesas das circunstâncias. Em vista da complexidade da existência humana, as pessoas não são simplesmente culpadas ou inocentes, mas frequentemente algo entre os dois (razão pela qual sistemas jurídicos decentes reconhecem circunstâncias atenuantes).

Há um lembrete sobre complexidade moral em um artigo que faz parte de uma série chamada "Solucionando Problemas Clínicos". O paciente cujo problema precisava ser resolvido era "um homem de 49 anos com 159 quilos (350 libras) e índice de massa corporal [...] de 49,1" que se apresentou para cirurgia bariátrica (para redução de peso). Esse homem, somos informados, "era obeso mórbido desde a infância". Em outras palavras, havia sido supernutrido na infância, e provavelmente com coisas erradas, certamente antes da idade de discernimento. Todos da área médica concordam que é mais fácil permanecer magro do que emagrecer depois de ser gordo. Isso não quer dizer que seja impossível alcançar a segunda opção, ao comer menos. Mas seria uma pessoa muito censurável a que não fizesse concessões a esse homem no que diz respeito à responsabilidade por sua situação.

Outro artigo dessa semana trata de forma mais ampla das condições médicas que surgem das ações do paciente. Intitulado "Pagamento do Medicare para Integração de Saúde Comportamental":

> A integração da assistência de saúde comportamental com atendimentos primários é agora amplamente considerada uma estratégia eficaz para melhorar os resultados para os muitos milhões de americanos com problemas de saúde mental ou comportamental.

Ignoremos a questão de quem está fazendo a consideração. Quais são os *males de saúde comportamental* de que sofrem tantos milhões de americanos? Eles incluem os antigos favoritos: beber demais, fumar, usar drogas e obesidade (consequência de comer demais, sem dúvida um comportamento).

As consequências médicas da obesidade são inúmeras e incluem a diabetes tipo 2, cuja prevalência é de proporções epidêmicas e que alguns epidemiologistas acreditam que reverterá o aumento contínuo da expectativa de vida do último século e meio. Outra consequência é a osteoartrose acelerada: não é incomum ver pessoas muito gordas em cadeiras de rodas, aleijadas desde cedo pela artrite decorrente do peso que suas articulações têm que aguentar. Como comer demais é a causa da obesidade, e comer demais é comportamental, parece, *à primeira vista*, plausível chamar doenças como diabetes tipo 2 e osteoartrite de *comportamentais* – ainda mais porque a primeira, pelo menos, tende a diminuir se o paciente perde peso por qualquer motivo.

Essas condições devem ser tratadas por meio da *integração da saúde comportamental*. Essa expressão tem um toque distintamente distópico, evocando imagens mentais de choques elétricos para extinguir os maus hábitos e substituí-los pela docilidade, ao estilo *Laranja Mecânica*. Outros tratamentos comportamentais do passado incluíam administrar apomorfina em viciados em opiáceos para induzi-los a vomitar quando usavam opiáceos, na esperança de que isso pudesse criar uma resposta condicionada a ponto de sentirem náuseas ao ver os opiáceos sem ter de tomar apomorfina para isso. Esse artigo não propõe nada tão drástico, mas sugere que a integração da saúde comportamental é economicamente eficiente, bem como clinicamente eficaz:

> A implementação generalizada do MAPC [Modelo de Assistência Psiquiátrica Colaborativa] e de outras ISCs [Integração de Saúde Comportamental] eficazes poderia melhorar substancialmente os resultados para milhões de beneficiários do Medicare e gerar economia para o programa.

A evidência para essa afirmação (que os autores, corretamente, pelo menos mantêm no modo condicional) é que vários estudos mostraram que esses procedimentos acronômicos são eficazes. Totalmente esquecido é o fato bem conhecido de que os resultados dos estudos, que em geral são realizados com cuidado e com entusiasmo dos participantes, não se traduzem necessariamente no que é conhecido como mundo real, na prática do dia a dia, em especial em um campo em que os resultados são relativamente mal definidos e, portanto, fáceis de falsificar.

Para mim, tudo soa típico de apelos burocráticos para gastar dinheiro a fim de economizá-lo no final (mais ou menos como salvar aldeias destruindo-as). Os gastos são sempre garantidos, as economias sempre hipotéticas. Em breve surge o tédio e o olhar fica distante:

> Usando [...] três novos códigos, o médico de atendimento primário pode cobrar o Medicare por cada mês em que um limite de tempo é utilizado com serviços MAPC (no primeiro mês, aproximadamente USD $140 por 70 minutos por beneficiário; para os meses subsequentes, aproximadamente USD $125 por 60 minutos por beneficiário e, para todos os meses, aproximadamente USD $65 para cada 30 minutos adicionais por beneficiário). O gerente de assistência de saúde comportamental deve ter educação formal ou treinamento especializado em saúde comportamental. [...]

Para se certificar sem nenhuma sombra de dúvida de que a mente do leitor esteja completamente submissa, o artigo continua:

Como o MAPC não é a única abordagem para ISC em uso hoje, o Medicare também começará a fazer pagamentos separados usando um quarto novo código para serviços fornecidos de acordo com outros modelos ISC (aproximadamente USD $48 para pelo menos 20 minutos de serviços por beneficiário por mês). Esse código pode ser usado para relatar serviços prestados sob outros modelos de atendimento BHI que incluem avaliação sistemática e monitoramento usando escalas de avaliação clínica validadas (quando aplicável), planejamento de assistência de saúde comportamental (com revisão do plano de assistência para o paciente cuja condição não está melhorando), facilitação e coordenação do tratamento de saúde comportamental. [...]

Na prática, isso se resumirá a uma grande quantidade de formulários, com um formulário preenchido sendo considerado pelo *profissional de saúde comportamental* uma conquista em si. Quanto à *facilitação e coordenação*, geralmente são esquemas de criação de trabalho para facilitadores e coordenadores.

Perto do fim da vida, Sigmund Freud escreveu um artigo intitulado "Análise, Terminável e Interminável". Lembrei-me dele ao observar que nada na descrição do MAPC e do ISC sugere quaisquer limites em relação aos pagamentos. Sem esses limites, é provável que sejam interminávels. A ineficácia será recompensada: e nesse campo há muita ineficácia para se recompensar.

9 de fevereiro de 2017

Dois artigos abordam a questão importante, mas controversa, de como remunerar os médicos da melhor maneira possível por seus serviços, especialmente aqueles que cuidam dos pacientes de baixa renda. Os artigos começam com parágrafos tão semelhantes que, por um instante, achei que estava lendo o primeiro artigo pela segunda vez. O primeiro começa:

> O Medicare está mudando gradualmente de modelos de remuneração por serviço baseados em volume para modelos de remuneração baseados em valor. ...

E o segundo:

> Os Estados Unidos estão mudando rapidamente para um sistema de prestação de atendimento de saúde em que os modelos de remuneração baseados no valor são a forma predominante de reembolsar os médicos pelo atendimento.

As duas declarações são, no entanto, sutilmente diferentes. A mudança é *gradual*, mas o movimento *rápido*? Suponho que, estritamente falando, não haja contradição entre os dois – é possível se locomover em um ritmo gradual, mas rápido –, embora normalmente as palavras tenham uma conotação diferente. Como uma pessoa que se aproxima da velhice, acho que preferiria um declínio gradual a um rápido, se é que deve haver declínio.

O primeiro artigo é intitulado "Fatores de Risco Social e Equidade na Remuneração do Medicare". A palavra *equidade* é aqui (pela primeira vez) usada corretamente, para significar justiça, não igualdade. Em consideração está a justiça comparativa de um sistema de remuneração por serviço prestado e de um sistema de remuneração baseado em resultados.

A remuneração por serviço prestado é justa no sentido de que, quanto mais os médicos fazem, mais recebem. As características dos destinatários de seus serviços não afetam o valor que recebem; afinal, um exame de sangue é um exame de sangue. Mas há um problema com a remuneração por serviço prestado: ela não leva em consideração se o serviço pago foi ou não necessário, se beneficiou ou não o paciente. Exames e operações desnecessários são feitos em grande número e elevam consideravelmente os custos da assistência de saúde, enquanto aumentam a renda dos médicos. Isso não é necessariamente desonestidade da parte deles, pelo menos não de um tipo grosseiro, mesmo que às vezes seja. É fácil para um médico persuadir-se de que um exame é necessário apenas por precaução, e um incentivo monetário fará pender a balança a seu favor se ele estiver em dúvida quanto a fazê-lo.

A remuneração por resultados elimina ou reduz o incentivo para realizar exames ou procedimentos desnecessários, especialmente se o fator custo-benefício fizer parte do cálculo. Mas a remuneração por resultados não é tão fácil ou justa quanto parece. Para que ela seja justa, os semelhantes devem ser comparados a semelhantes. Por exemplo, sabemos que os resultados de operações realizadas em fumantes obesos não são tão bons quanto os resultados de operações em não fumantes magros (ser obeso é a nova norma nos Estados Unidos), e bons resultados são mais difíceis de alcançar dentre os grupos socioeconômicos mais baixos do que nos mais elevados. Portanto, remunerar os médicos de acordo com seus resultados, independentemente das características de seus pacientes, seria injusto e, além disso, teria o efeito (já bem perceptível) de encorajar os médicos a se agruparem em áreas ou clínicas ricas e rejeitar os pobres.

Garantir a equidade de remuneração no significado do artigo (justiça para os médicos que prestam o serviço), portanto, requer a coleta de uma grande quantidade de dados. Medimos as características da população da qual se originam os pacientes de um médico, ou apenas as dos pacientes que ele realmente atende, que podem não ser iguais, em média? O artigo não diz. De qualquer forma, embora a coleta de dados seja frequentemente tratada como se fosse gratuita, não é, como bem sabe todo médico moderno que gasta grande parte de seu tempo registrando dados de vários tipos. Às vezes, parece que se pode saber o que está fazendo, mas não o fazer em demasia, ou fazer demasiadamente sem saber o que se está fazendo. Qual das alternativas é melhor depende da habilidade e probidade do médico.

O segundo artigo sobre o tema da remuneração aos médicos leva em consideração as características dos pacientes, mas aplica um entendimento diferente de equidade. É intitulado "A Compra Baseada em Valor Deve Considerar o Risco Social?". Os autores dizem que a coleta de dados melhorada e técnicas estatísticas são necessárias para "medir e relatar a qualidade do atendimento a beneficiários com fatores de risco social", e continuam:

> Outro componente importante dessa estratégia é medir a própria equidade. Medidas ou domínios de equidade em saúde devem ser desenvolvidos e introduzidos nos programas de remuneração existentes para medir as disparidades e fornecer incentivos para reduzi-las.

Aqui, *equidade em saúde* parece significar desigualdades entre as classes sociais na incidência de doenças, taxas de mortalidade e expectativa de vida. Os médicos, então, devem ser responsabilizados por essas desigualdades na medida em que se considera que está em seu poder reduzi-las. Afinal, oferecer uma recompensa a alguém para fazer algo não faz sentido se ele ou ela não puder realmente fazê-lo – a menos que o *verdadeiro* propósito de oferecer a recompensa seja gerar uma cortina de fumaça para aqueles que têm mais responsabilidades e querem colocar a culpa em outra pessoa.

As *desigualdades* de saúde são em si mesmas *iníquas*, isto é, injustas? Entre os indivíduos, a resposta deve ser não, a menos que (absurdamente) a justiça seja exigida, ontologicamente por assim dizer, de todo o universo – como se o universo tivesse uma obrigação de justiça para com todos os seres sensíveis que nele vivem. O fato é que *nascemos* com diferentes propensões a doenças, e nenhum médico poderia deixar de se surpreender com a diferença nos fardos de doenças carregados por diferentes pessoas, sem culpa (ou virtude) própria. Um vizinho meu tem um filho, agora com quarenta anos, que sofre da doença de Crohn desde os dezesseis anos. Ele passou por inúmeras hospitalizações e operações para salvar sua vida, o que afetou profundamente sua vida e carreira. Foi equitativo (no sentido da palavra usada no segundo artigo) ter sido ele o único membro da família a sofrer dessa horrível doença? Certamente essa é uma forma de desigualdade. Também é injusto no sentido de que ele por certo não fez nada por merecê-lo; na verdade, não teria como contrair a doença de Crohn caso tentasse ativamente fazê-lo. Esse é um exemplo de vitimização pura e não diluída, de uma má sorte imerecida. O universo não promete justiça nem igualdade.

Mas as diferenças entre as trajetórias de saúde dos indivíduos quase certamente *não* são o que o artigo entende por "disparidades" que devem ser reduzidas. Em vez disso, significa as diferenças entre os resultados de vários grupos reconhecíveis de humanos, como aqueles que se distinguem por classe, sexo ou raça – a classificação dos seres humanos que atualmente obceca não apenas sociólogos e ideólogos, mas também (acho justo dizer) quase qualquer um que pense sobre a distribuição de danos e benefícios nas sociedades humanas. As disparidades são necessariamente injustas?

Existem alguns grupos, definidos por traços genéticos comuns, que são suscetíveis a doenças às quais outros grupos são imunes, ou quase imunes. A doença falciforme é um exemplo óbvio, ou Tay-Sachs. Quem sofre de doenças hereditárias nada fez para merecê-las, mesmo quando o comportamento do grupo a que pertencem aumenta sua incidência de doenças genéticas. Por exemplo, pessoas de ascendência paquistanesa na Grã-Bretanha têm uma alta prevalência de casamento entre primos-irmãos e, portanto, de doenças hereditárias. Devem os costumes sociais ser proibidos sob o argumento de que aumentam a "iniquidade em saúde", conforme entendido no segundo artigo?

Outro exemplo de comportamento com consequências para a saúde encontrado mais em certos grupos do que em outros é o tabagismo. Epidemiologistas disseram que a diferença na taxa de tabagismo entre os decis econômicos mais altos e mais baixos na população britânica é responsável por metade da diferença na expectativa de vida. (A proporção precisa não é importante para o argumento, porque todos concordam que é substancial.) Isso significa que fumar no decil inferior deve ser proibido ou que os médicos devem ser responsabilizados pela redução da taxa de tabagismo nesse decil?

Sem dúvida, os sociólogos argumentariam que uma prevalência relativamente alta de tabagismo no decil econômico mais baixo deve ter uma razão, como a ausência de outras gratificações ou as duras condições de existência. Mas isso é negar o arbítrio aos indivíduos naquele decil, como se eles não tivessem o poder de escolher se querem ou não fumar. Pode ser, então, que a iniquidade no sentido de *desigualdade* seja o preço da humanidade.

Essa ideia está de acordo com estatísticas surpreendentes que encontrei enquanto preparava uma palestra para médicos-legistas sobre medicina na prisão, onde, é claro, a atividade humana é mantida sob estrita restrição. Descobri que a taxa de mortalidade padronizada de prisioneiros na Grã-Bretanha é de 1,5, o que significa que os prisioneiros têm 50% mais probabilidade de morrer do que a população geral da mesma idade e sexo; mas a taxa de mortalidade padronizada da classe social da qual os prisioneiros se originam é de 2,84.[1] Isso significa que um prisioneiro na Inglaterra tem apenas metade da probabilidade de morrer na prisão do que teria se tivesse a liberdade de continuar sua vida normalmente. Na verdade, o efeito salvador de vidas na prisão é provavelmente ainda maior do que isso, visto que os prisioneiros provavelmente vêm em grande parte do decil mais baixo.

---

[1] A taxa de mortalidade padronizada é definida como a razão entre o número de mortes observadas em uma população de estudo e o número de mortes que seriam esperadas com base nas taxas específicas de idade e sexo em uma população padrão e a distribuição de idade e sexo da população em estudo.

A princípio, fiquei chocado com essas estatísticas, mas, refletindo, elas eram perfeitamente plausíveis à luz de minha experiência como médico prisional. A prisão costumava ser o único lugar em que alguns indivíduos recebiam atendimento médico, não porque de outra forma não estivesse disponível, mas porque não o utilizavam. Fora da prisão, eram descuidados quanto à dieta e frequentemente usavam drogas ou bebiam demais. Todos fumavam. Assim, entravam na prisão parecendo vítimas de um campo de concentração e, em três meses, eram restaurados à boa e até robusta saúde. Depois da libertação, infelizmente, muitas vezes retomavam seus velhos hábitos e, quando voltavam para a prisão no mesmo estado deplorável, eu dizia a eles: "Para vocês, a liberdade é um campo de concentração". Embora sempre se tenha dito que eram pouco inteligentes e com baixo nível de educação formal, os prisioneiros compreendiam imediatamente o que eu queria dizer e concordavam de pronto.

Isso significa que devemos aprisionar o décimo mais pobre da população em nome da equidade na saúde, como diz o segundo artigo do *Journal*?

16 de fevereiro de 2017

Desde o ano 2000, mais que o dobro de americanos morreram de overdoses de opiáceos e envenenamento por opioides em comparação com todas as ações militares desde o fim da Segunda Guerra Mundial. Só em 2017, foram mais de 49 mil. Em 2014, quatro vezes mais americanos morreram de envenenamento por opioides do que morreram de aids. Estranhamente, porém, a maioria dos que conheço não sabe quase nada sobre essa hecatombe; talvez porque as mortes ocorrem principalmente em uma classe de pessoas com quem têm pouco contato.

Um artigo dessa semana aponta para um perigo crescente: a adulteração de drogas de rua com fentanil, um opioide sintético barato de produzir e muitas vezes mais poderoso do que a morfina ou a heroína. O artigo não menciona que, como quase tudo hoje em dia, ele é fabricado em grande parte na China. Os traficantes de heroína adulteram (se é que essa é a palavra certa) a heroína com fentanil porque o preço por quilo é apenas 1/13 do da heroína. Mas aqueles que consomem heroína não sabem disso, então, sem querer, usam doses de uma droga que é muitas vezes mais potente e perigosa do que seu veneno normal, e muitos morrem disso.

O que deve ser feito? Os autores do artigo fazem uma distinção entre prevenção de danos e redução de danos. O primeiro envolve a redução da quantidade total de drogas consumidas em uma população; o segundo significa reduzir o dano que essas drogas causam após serem consumidas.

Segundo os autores, esses dois objetivos podem ser contraditórios, uma vez que uma redução total nas vendas aumentaria a motivação dos traficantes de "adulterar" as drogas. (E, de fato, na Grã-Bretanha, o número total de mortes por envenenamento por opioides aumentou, enquanto o consumo geral de opioides diminuiu.)

Os autores não fazem a pergunta filosófica de se o Estado é o responsável pelo cidadão – se é função do Estado proteger as pessoas das consequências de sua livre escolha de consumir drogas. Com exceção de libertários consistentes, ninguém faz essa pergunta, e eu não tenho certeza de se teria a coragem, na prática, de fazê-la.

O artigo sugere que uma forma possível de reduzir as mortes por envenenamento por opioides, e em particular por fentanil, seria fornecer naloxona, o antídoto para o envenenamento por opioides, àqueles que agora são (de maneira desonesta) chamados de *usuários*. Quem pagaria a conta? Isso não está explicitado, mas a implicação é que o medicamento deve ser fornecido com dinheiro público.[1]

Um purista moral poderia argumentar que, se um homem pode comprar a própria heroína (misturada com fentanil), ele pode comprar a própria naloxona. Se ele não o faz, portanto, supondo que não seja completamente ignorante, deve ser porque não dá muito valor à própria segurança; e, se não dá muito valor à própria segurança, por que alguém a valorizaria mais? Ele provavelmente seria o primeiro a reclamar que seus direitos estavam sendo violados se as autoridades públicas o obrigassem a fazer algo que não quisesse, sob o argumento de que é um cidadão livre, com pleno direito às proteções normais contra interferência arbitrária na vida dele. Por que, então, ele deveria ser tratado como menor de idade quando se trata de comprar um produto barato que salvaria sua própria vida?

---

[1] Um argumento puramente econômico poderia, sem dúvida, ser articulado. Os custos de uma morte por opioides não são pequenos. Esses custos não são tanto na forma de perda de produção, pois os *usuários* raramente estão entre os membros mais produtivos da sociedade. Mas, quando há uma morte, deve haver uma investigação policial e forense, o que é caro. A naloxona é barata.

Os autores concluem com palavras que, por assim dizer, não fazem nenhum sacrifício filosófico: "Acreditamos que um pacote completo de intervenções de prevenção, tratamento e redução de danos é a melhor aposta para reduzir uma ameaça assustadora à saúde pública e salvar vidas". Tenho poucas dúvidas de que, apesar de meus escrúpulos filosóficos, eu, se estivesse no comando, seguiria sua prescrição, expressa como está na prosa moderna ao estilo de Polônio.

* * *

Um segundo artigo tenta abordar a questão de até que ponto a profissão médica é responsável pela "epidemia" de mortes por opioides. Pois o fato é que a profissão médica americana, ou parte dela, tem sido grosseiramente irresponsável em sua prescrição de opioides. Pelo menos isso provou algo que deveria ser óbvio: que os danos causados pelas drogas não são apenas atribuíveis à sua ilegalidade, mas às propriedades das próprias drogas quando ingeridas indevidamente.

Os autores dividiram os médicos de emergência em quartis, de acordo com sua propensão a prescrever opioides para seus pacientes do Medicare (ou Medicaid e Medicare duplamente elegíveis) que ainda não os estavam tomando. Em seguida, acompanharam os pacientes dos médicos com maior e menor propensão a prescrever, a fim de descobrir qual proporção deles havia se tornado dependente de opioides um ano depois.

Os médicos variavam muito em sua propensão a prescrever opioides, por um fator de mais de três. O que os autores descobriram foi que os pacientes dos médicos que prescreviam muito tinham 1,3 vez mais probabilidade de se tornarem dependentes de opioides do que aqueles que prescreviam pouco. Além disso, houve uma relação dose-reação entre os hábitos de prescrição do médico efetivados inicialmente no pronto-socorro e a subsequente chance de o paciente desenvolver dependência. Obviamente, a importância desse achado depende da similaridade dos pacientes atendidos pelos médicos que prescrevem com alta e baixa frequência.

Até agora tudo bem. Mas que diferença faz o aumento da taxa de dependência no número de pessoas afetadas? Supondo que a relação entre os hábitos de prescrição dos médicos e o subsequente desenvolvimento de dependência em seus pacientes seja causal, quantos pacientes adicionais os prescritores frequentes tornaram dependentes? Se os 161.951 pacientes no estudo que foram examinados por médicos que prescrevem muito tivessem sido examinados por médicos que prescreviam pouco, 566 não teriam se tornado dependentes; e, se os 215.658 pacientes que consultaram os médicos de baixa prescrição tivessem consultado os de alta prescrição, outros 759 deles teriam se tornado dependentes: ou seja, cerca de 3.250 em vez de 2.500. Os autores não propõem nenhum mecanismo pelo qual uma única visita a um médico de emergência que prescreve possa levar a uma dependência prolongada, mas não é difícil imaginar um. O médico dá ao paciente a impressão de que um opioide é a solução para seu problema (e, de fato, ele pode ficar eufórico depois de experimentá-lo pela primeira vez), por isso busca uma prescrição contínua. Isso pode ocorrer em apenas um em cem casos, mas existem humanos que são capazes de optar pela pior opção, especialmente quando lhes convém.

É importante notar que mesmo os médicos que prescrevem pouco receitam opioides para 7% de seus pacientes. Não há dados sobre as razões para isso, mas suspeito de que mesmo 7% é uma proporção muito alta do ponto de vista apenas farmacológico. É perfeitamente possível que a maioria ou mesmo *todos* os pacientes que depois se tornaram dependentes tenham começado a descer a ladeira escorregadia devido aos médicos de emergência, porque não sabemos quantos deles o teriam feito sem essa prescrição inicial.

Examinemos a questão do ponto de vista oposto. Quantos dos (agora) milhões de americanos viciados em opioides tornaram-se viciados devido a médicos de emergência com alto nível de prescrição? Esse artigo não nos ajuda a responder a essa pergunta, mas os resultados tornam pelo menos provável, e acredito plausível, que a má prescrição por médicos de atendimento primário pode ser responsável pelo aumento do problema como um todo. Afinal, se uma única consulta com um médico do pronto-socorro pode levar à dependência, um relacionamento mais prolongado com um médico de atendimento primário, que provavelmente prescreverá opioides uma segunda, terceira, enésima vez se os prescrever uma vez, pode levar *a fortiori* à dependência. O papel desempenhado pela profissão médica americana nesta triste história tem sido inglório, mesmo com os médicos não sendo corruptos (apesar de alguns deles, aparentemente, terem sido).

Se os médicos têm sido responsáveis por deixar o gênio do vício em opioides sair da garrafa, os pacientes como individualidade estão isentos de qualquer responsabilidade por sua condição ou situação? Não acredito que procede. Dizer que os indivíduos não são responsáveis é dizer que as pessoas não são responsáveis por seus atos, a menos que estejam isoladas de quaisquer circunstâncias que possam ter influenciado suas decisões. Mas isso não descreve nenhuma situação humana possível. Não podemos escapar de todas as influências em nossas escolhas, mas devemos escolher, e influência não significa destino.

23 de fevereiro de 2017

Se o estado tem ou não algum direito ou dever de controlar quais drogas psicoativas seus cidadãos decidem consumir é uma questão de considerável disputa ideológica. O que dificilmente pode ser questionado, no entanto, é que, quando as coisas derem errado como resultado da escolha dos cidadãos de quais drogas psicoativas consumir, o estado será responsabilizado em última instância por desfazer o dano causado.

Isso fica claro no título de um artigo da edição desta semana: "*Cannabis* Recreativa – Minimizando os Riscos à Saúde Devidos à Legalização". As pessoas nos EUA têm cada vez mais o direito legal (e sem dúvida, em breve, inalienável) de fumar *cannabis*, e o governo tem o dever de garantir que os danos causados pelo exercício desse direito sejam os mais leves possíveis.

Com franqueza louvável, os autores do artigo dizem que "devemos ser céticos em relação às pessoas que afirmam saber [com antecedência] quais serão os efeitos totais da legalização da *cannabis* na saúde pública". Eu mesmo fui, ocasionalmente, uma daquelas pessoas sobre as quais devemos ser céticos, pois fiz prognósticos com uma certeza moral muito maior do que qualquer conhecimento que pudesse ter. Partindo da conclusão a que eu queria chegar – que seria errado legalizar o consumo de *cannabis* –, realizei premissas com base nas quais essa conclusão poderia ser feita. Meus oponentes em discussão procederam exatamente da mesma maneira, embora, é claro, de um ponto de partida precisamente oposto se disfarçando como uma conclusão.

A legalização não é um conceito simples. Significa que doravante as pessoas terão permissão para comprar e possuir pequenas quantidades de *cannabis* para seu uso pessoal; para cultivá-la, mas não para comercializá-la; para comercializá-la em pequenas, mas não grandes quantidades; cultivá-la como se fosse apenas mais uma safra, para o agronegócio eventualmente produzi-la e vendê-la como qualquer outra mercadoria? Haverá controle de preço e qualidade, por exemplo, para limitar o teor de canabinoides da planta, que é o que determina sua potência? Em 2000, como aponta o artigo, o teor de canabinoides de um baseado médio era de 5%, mas o melhoramento seletivo de plantas aumentou para 15%. Os efeitos psiquiátricos adversos – como a paranoia – são mais frequentes com concentrações mais altas de canabinoides.

Ainda não se sabe se a legalização, por mais definida que seja, resultaria na substituição de outras drogas de abuso pela *cannabis*, ou mesmo se aumentaria o consumo a longo prazo. Os autores apontam que a legalização (mesmo a de um tipo muito liberal) pode reduzir muito o preço da *cannabis*:

> A legalização da *cannabis* pode reduzir drasticamente os custos de produção e distribuição por pelo menos três razões: os fornecedores não precisam mais ser indenizados pelo risco de apreensão e prisão; permite que os produtores tirem proveito das economias de escala; e facilita a incorporação de novas tecnologias ao processo de produção.

É geralmente aceito que o preço tem efeito sobre o consumo: quanto menor o preço, maior o consumo. A demanda por drogas não é, obviamente, *infinitamente* elástica. Certa vez, trabalhei em um ambiente em que o álcool era praticamente gratuito e apenas 20% das pessoas que trabalhavam lá se tornaram alcoólatras. Da mesma forma, mesmo se a *cannabis* estivesse disponível gratuitamente, nem *todos* a consumiriam. Ainda assim, um preço baixo provavelmente encorajaria o consumo (especialmente quando os custos extraeconômicos, como ilegalidade e estigma social, forem removidos), e os autores sugerem maneiras de evitar esse resultado:

> As jurisdições que buscam garantir que os preços de varejo da *cannabis* não caiam precipitadamente têm muitas opções. Por exemplo, eles podem limitar a produção, impor regulamentações caras aos fornecedores, exigir um preço mínimo ou cobrar um imposto especial de consumo. [...] Os legisladores podem aprender lições importantes sobre prevenção com a pesquisa sobre álcool e tabaco.

Não estou absolutamente convencido de que a analogia entre *cannabis*, de um lado, e álcool e tabaco, do outro, seja próxima o suficiente para que essas lições sejam valiosas. A *cannabis* é muito mais fácil de produzir do que álcool ou tabaco. Mesmo que o preço do álcool aumentasse consideravelmente, poucas pessoas passariam à fermentação e ao destilador; não até que se tornasse proibitivamente alto.[1] Mas, sendo a *cannabis* fácil de produzir, um aumento menor no preço forneceria um incentivo significativo para produzi-la. Qualquer tentativa de suprimir tal produção levaria (ou talvez devesse dizer que *poderia* levar) à mesma situação que a legalização pretendia prevenir, ou seja, esforços desajeitados ou opressores de aplicação da lei. O artigo menciona propostas de taxar a *cannabis* de acordo com seu teor de canabinoides (já que as bebidas alcoólicas são taxadas de acordo com seu teor de álcool), mas isso sofre da mesma objeção e exigiria um aparato regulatório considerável.

Os autores dizem que, "Uma vez que ninguém sabe a melhor forma de taxar ou regular a *cannabis*, a criação de regras flexíveis tornaria mais fácil fazer correções no meio do caminho e incorporar novas pesquisas e outras percepções nas políticas". Isso mostra uma fé um tanto comovente na maneira como essa política é feita; mas a suposição por trás disso é de que o Estado tem um interesse legítimo em regular os níveis de consumo. Uma vez que isso seja admitido, o argumento libertário consistente para a legalização é minado. O argumento para a legalização torna-se puramente pragmático, o que, no entanto, inclui o fato de que a *cannabis* evidentemente

---
[1] Exceto, talvez, na Rússia.

dá prazer a milhões e (outras coisas sendo iguais) o prazer não deve ser restringido pelo Estado sem uma boa razão.

As razões para a redução são boas? Isso dependerá antes dos resultados reais da legalização, em qualquer forma que a legalização assuma. No Colorado, ao que parece, vários tipos de problemas relacionados à maconha aumentaram desde a legalização, como a proporção de acidentes rodoviários fatais em que o motorista tinha maconha no sangue. Mas, por uma série de razões técnicas, é impossível afirmar que um acidente rodoviário fatal foi *causado* pela maconha detectada no sangue, por mais sugestiva que seja a concentração. Além disso, por causa do ditado de Hume (que suponho ser correto) de que é impossível derivar um julgamento moral de uma declaração do fato, sempre seria possível para os partidários da legalização dizer que o aumento da liberdade como resultado da legalização mais do que compensou os danos causados por esse aumento. Ninguém duvida, por exemplo, que as pessoas deveriam ser livres para praticar esportes de equipe, mesmo que eles possam resultar em muitas lesões evitáveis – e, na verdade, *resultam*. Se for argumentado que os participantes aceitam voluntariamente os riscos envolvidos no esporte (supondo que saibam quais são os riscos), o fato é que tais lesões impõem custos a terceiros, pelo menos quando a assistência médica depende de seguro terceirizado. Impor *todos* os custos dos riscos sobre quem os assume é impossível, tão impossível quanto qualquer sonho utópico, e, além disso, tornaria muitos de nós seres extremamente tímidos com medo de fazer qualquer coisa significativa. O ponto em que proibimos certos tipos de risco depende de juízo de valores e não apenas de informações científicas. Bismarck disse que os Bálcãs inteiros não valiam os ossos de um granadeiro da Pomerânia. Os prazeres de um milhão de fumantes de drogas valem a morte de uma pessoa a mais em um acidente rodoviário? Não vejo uma maneira de responder a essa pergunta além de toda disputa possível; mas seria bom senso que eles não valessem as cem mil mortes extras em acidentes rodoviários.

Os autores não refletem sobre a questão de saber se alguém *deve* se intoxicar. Novamente, depende da frequência com que a pessoa o faz, em quais circunstâncias e de que forma sua intoxicação assume. A intoxicação voluntária não é defesa contra um crime e, de fato, muitas pessoas (incluindo Aristóteles) a veem como uma circunstância agravante, em vez de atenuante. Por outro lado, a intoxicação aumenta muito a alegria da humanidade, incluindo – em suas formas mais brandas, o álcool – a minha alegria.

Há muito tempo suspeito de que, subjacente ao debate sobre a legalização da *cannabis*, está a questão de saber se a busca do prazer pessoal, ou seja, a autoindulgência, é ou deve ser o objetivo mais elevado da humanidade e dos homens individualmente. Correndo o risco de soar puritano (risco para o qual *aceito* todas as consequências), direi que penso que não é, e, além disso, geralmente é contraproducente. Mas as conexões entre a lei, a moralidade e os fins adequados da vida são complexas, e é possível que pessoas razoáveis discordem sobre elas. Aceito que meu sentimento instintivo de que afrouxar os controles sobre a *cannabis* seja provavelmente prejudicial e culturalmente retrógrado possa estar errado.

2 de março de 2017

A engenharia genética até agora não cumpriu sua promessa, pelo menos em sua forma mais otimista, para não dizer utópica. Não houve nenhuma extensão repentina da expectativa de vida humana ou declínio nas doenças crônicas para as quais a hereditariedade contribui, apenas a mesma melhoria constante que vem ocorrendo por tanto tempo que passamos a considerá-la como estando na ordem natural das coisas. Mas, como meu consultor financeiro nunca se cansa de me dizer, o desempenho passado – provavelmente incluindo o desempenho ruim – não é um guia para o desempenho futuro. Talvez o nirvana genético esteja logo ali na esquina, se é que o tempo tem esquinas.

Um artigo no *Journal* dessa semana coloca o objetivo da terapia genética um pouco mais perto. Uma equipe de médicos e pesquisadores na França parece ter curado um menino de sua anemia falciforme, pelo menos temporariamente. Antes de sua terapia genética, aos treze anos, ele tinha 1,6 crise de células falciformes por ano e tratamento com transfusões regulares; nos quinze meses após a terapia, ele não teve crises nem necessidade de transfusões. Além disso, seus glóbulos vermelhos estavam agora muito mais próximos do normal em sua fisiologia.

Não posso fingir que entendo os procedimentos técnicos do tratamento, mas, em essência, a equipe substituiu as células formadoras de glóbulos vermelhos do menino por células geneticamente alteradas, a alteração sendo introduzida por meio de um vírus inofensivo. Quanto tempo durará o efeito benéfico, ou se o procedimento tem algum efeito deletério a longo prazo, ainda não se pode saber; presumivelmente, será relatado mais tarde.

Existem também outras advertências: a anemia falciforme é uma doença genética relativamente simples em que a substituição de uma única molécula de DNA causa a produção de uma variante deficiente da hemoglobina. Na verdade, foi a primeira doença a ser totalmente elucidada bioquimicamente. A maioria das doenças para as quais a hereditariedade contribui não é tão diretamente de origem genética. Em geral, há mais de um gene envolvido na transmissão e no desenvolvimento da doença, e os fatores ambientais também desempenham um papel muito maior.

Além disso, o custo desse tratamento deve ter sido enorme (embora não seja dado no artigo). Mesmo admitindo a tendência de as técnicas se tornarem mais baratas à medida que ficam rotineiras, é difícil imaginar como essa técnica poderia ser barata o suficiente para ser aplicada a todas as pessoas que sofrem da doença. Se for assim, pode-se prever que problemas éticos surgirão no futuro. Supondo que os fundos para os atendimentos médicos permaneçam limitados, o acesso ao tratamento terá de ser racionado, *de facto* ou *de jure*. A quem deve ser oferecido o tratamento e a quem não? Há muitas oportunidades para o desenvolvimento de conflitos, e isso é ainda mais verdadeiro quando os principais portadores da doença são negros.

Um artigo sobre a história da anemia falciforme no mesmo número do *Journal* dá um antegozo, ou uma sugestão, do que pode estar por vir (incluindo conflitos sobre o racionamento do tratamento, se continuar muito caro). Aqueles que sofrem da doença são os mais azarados. Eles estão sujeitos a infecções constantes e crises extremamente dolorosas, durante as quais podem sofrer acidentes vasculares cerebrais e destruição dos ossos. Eles sofrem de anemia profunda. Seu crescimento é adversamente afetado e, muitas vezes, seu desenvolvimento intelectual também. Sua expectativa de vida é muito reduzida, embora tenha aumentado dramaticamente desde 1910, quando era cerca de dois ou três anos, para cerca de quinze anos quando me qualifiquei em 1974, e agora para quase 45 anos. Mas isso ainda está muito abaixo de uma expectativa de vida normal, e mesmo essa vida encurtada é repleta de muito sofrimento.

A melhora alcançada até aqui foi conseguida com o uso de antibióticos e transfusões de sangue e, posteriormente, com a hidroxiureia, para o tratamento de infecções, redução da anemia e promoção da produção de hemácias mais saudáveis. Nada disso é a bala mágica que é o foco de referência de tantos esforços de pesquisa. A terapia genética é a primeira solução mágica para a doença das células falciformes.

Para que alguém desenvolva a doença falciforme, ambos os pais devem ter uma cópia do DNA defeituoso que a causa. Diz-se, então, que os pais têm o traço falciforme, embora não a doença em si, ou apenas uma forma muito branda sob condições fisiológicas extremas, por exemplo, quando há menos oxigênio no ar. Mas um quarto das crianças nascidas de pais, ambos com o traço, terá a doença completa.

A anemia falciforme é frequentemente usada como um exemplo explicativo da teoria darwiniana. Por que uma forma defeituosa de DNA sobreviveu extensivamente em uma população quando aqueles que são homozigotos para ela – tendo duas cópias em seu material genético – têm uma expectativa de vida tão reduzida em condições naturais que não chegam a atingir a idade de reprodução? A resposta é que aqueles com o traço falciforme são mais resistentes à malária, e as populações entre as quais o DNA defeituoso é encontrado se originam em áreas do mundo nas quais a malária, frequentemente fatal em uma idade muito precoce, é prevalente. De modo geral, então, o DNA defeituoso conferia uma vantagem de sobrevivência àqueles que o possuíam; em certas circunstâncias, não tinha defeito. A questão então passa a ser por que *toda* a população não o tinha.

Em outras circunstâncias, é claro, o DNA defeituoso não confere nenhuma vantagem. Uma vez que fosse possível reconhecer o traço falciforme no sangue, em teoria deveria ter sido possível eliminar a doença por aconselhamento genético de futuros pais (presumindo que todos seguissem o conselho). Mas, como observa o artigo sobre a história da doença, "o aconselhamento agressivo de casais com traço falciforme para evitar ter filhos resultou em acusações de genocídio racial". Essas acusações são absurdas. No máximo, 10% dos negros americanos têm a característica, portanto, os inclinados ao genocídio dificilmente teriam escolhido esse método.

A hipérbole, no entanto, é o produto principal da política identitária e, cada vez mais, de toda a política. O grande químico e bioquímico Linus Pauling sem dúvida ajudou a alimentá la:

> Pauling contribuiu para a controvérsia ao sugerir que "deveria ser tatuado na testa de cada jovem um símbolo que mostrasse a posse do gene da célula falciforme ou qualquer outro gene semelhante [...] [porque] se isso fosse feito, dois jovens [...] reconheceriam essa situação à primeira vista, e desistiriam de se apaixonar um do outro".

Pauling pode ter sido um grande bioquímico, mas (se isso é alguma indicação) ele sabia pouco sobre a alma humana, qualquer que fosse o *status* moral de sua proposta. Muitas vezes as pessoas se apaixonam apesar, e não por causa, de um cálculo racional; na verdade, conheci pessoas que se apaixonam, ou pelo menos se entregam à união sexual, devido ao perigo específico envolvido. Por exemplo, tive um paciente que usou o fato de ser positivo para o vírus da imunodeficiência humana como forma de atrair parceiros sexuais.

Mas suponhamos por um momento que a proposta de Pauling seria eficaz, *grosso modo*, e que o número de crianças com doença falciforme seria muito reduzido como resultado da tatuagem obrigatória de pessoas para indicar a portadora do gene. O que há de realmente errado com a proposta, então? Os benefícios tangíveis – diminuição do sofrimento, desgosto e despesas – não superariam em muito os danos causados pela proposta? Afinal, ninguém poderia supor que portar o traço fosse um defeito moral que merecesse perseguição ou mesmo mera zombaria. Se você responder que isso é para esquecer quanta perseguição e zombaria as pessoas sofreram no passado por anormalidades que não eram culpa delas, responderemos: "Mas agora somos mais esclarecidos".

Não sei como responder à pergunta a não ser por minha repulsa geral contra a marcação involuntária de seres humanos. (Que tantos deles agora pareçam ansiosos para se marcar com tatuagens dificilmente responde o caso.) Se alguém respondesse que não sente tal repulsa, e que para ele o bem tangível sempre pesa mais do que o dano intangível, eu não saberia o que dizer a essa pessoa.

Há outra pequena lição interessante a ser tirada desse artigo. Em 1972, o presidente Nixon, reagindo a uma aparente e talvez real falta de pesquisas sobre a doença, assinou a Lei da Anemia Falciforme alocando dinheiro para esses estudos. Infelizmente, "mesmo a promessa de financiamento de Nixon provou ser divisória quando ficou claro que, sem verbas do Congresso [...] o dinheiro para pesquisas sobre a doença falciforme foi desviado da pesquisa cardiovascular". Quando há competição por recursos, não há como discriminar a favor de algo sem discriminar outra coisa.

9 de março de 2017

Em seu "Ode on a Distant Prospect of Eton College", o poeta melancólico, Thomas Gray, questiona se a apreensão do futuro aumenta ou destrói a felicidade, e ele termina com dois dos mais famosos versos da poesia inglesa – tão famosos, na verdade, que a maioria das pessoas não sabe de onde vêm. Sobre os alunos do Eton College brincando alegremente em meados do século XVIII, Gray diz:

> Ainda assim, ah! por que deveriam saber seu destino?
> Já que a tristeza nunca chega tarde demais,
>   E a felicidade voa muito rapidamente.
> O conhecimento destruiria seu paraíso.
> Não mais; onde a ignorância é bem-aventurança,
>   É tolice ser sábio.

Pode ser, mas então a questão passa a ser saber quando a ignorância é uma bênção. Isso requer alguns *insights* sobre quais seriam os efeitos do conhecimento em qualquer caso individual. A ignorância também pode ser angustiante.

Um artigo intitulado "Anestesia e Cérebros em Desenvolvimento – Implicações do Aviso da FDA" chama a atenção para o efeito potencialmente prejudicial do princípio da precaução: o princípio segundo o qual algo deve ser evitado ou proibido devido aos danos potenciais e plausíveis, mas não comprovados, que poderá causar.

Em 14 de dezembro de 2016, a Food and Drug Administration (FDA) emitiu um "Comunicado de Segurança de Medicamentos" informando que a anestesia geral e os medicamentos sedativos usados no tratamento de mulheres grávidas nos últimos três meses de gravidez ou de crianças nos primeiros três anos de vida "podem afetar o desenvolvimento do cérebro das crianças". Desnecessário dizer que isso criou algum alarme, bem como surpresa, pois essas comunicações deveriam ser baseadas nas melhores evidências científicas possíveis. A maioria dos médicos não tem tempo para examinar as evidências por si próprios e chegar a uma conclusão fundamentada, então eles têm que confiar na autoridade de alguém para tomar sua decisão. Se os médicos tivessem que investigar as afirmações da verdade por trás de tudo o que faziam, a medicina logo se tornaria completamente impotente e todo médico seria um Hamlet.

Segundo o artigo, o "comunicado" baseou-se em evidências inadequadas. Isso não é exatamente o mesmo que dizer que estava errado: ainda podem surgir evidências que provem que está correto. O conhecimento é sempre finito, enquanto a ignorância é sempre infinita.

A evidência na qual a FDA confiou para seu aviso foi que a exposição de uma variedade de animais, ou neurônios de animais, a sedativos ou agentes anestésicos teve "consequências neuroanatômicas imediatas e efeitos funcionais [...] de longa duração associados". As espécies de animais em que os efeitos foram encontrados variaram de lombrigas a primatas. Mas o homem não é um chimpanzé, muito menos uma lombriga, nem as situações de sua exposição eram análogas às da exposição de mães e filhos aos agentes envolvidos. É perigoso argumentar que se algo acontece na situação *a*, deve acontecer na situação *b* com alguma semelhança. Na medicina, não é uma questão do que *deveria* acontecer, mas do que realmente acontece.

A evidência do que realmente acontece costuma ser difícil de interpretar. É verdade que efeitos adversos de longo prazo no desenvolvimento neurológico foram observados em crianças que foram expostas a anestesia prolongada ou repetida, mas é claro que essas crianças estavam sofrendo de condições graves ou potencialmente fatais que afetaram, ou podem ter afetado, o neurodesenvolvimento, como a falta crônica de oxigênio em doenças cardíacas congênitas. Nesses casos, não havia alternativa à operação sob anestesia, a não ser a doença contínua e a provável morte. A escolha na medicina, como na política, não é frequentemente entre perfeição e catástrofe, mas mais comumente entre diferentes males.

Na medida em que há evidências relevantes sobre o efeito de uma única exposição curta de bebês no útero ou nos primeiros três anos de vida a um anestésico, isso é tranquilizador. A questão foi investigada no estudo *General Anesthesia vs. Spinal Anesthesia* (GAS) e no *Pediatric Anesthesia and Neurodevelopment Assessment* (PANDA). (Estudos controlados em medicina agora costumam receber um título acrônimo que ajuda a memória, e às vezes me pergunto se a ciência segue o acrônimo em vez do contrário: se alguém inventa um nome acrônimo esplêndido para um estudo e, em seguida, o realiza.) Os estudos GAS e PANDA não encontraram efeitos no desenvolvimento neurológico de episódios curtos únicos de anestesia, por exemplo, em cesariana. Os resultados não se aplicam a anestésicos mais longos ou repetidos, mas, como vimos, esses anestésicos não são administrados a crianças que, de outra forma, seriam neurodesenvolvimentais normais.

O alerta dado pela FDA, então, é prematuro e infundado. Mas a FDA deveria ser algum tipo de câmara de triagem para pesquisas médicas, peneirando as evidências para descobrir o que é e o que não é seguro, como uma Suprema Corte de segurança do paciente, e assim ter suas animadversões atendidas. Um grande número de casos está envolvido: a cada ano, apenas no Texas Children's Hospital, 13 mil crianças com menos de três anos são anestesiadas, 1.300 delas por mais de três horas. Dos últimos 1.300 casos, dois terços são de cardiopatia congênita. Em nenhum caso a cirurgia pode ser adiada até que se considere o cérebro menos suscetível a danos. (Aliás, não há razão para que três anos devam ser um ponto de corte para preocupação: o cérebro humano continua a se desenvolver bem depois dessa idade, mesmo que a conduta às vezes não pareça fazê-lo.) Como os autores do artigo apontam:

Procedimentos indicados em mulheres grávidas e crianças pequenas que podem ser adiados com segurança são raros.[1] Até que novas informações tranquilizadoras de estudos clínicos bem elaborados estejam disponíveis, estamos preocupados que o aviso da FDA causará atrasos para procedimentos cirúrgicos e diagnósticos necessários, levando a resultados adversos para os pacientes.

Em outras palavras, a FDA despertou ansiedade sem uma razão muito boa – mesmo que posteriormente pudesse ser provado que a ansiedade era justificada.

Enquanto isso, o Texas Children's Hospital, em resposta ao comunicado da FDA:

> adotou a recomendação do aviso de que ocorra uma discussão entre pais, cirurgiões e outros médicos e anestesiologistas sobre a duração da anestesia, qualquer plano para vários anestésicos gerais e a possibilidade de que o procedimento possa ser adiado até depois dos três anos de idade. [...]

O problema é que essas discussões inevitavelmente "ocorrerão" em condições de considerável ignorância, a qual quase certamente persistirá por anos, se não décadas, dada a grande dificuldade em responder a algumas das questões científicas envolvidas: por exemplo, se atrasar uma operação até depois dos três anos de idade realmente evita danos ao neurodesenvolvimento, e se esses danos devem ser compensados com outros danos causados pelo atraso na operação, incluindo uma diminuição da taxa de sobrevivência.

Frequentemente, é necessário agir na ausência de informações completas, e a ansiedade pode ser levada a nenhum propósito bom. Para adaptar ligeiramente as linhas de Thomas Gray: "Quando a ignorância da ignorância é uma bênção, é tolice ser sábio".

---

[1] Isso pode não ser verdade no caso de cesariana, cujas taxas variam amplamente de acordo com outros fatores que não o perigo para a mãe ou o filho.

Espero não ser acusado de cinismo, no entanto, quando digo que percebi uma pequena nuvem se formando no horizonte, graças ao aviso da FDA: a perspectiva de processos civis. Quanto tempo até que algum pai em luto processe com base nesse aviso? Em uma sociedade litigiosa, o que quer que aconteça é grão para o moinho dos advogados.

* * *

Uma senhora idosa que conheço foi mantida viva bem além de sua expectativa de vida na época em que foi diagnosticada com leucemia mieloide crônica por um medicamento chamado imatinibe. Um artigo publicado no *Journal* mostrou que a eficácia desse medicamento não diminuiu com o tempo e, na verdade, ele curou uma condição que antes era fatal. A taxa de mortalidade pela doença nos Estados Unidos e em outros lugares caiu pela metade, provavelmente como resultado da introdução da droga.[2]

O imatinibe foi descoberto e desenvolvido pela Novartis, a grande empresa farmacêutica suíça. A imagem geral das empresas farmacêuticas é que elas nada mais são do que predadores dos doentes ou dos sistemas de saúde. Aqui está um caso que lança dúvidas sobre essa fácil suposição. Claro, ainda é possível para os inimigos das empresas farmacêuticas alegar que o imatinibe poderia muito bem ter sido descoberto por alguma outra organização, como um laboratório público. No entanto, permanece o fato de que não foi; e que foi desenvolvido pela, *ex officio*, malvada empresa Novartis.

---

[2] Com toda a devida cautela contra o argumento equivocado comum de *post hoc ergo propter hoc*.

16 de março de 2017

Histórias de casos individuais não são muito apreciadas nos periódicos médicos atualmente, embora o NEJM publique uma por semana tirada dos registros de conferências clínico-patológicas realizadas no Hospital Geral de Massachusetts. Esses casos geralmente são de doenças raras ou complexas, e eu, pelo menos, fico surpreso que os médicos pareçam sempre acertar os casos, pelo menos quanto ao diagnóstico, se não quanto ao desfecho. Uma alta proporção dos casos resulta em morte, apesar de toda a engenhosidade e erudição despendida sobre eles.

Nessa edição, há também um tipo diferente de histórico de caso, usado para fazer um apelo emocional por uma mudança na política. É intitulado "Outra Morte sem Sentido – o Caso das Instalações de Injeção Supervisionadas" e conta a história de alguém chamado Frankie. Começa assim:

> Frankie gostava de dizer às pessoas que "fizemos nossos ossos juntos". Ele deve ter dito isso uma centena de vezes, a cada novo estudante de medicina que apresentei a ele, a cada enfermeira e durante cada uma de nossas muitas visitas. Tive uma noção geral do que ele queria dizer, mas, na manhã em que soube que ele morrera de overdose na noite anterior, finalmente pesquisei. Popularizada por *O Poderoso Chefão*, a expressão passou a significar agir para estabelecer respeito [...] Que essa frase favorita de Frankie começou como uma

referência criminosa e evoluiu como um caminho ao respeito parece adequado, uma metáfora para sua vida.

Como costuma acontecer hoje em dia, a palavra *respeito* é usada aqui com um significado especial, combinando o sentido que tem em "Eu respeito seu direito à sua opinião" com "Eu respeito sua opinião". Essas são duas coisas muito diferentes, na verdade. Respeito seu *direito de acreditar* que o Oceano Pacífico é feito de canja de galinha, mas não respeito sua *crença* de que é feito de canja de galinha.

No sentido urbano moderno, *respeito* significa medo, seja físico, seja moral. A pessoa que exige respeito mais do que o merece intimida seu interlocutor nesse sentido. Nesse caso, Frankie exige que o autor não faça nenhum julgamento moral sobre o modo de vida que escolheu, e não expresse a opinião de que seja errado ou degradante, pois isso seria uma falta de *respeito*. Sua sanção contra ela (o autor é uma mulher) seria retirar a cooperação dela, e como uma médica compassiva e conscienciosa ela ficaria magoada com isso. A compaixão hoje em dia significa aceitar sem contestar o ponto de vista de outra pessoa, em vez de manter em mente que é errado, mas também que somos todos pecadores miseráveis, por assim dizer, e para lá, exceto pela graça de Deus, vou.

Frankie, ao que parece, era um viciado em heroína injetável que "tinha vivido mais tempo encarcerado do que em liberdade". Significativamente, o autor não nos diz *por que* ele foi encarcerado, talvez porque a informação poderia ter reduzido um pouco nosso *respeito* por ele. É possível que ele tenha sido encarcerado por delitos menores, mas também é possível que ele tenha sido por delitos violentos (como roubo) que causaram muita miséria a outras pessoas. Ele certamente causou muita miséria à sua velha mãe, cujo marido e outro filho também morreram de overdose.

Implicitamente (eu acho), devemos sentir pena de Frankie porque sua vida de encarceramento e reencarceramento deve ser considerada uma desgraça, da mesma forma que sofrer de uma doença neurológica crônica seria, embora não haja alegação de que ele tenha sofrido alguma injustiça. Mas, na verdade, a prisão pode muito bem ter sido um benefício ao Frankie, em vez de um erro ou dano causado a ele, porque aprendemos que "seus períodos de uso de heroína injetável foram interrompidos apenas por suas penas de prisão". (A palavra *abuso* é evitada, pois seria estigmatizante.) Assim, ele poderia muito bem ter morrido mais cedo se não tivesse sido encarcerado, da mesma forma que poderia ter sobrevivido se tivesse ficado encarcerado por mais tempo.

Isso certamente está de acordo com minha experiência de trabalho como médico prisional na Inglaterra (embora eu admita que minha experiência possa não ser facilmente transferível para além do Atlântico). Os infratores viciados em heroína chegavam parecendo quase moribundos, mas logo recuperavam a saúde na prisão. Como mencionei, a taxa de mortalidade padronizada de presos, em comparação com a da classe social de onde se originam, indica que estar na prisão reduz substancialmente o risco de morte. Este é um comentário triste sobre nossa sociedade e, certamente, sobre a condição humana dessas pessoas, nossos semelhantes.

Quanto a Frankie, não é que nenhum esforço tenha sido feito para salvar sua vida depois que ele saiu da prisão. A autora do artigo cuidou dele durante sete anos e "provavelmente não havia nenhum paciente com o qual me preocupasse mais", escreve ela. A heroína, aprendemos,

> dava-lhe algumas horas de descanso. A droga lhe dava alívio das memórias de estar trancado em uma gaiola; da preocupação por ter 50 anos sem condições de conseguir um emprego ou encontrar moradia por causa de seus antecedentes criminais e sem habilidades além daquelas que certamente o levariam de volta à prisão; dos *flashbacks* de encontrar seu irmão e, em seguida, sua namorada, mortos por overdose; da culpa pela dor que ele sabia ter causado a sua mãe de 85 anos.

Estamos aqui implicitamente sendo solicitados a acreditar que Frankie tomou heroína para aliviar seus problemas, em vez de que seus problemas foram causados por seu uso de heroína. É verdade, claro, que, depois de consumir heroína por tempo suficiente, sua situação existencial não era invejável: na verdade, teria sido difícil para ele se reerguer como se fosse um adolescente ou um jovem no início de carreira. Cinquenta anos não é a idade em que se começa de novo; e seu sofrimento era, sem dúvida, bastante real. Mas não devemos fingir que foi outra coisa senão autoinfligida, mesmo se decidirmos que é inútil ou contraproducente, depois de tantos anos, confrontá-lo com o fato.

A autora, entretanto, não está se dirigindo a Frankie em seu artigo. Ela está se dirigindo aos médicos e não deve envernizar a verdade mais evidente fingindo que ser uma vítima do próprio comportamento não é, moralmente, diferente de ser uma vítima das circunstâncias ou da conduta de outras pessoas. Ninguém se torna viciado em heroína por acaso ou do dia para a noite. A maioria dos viciados usam heroína intermitentemente por algum tempo – muitos meses – antes de se tornarem viciados. Eles precisam se acomodar a seus desagradáveis efeitos colaterais; todos eles sabem de antemão o que acarreta o vício em heroína; eles têm que aprender coisas tais como obter heroína, como prepará-la, como injetá-la (e provavelmente superar uma relutância instintiva em se injetar). O vício em heroína não é algo que acontece a uma pessoa; é algo que ela *deseja* conscientemente. É um desejo pervertido, mas ainda assim um desejo.

Frankie recebeu medicamentos prescritos e foi enviado para reabilitação (tudo à custa de outras pessoas, é claro). Nada disso o impediu de consumir heroína por mais de algumas semanas. O autor pensa que teria sobrevivido se houvesse uma instituição para a qual pudesse ter ido, onde se injetasse heroína na presença de profissionais, que o teriam reanimado em caso de overdose. Existem tais instituições em outros lugares, e elas parecem salvar a vida de viciados. Não se pode saber ao certo se Frankie a teria usado se pudesse.

Mas esse expediente constitui um tratamento médico? É muito diferente, moralmente, de dar a ladrões habituais grandes somas de dinheiro para desistir de roubar? Quase certamente se descobriria que "funcionaria", exceto talvez para os "viciados" na emoção do roubo. Suspeito também de que isso não encorajaria muitas pessoas a se tornarem ladrões, pois ainda estou suficientemente atento à natureza humana para acreditar que não é apenas por medo das consequências que evitamos roubar os outros na rua.

Em sua peroração final, a autora diz que o estabelecimento de uma instituição para viciados se injetarem com segurança seria um "passo importante" que "reconhece que as pessoas que usam drogas não perderam seus direitos humanos, incluindo o direito à segurança e saúde". Alguém poderia escrever um livro sobre as confusões e os equívocos desse trecho. Basta dizer que ninguém violou meus direitos humanos quando adoeci, nem que uma violação de meus direitos seria algo mortal. É uma condição de estar vivo.

23 de março de 2017

Em 1977, R. D. Rosen cunhou o termo *psychobabble* [psicobobagem] e o caracterizou da seguinte maneira:

> um conjunto de formalidades verbais repetitivas que mata a própria espontaneidade, franqueza e compreensão que pretende promover. É um idioma que reduz o *insight* psicológico a uma coleção de observações padronizadas que fornecem um léxico congelado para lidar com uma variedade infinita de problemas.

Foi inteligente da parte de Rosen ter localizado, nomeado e descrito algo que se tornaria algo duradouro, e até crescente, na vida social. Muito mais tarde, eu disse que psicologia era o meio pelo qual as pessoas podiam falar sobre si mesmas sem revelar nada.

Psychobabble é agora uma parte aparentemente inerradicável de nossa cultura, e um dos primeiros artigos do NEJM essa semana está repleto disso. O artigo é intitulado "Quebrando o Estigma – a Perspectiva de um Médico sobre Autocuidado e Recuperação". O título pressupõe, é claro, que o estigma deve ser prejudicial em si e que não pode desempenhar um papel positivo em nossa existência social. Ninguém pode duvidar de que a estigmatização pode ser insensível, cruel e injustificada; culpar uma criança por ser ilegítima, por exemplo, é culpá-la pelas condições de sua própria concepção. Isso é absurdo, além de cruel, mas foi comum em grande parte de nossa história.

No entanto, isso está longe de mostrar que o estigma e a estigmatização devem ser sempre repreendidos. Acho que muitos de nós nos comportaríamos pior do que realmente nos comportamos se não fosse por medo do estigma; e esse medo não pode exercer seu efeito a menos que exista o próprio estigma, pelo menos como uma possibilidade. É verdade que o medo do estigma pode levá-lo a cometer o mal junto com pessoas que buscam o mal; mas, da mesma forma, pode impeli-lo a fazer o bem, se não a ser bom. Uma sociedade em que nada é estigmatizado (se tal sociedade fosse genuinamente possível) seria uma sociedade sem padrões.

O artigo do *Journal* começa em modo confessional:

> Meu nome é Adam. Sou um ser humano, marido, pai, médico pediátrico de cuidados paliativos e diretor associado de residência. Tenho um histórico de depressão e ideação suicida e sou um alcoólatra em recuperação [...] Sou um sobrevivente de uma epidemia nacional contínua de negligência com a saúde mental dos médicos.

Mesmo aqui há uma evasão importante. Muitas pessoas que bebem demais afirmam estar deprimidas. Algumas pessoas bebem demais quando e porque estão deprimidas no verdadeiro, mas raramente usado, sentido da palavra. Dos que bebem demais e estão deprimidos, entretanto, a maioria está deprimida porque bebe, pois o álcool em excesso é um depressivo. Esta é uma distinção importante. Mas aqueles que estão deprimidos porque bebem demais estão implicitamente alegando ter uma doença que os faz beber e que, portanto, não são responsáveis por comportamento intemperante.

Felizmente, o autor agora está "se recuperando". (Ele, compreensivelmente, não diz "recuperado", assim como um homem mal-humorado não pode dizer que finalmente conquistou seu bom humor.) Sua melhora, se não sua cura, foi provocada por meio de "terapia, atividades de meditação e *mindfulness*, exercícios, respiração profunda e banhos quentes". Não tenho nada contra exercícios ou banhos quentes (e na verdade eu mesmo tomo pelo menos um banho quente por dia), mas eles dificilmente parecem se enquadrar na mesma categoria terapêutica dos antibióticos, digamos, ou drogas anticâncer. Se for dito que eles alteram a química do cérebro, isso é presumivelmente verdadeiro para todas as atividades humanas, desde abrir a geladeira até ler o jornal. Segundo esse critério, tudo é doença ou terapia, ou ambos.

A "confissão" do autor de que ele é um ser humano, marido, pai, etc., na verdade, nos diz muito pouco sobre ele. É como a resposta que um juiz australiano atrasado (e cheio de justificativas) que conheço deu a um homem que perguntou que tipo de carro ele tinha, tentando, assim, localizá-lo na escala socioeconômica. Não tendo nenhum interesse em carros, o juiz respondeu: "Um verde", que é tão individualizante quanto é a descrição do autor sobre si.

Depois de nos informar sobre seus métodos terapêuticos, o autor continua: "Trabalhei muito para desenvolver a autoconsciência – para conhecer e reconhecer minhas próprias emoções e gatilhos – e estabeleci meus próprios limites na medicina e na minha vida pessoal". Isso é precisamente o que Rosen chamou de *psychobabble*, o "idioma que reduz o *insight* psicológico a uma coleção de observações padronizadas que fornecem um léxico congelado". É abstração empilhada sobre abstração.

"Aprendi que devo cuidar de mim antes de poder cuidar de outra pessoa", conta o autor. Se eu lhe pedisse para encontrar alguém que aprendeu a cuidar de si antes de cuidar de outra pessoa, quem ou o que você procuraria? Pode, de fato, ser alguém nos moldes de Ayn Rand, uma pessoa que acredita que o egoísmo não é apenas permitido, mas, na verdade, a maior e única virtude. De qualquer forma, você não teria uma ideia muito clara no início de sua busca.

A necessidade de cuidar de si foi a primeira lição que o autor aprendeu, a segunda foi "sobre estereótipos", o que é claro que está sempre errado. O autor diz que aprendeu a ser "intolerante" com os estereótipos. "Os alcoólatras são estereotipados como caloteiros ou vagabundos", escreve ele, o que acho que está longe da verdade. Acho que a maioria das pessoas, certamente a maioria dos leitores do NEJM, tem uma noção muito mais matizada de alcoólatras do que o autor pensa, e está plenamente ciente de que alcoólatras podem ser encontrados em quase todos os estratos da sociedade. Eles não acham que todos os alcoólatras são do tipo sem-teto, que dormem nas aberturas de ventilação dos prédios para se aquecer no inverno. Além disso, nenhuma palavra poderia ser mais estereotipada do que *caloteiros* ou *vagabundos*, mas certamente não temos que ouvir que as pessoas são indivíduos com histórias de vida únicas, mesmo quando caem em tipos. Não consigo me lembrar de uma época em que não soubesse disso. Mas, em qualquer caso, como seria uma pessoa se *não* tivesse estereótipos em sua mente? Ela ficaria tão indefesa quanto um camundongo recém-nascido.

Há uma estranha combinação de altivez e súplica especial no que o autor escreve:

> As condições de saúde mental e abuso de substâncias não têm preconceitos. Quando se vive com essa condição, nos sentimos medrosos, envergonhados, diferentes e culpados. Esses sentimentos nos afastam ainda mais da conexão e empatia humanas.

Mas o medo, a vergonha, a diferença e a culpa não são qualidades humanas universais? Se elas nos removessem da conexão e empatia humanas, então a conexão e empatia humanas nunca seriam possíveis. Além disso, o medo, a vergonha e a culpa são frequentemente justificados; e um alcoólatra que arruinou a vida da família durante anos se sente corretamente envergonhado. A falta dessa vergonha seria descarada, e a falta de vergonha está longe de ser uma qualidade admirável. Com efeito, o autor está fazendo um apelo por sua própria inocência, porque ele assume o que é falso: que um homem que é, mesmo parcialmente culpado por sua própria situação, é indigno de compaixão. Esta certamente não é a visão cristã, nem é (eu diria) a de qualquer pessoa que já pensou ou refletiu sobre a posição do homem no mundo.

Outra lição que o autor aprendeu, embora não necessariamente boa, é que "ser honesto comigo mesmo sobre minha própria vulnerabilidade me ajudou a desenvolver autocompaixão e compreensão". Aqui o *psychobabble* encontra Uriah Heep. "Seja vulnerável, Uriah, seja vulnerável." A autocompaixão aqui soa notavelmente como autopiedade, e poucas são as pessoas tão carentes de compaixão que deixam de sentir pena de si mesmas. A noção do autor de ser honesto consigo mesmo quase equivale a um apelo por *desonestidade* e uma evasão permanente do dever de autoexame. É uma manifestação da psicologia do *eu verdadeiro*, segundo a qual existe um núcleo interno imaculado de mim mesmo que é tão bom que nunca precisa – na verdade, nunca *deve* – sentir medo, vergonha ou culpa.

O que temos nesse artigo é um autorretrato sem retrato. Acho que você poderia ir a um jantar com o autor, ou mesmo passar um mês de férias com ele, sem perceber que era o autor dessa suposta peça confessional. Claro, pode-se dizer que o artigo não faz mal: exceto, eu diria, que ninguém responderá (ou, se o fizer, não terá sua resposta publicada), de modo que suas afirmações e teor geral passarão por tabela. Continuaremos a viver em um mundo de lama emocional.

30 de março de 2017

Não há nada como ter uma doença, ou correr o risco de desenvolvê-la, para encorajar alguém a ler artigos sobre ela em revistas médicas. Como a maioria dos homens da minha idade (embora, depois do que acabei de escrever, não queira soar confessional), sofro, ou pelo menos experimento sintomas de aumento da próstata. Tive dois conhecidos que morreram de câncer de próstata, que é uma das causas desse aumento, e um deles morreu na minha idade atual. Portanto, eu estava mais do que comumente interessado em ler um artigo de revisão intitulado "Exame de Câncer de Próstata – uma Perspectiva sobre o Estado Atual das Evidências". Esse artigo pode realmente ter mudado minha vida.

Como todo mundo pensa que sabe, prevenir é melhor do que remediar, mas esse princípio é, no caso da triagem, atormentado por muitas advertências. E toda a questão da triagem do câncer de próstata é formidavelmente complexa de responder, talvez até irrespondível.

O procedimento de triagem em si é simples: um exame de sangue regular para detectar os níveis do antígeno específico da próstata (PSA). Supõe-se que um nível de rápido aumento indica crescimento canceroso. Pois bem, até agora, simples.

Mas mesmo aqui, sem mais delongas, há perguntas a serem feitas: Com que frequência e em que idades o exame deve ser realizado? Todo ano? A cada dois anos? Entre as idades de 60 e 65 anos, ou em algum outro período da vida? Os experimentos para responder a essas perguntas seriam difíceis de realizar, sua interpretação provavelmente seria controversa e, em qualquer caso (devido ao imenso tempo e custo envolvidos), provavelmente nunca serão realizados.

De acordo com os autores, a melhor estimativa, ou quase estimativa, de vidas salvas pela triagem PSA é uma em cada mil pessoas triadas em dez ou quinze anos. Esse número inexpressivo não importaria tanto se o rastreio não tivesse efeitos adversos, se apenas fizesse bem e não fizesse mal, mas definitivamente não é o caso. O problema é que, quanto mais triagem é feita, mais casos falsos positivos são encontrados. Além disso, o câncer de próstata é frequentemente uma doença indolente, progredindo muito lentamente e não causando sintomas ou sofrimento, o que significa que mesmo um diagnóstico correto pode não trazer nenhum benefício. Mas, uma vez que o câncer foi diagnosticado com base no aumento do PSA, ouça a discórdia que se segue!

A pessoa diagnosticada com esse tipo de câncer naturalmente começa a se sentir ansiosa, ao passo que antes não estava. Este é apenas um problema menor, em comparação com outros. Quando um homem é diagnosticado com câncer de próstata, é provável que ele seja submetido a biópsia da próstata, remoção da próstata ou radioterapia da próstata. Esses procedimentos não são isentos de complicações. Por exemplo, aqueles que se submeteram à prostatectomia têm uma taxa de incontinência 20% maior e uma taxa 30% maior de impotência. O tratamento com radiação está associado a uma taxa de impotência 17% maior e também a problemas com a função intestinal.

E isso não é tudo. Embora os problemas associados às intervenções sejam imediatos, os benefícios (se houver, o que está longe de ser certo) estão em um futuro muito distante, da perspectiva do paciente. A vida é salva não imediatamente, mas em vários anos. Quantos anos de incontinência, em quantos pacientes, valem uma vida salva? Não existe uma forma inequívoca de medir isso.

A descoberta de um câncer quando não há nenhum, ou de um câncer tão indolente que não afetará a vida do paciente, tornou-se tão comum a ponto de criar a chamada epidemia de câncer de próstata. Nos

Estados Unidos, a triagem passou a ser amplamente realizada, sem dúvida por razões comerciais, *antes* que seus efeitos fossem conhecidos, ou antes que qualquer experimento adequado fosse feito. E uma vez que as pessoas passaram a acreditar que a triagem é aconselhável, é mais difícil encontrar controles para experimentos conduzidos adequadamente. Afinal, quem renunciará um procedimento que acredita que pode muito bem salvar sua vida?

Em 1988, no que os autores chamam de "o Alvorecer da Era PSA", a incidência de câncer de próstata foi estimada em 135 por 100 mil. Cinco anos depois, havia subido para 220 por 100 mil, um aumento de 63%. Então, à medida que a fé cega no exame de PSA diminuía, também diminuíam as taxas de câncer: em 2009, a incidência havia caído para 150 por 100 mil. Essas mudanças de incidência provavelmente foram causadas por mudanças na taxa de exames, não nos números da doença em si.

Essas estatísticas significam que, quando a triagem foi promovida com mais intensidade, sete homens em cada 10 mil triados tinham câncer diagnosticado de maneira errada ou desnecessária. Fatore a taxa estimada de vidas salvas pela triagem, e isso significaria, ainda, que muitos homens tiveram câncer diagnosticado erroneamente para cada vida salva (supondo que todas as vidas foram salvas). Assim, para qualquer indivíduo, as chances de o exame de PSA prejudicá-lo são muito maiores do que as chances de fazer o bem, embora o bem (salvar sua vida) seja muito considerável – supondo que salvá-lo do câncer de próstata não é apenas torná-lo disponível para a morte por alguma outra causa no mesmo ponto da vida. O câncer de próstata é uma doença comparativamente tardia, quando os homens têm maior probabilidade de morrer por uma série de motivos. O artigo menciona apenas as taxas de mortalidade específicas do câncer, não as taxas de mortalidade por todas as causas, e essa omissão é muito importante.

O artigo como um todo é admiravelmente claro, mas faz uma declaração altamente ambígua no sentido de que houve um "declínio de aproximadamente 45% na mortalidade por câncer de próstata nos EUA desde o final dos anos 1980 até o presente". Isso significa que 45% menos pessoas da *população* em risco estão morrendo da doença, ou que 45% menos pessoas diagnosticadas com a doença estão morrendo dela? Acho que provavelmente se quer dizer o primeiro; mas, em qualquer dos casos, a queda provavelmente não se deve ao rastreio, porque o tratamento do câncer de próstata durante esse período melhorou. Qualquer programa de triagem cuja eficácia é medida pela taxa de mortalidade por um período prolongado da doença triada está tentando atingir um alvo móvel: se o tratamento da doença tiver melhorado durante esse tempo, qualquer declínio na taxa de mortalidade pode ser totalmente atribuível para um melhor tratamento do que para a triagem. Na verdade, a taxa de mortalidade por câncer de próstata está diminuindo junto com o declínio na triagem, mas isso por si só não prova que a triagem é ineficaz, uma vez que é pelo menos concebível que a taxa de mortalidade poderia ter diminuído ainda mais se a triagem tivesse continuado em sua taxa anterior.

Parece-me que é improvável que todas essas dificuldades com o exame de PSA jamais sejam encontradas, e certamente não durante minha vida. Na verdade, as seguintes autoridades desaconselharam o exame de PSA em qualquer idade: a Força-Tarefa de Serviços Preventivos dos EUA, a Força-Tarefa Canadense de Saúde Preventiva, o Colégio Americano de Medicina Preventiva e o Colégio Americano de Medicina Familiar. Pois bem, o argumento da autoridade não é um argumento de forma alguma: não é como se a história da autoridade humana fosse de progresso ininterrupto em direção à Verdade. Ainda assim, essas recomendações coletivas provavelmente não são insignificantes. Até mesmo a Associação Americana de Urologia, que pode ter sido considerada como tendo um grande interesse na triagem de PSA, dá apenas uma recomendação qualificada:

> Implementar a tomada de decisão compartilhada para homens de 55 a 69 anos de idade e proceder com base nos valores e preferências dos homens, recomendando contra a triagem para outras idades.

O Colégio Americano de Médicos recomenda algo semelhante:

> Discuta os benefícios e malefícios para os homens entre 50 e 69 anos de idade e solicite a triagem apenas se houver clara preferência pela triagem; não recomendamos a triagem para outras idades.

Em outras palavras, deixe os homens decidirem por si mesmos após o exame das evidências.

Até mesmo levantar a possibilidade de triagem não é um ato neutro sem consequências, no entanto. Alguns homens sempre se perguntarão e se preocuparão com o fato de se fizeram a escolha certa. Eles estão sendo solicitados a decidir no contexto descrito no início do artigo:

> Após um quarto de século de extensa triagem para câncer de próstata com antígeno específico da próstata (PSA) nos Estados Unidos, e após a conclusão de dois grandes estudos que examinaram os efeitos dessa triagem, a comunidade médica ainda está dividida no que diz respeito à sua eficácia e a relação benefícios/danos.

E o pobre paciente tem que se decidir depois de uma consulta de dez ou quinze minutos!

Basta dizer que não serei triado para câncer de próstata, pelo menos não com meu conhecimento e consentimento, embora o verdadeiro motivo de minha recusa não seja ter lido esse artigo. Apenas não quero fazer a triagem.

6 de abril de 2017

"Eu estava apenas obedecendo a ordens." Essas palavras aparentemente simples soam sinistras desde que foram usadas pelos funcionários da Solução Final em uma tentativa de autoexculpação. Ninguém que tivesse feito algo de bom diria que estava apenas obedecendo a ordens ao fazê-lo.

Mas, na verdade, todos nós apenas obedecemos a ordens durante grande parte da vida, e muitos de nós, talvez, o façamos por toda a vida. Isso é inevitável, pelo menos em uma sociedade altamente complexa como a nossa. Deve haver autoridade de um tipo ou de outro, mesmo que queiramos o menos possível sobre nós. Quando voamos, ficamos satisfeitos que o capitão esteja no controle, mesmo que, muito, muito ocasionalmente, o capitão se revele incompetente, perverso ou suicida.

No início da carreira, todos os médicos obedecem a ordens. Eles têm que fazer isso e, em geral, confiar no sistema que colocou os mais velhos acima deles, para orientá-los e educá-los até que, por sua vez, se tornem mais velhos. Felizmente, sempre houve um consenso sobre como os médicos devem se comportar e agir.

À medida que aumentam os poderes e as proezas da medicina, surgem dilemas éticos até então inimagináveis. Além disso, com as reformas na sociedade, o que antes era considerado antiético torna-se ético e vice-versa. Na Grã-Bretanha, por exemplo, a tentativa de suicídio foi um crime por muito tempo, e, quando alguém tentava dar um tiro em si mesmo, se sufocar com gás, se envenenar ou se enforcar, o médico tinha o dever de informar a polícia. Isso hoje seria considerado não apenas cruel, mas uma flagrante quebra de sigilo. Antigamente, assim que a pessoa se recuperava de tudo o que havia feito a si mesma, era acusada de um crime. Quando a lei foi revogada, o número de tentativas de suicídio explodiu.

Mudanças na lei podem entrar em conflito com as crenças éticas ou religiosas arraigadas de alguns médicos, como sobre o aborto. Se a lei permitir, o médico deve realizá-lo, ou atuar como um acessório, talvez aconselhando uma paciente que deseja fazer um aborto onde fazê-lo? Em que ponto o médico pode se recusar a seguir a sabedoria predominante?

Essa questão foi colocada em um artigo intitulado "Médicos, Não Recrutas – Objeção de Consciência na Assistência à Saúde". Ele traça um paralelo – apenas para refutá-lo depois – entre um médico que recusa certo tipo de tratamento e um recruta que se recusa a lutar em uma guerra que ele acredita estar errada. O primeiro parágrafo é o seguinte:

> A legislação de "cláusula de consciência" proliferou nos últimos anos, ampliando os direitos legais dos profissionais de saúde de citar suas crenças morais pessoais como razão para optar por não realizar procedimentos específicos ou cuidar de pacientes específicos. Os médicos podem se recusar a realizar abortos ou fertilização *in vitro*. Os enfermeiros podem recusar-se a ajudar nos cuidados de final de vida. Os farmacêuticos podem se recusar a preencher prescrições de anticoncepcionais. A recente legislação estadual permite que conselheiros e terapeutas se recusem a tratar pacientes lésbicas, *gays*, bissexuais e transgêneros (LGBT), e um processo recente busca isentar os estados de fornecer cirurgia de redesignação de gênero e outros serviços de saúde para pacientes transgênero.

Não acho que precisamos ser Sherlock Holmes para adivinhar em que direção ética esse artigo acabará levando. Há uma pequena pista, por meio de eufemismo, na frase "Enfermeiros podem recusar-se a ajudar nos cuidados de final de vida". O que se quer dizer claramente aqui é que os enfermeiros podem se recusar a matar seus pacientes terminais. E, uma vez que o artigo conclui que "cabe às sociedades profissionais afirmar a moralidade do papel profissional e articular com autoridade os padrões éticos profissionais aos quais todos os profissionais de saúde licenciados devem aderir", é fácil deduzir que, quando a eutanásia ou o suicídio assistido por médico é permitido, sancionado e praticado, os enfermeiros não apenas podem, mas *devem* matar seus pacientes quando instruídos a fazê-lo. Mas e se o verme ético virar e de repente for decidido que a eutanásia e o suicídio assistido por médico são realmente assassinatos, afinal: os enfermeiros que mataram seus pacientes, apesar de seus receios, serão capazes de utilizar o argumento de que estavam apenas obedecendo ordens?

O problema é complexo, é claro, e suspeito de que seja mais uma situação em que o julgamento, e não a lei, se faz necessário. É óbvio que os médicos não podem se recusar a tratar seus pacientes com bases éticas bizarras; tem que haver *algum* consenso ético. Por exemplo, seria muito errado recusar-se a tratar um transexual para pneumonia, mas recusar-se a realizar uma cirurgia transexual é uma questão muito diferente. Permitir que as pessoas elaborem seu próprio código de ética de acordo com seus preceitos inteiramente pessoais seria errado; mas impor a última regra também.

O artigo argumenta que "a proliferação de legislação de objeção de consciência na área da saúde viola o princípio central da moralidade do papel profissional no campo da medicina: o paciente vem primeiro". Mas o que é certo para o paciente pode não ser o que ele deseja. Ele pode não querer o que realmente precisa e pode desejar o que não precisa. O médico é instruído a fazer o que pensa ser melhor para o paciente, não a realizar seus desejos em todas as circunstâncias.

Um caso em questão é a pessoa bastante peculiar que não consegue se sentir sexualmente satisfeita enquanto tem todo o seu complemento de membros e, portanto, deseja que uma perna seja amputada para atingir a satisfação. Ela pode dizer ao cirurgião que, se não realizar a amputação, ela mesma a fará, talvez sentando-se com uma perna sobre o trilho enquanto o trem passa. Pelo menos um cirurgião sucumbiu a essa chantagem moral e não acho que ele deveria ter feito isso; mas, ao mesmo tempo, não acredito que ele deva ser levado a algum tribunal fajuto por violação da ética. E, se você aprovar a cirurgia transexual, com base em que motivos razoáveis poderia dizer que o que ele fez foi errado?

Os autores do artigo, que são *especialistas em ética em saúde*, afirmam que uma associação médica profissional deve ser o árbitro da conduta do médico e, coletivamente, da consciência da profissão, e em geral é assim. Mas, logo depois de ler o artigo, li em outro lugar que existe uma proposta de lei no Parlamento holandês que estenderia o direito à eutanásia, realizada por médicos, a pessoas idosas que, embora não estejam em estado terminal, estejam cansadas da vida e acreditam que a vida produtiva, útil e feliz esteja chegando ao fim.

Mas essa é aquela ladeira escorregadia que implora para que se escorregue nela, pois a pessoa pode estar cansada da vida em qualquer idade. Na verdade, a angústia adolescente e o *Weltschmerz* não são incomuns. E quem é o médico para decidir se tal *taedium vitae* é genuíno ou não, ou se é suficientemente duradouro para matar a pessoa que diz que sofre disso?

Além disso, se uma pessoa tem direito à eutanásia, alguém deve ter o dever correspondente de realizá-la. A menos que um grupo especial de pessoas seja treinado para esse propósito, esse alguém será um médico ou enfermeiro. (A existência de um grupo especialmente treinado de assassinos, os eutanásios, seria assustadora. Imagine uma criança na escola sendo questionada sobre o que ela quer ser quando crescer e respondendo que gostaria de ser um eutanásio.)

Uma vez decidido que matar pessoas cansadas da vida é permitido e, além disso, que elas têm direito a uma morte tranquila, será dever dos médicos matar, o que se tornará uma cláusula aceita do código de ética médica. Pois, como afirma o artigo do *Journal*: "o profissional de saúde que deseja priorizar os valores pessoais sobre os deveres profissionais deve escolher uma ocupação com menos carga pessoal".

Não tenho uma resposta para a difícil questão de até que ponto e em que circunstâncias os médicos individuais podem ser autorizados a decidir questões éticas por si próprios. Duvido de que haja uma resposta doutrinária que atenda a todos os casos, sem exceção. Mas o artigo do *NEJM* tem um tom desagradavelmente totalitário: de acordo com os autores, todos os médicos *devem* agir em conformidade com o mesmo código de ética, uma vez que o órgão oficial da profissão o tenha estabelecido, e devem mudar sua conduta quando o órgão oficial mandar que o façam.

13 de abril de 2017

O grande poeta Alexander Pope escreveu sobre "Esta longa doença, minha vida", e ele não quis dizer isso metaforicamente: ele tinha a doença de Pott crônica, tuberculose da coluna, que gradualmente o aleijou. Mas ninguém, muito menos o próprio Pope, teria desejado que ele nunca tivesse vivido, ou chamado sua vida de sem sentido. A saúde é obviamente desejável, mas não o único desiderato da vida, e mesmo uma saúde muito ruim não torna a vida inútil. Hoje, porém, a saúde é considerada tão importante que tudo o que a promove é considerado permissível ou mesmo obrigatório, e tudo o que a prejudica é censurável ou proibido.

O esporte é frequentemente considerado benéfico para a saúde, como se essa fosse uma justificativa suficiente e até necessária. Mas atividade esportiva não é a mesma coisa que eventos esportivos, com pequeno número de participantes e grande número de espectadores. Esses eventos são bons para a saúde de uma sociedade? Um artigo no *Journal* examina como a população em geral pode ser afetada por maratonas, que têm um número relativamente grande de participantes, mas não são o foco do estudo; em vez disso, é o efeito geral dos próprios eventos na sobrevivência de um ataque cardíaco.

Os autores analisam a taxa de mortalidade de pessoas que sofrem ataques cardíacos nos dias de maratonas nas grandes cidades dos Estados Unidos. A hipótese deles é de que o fechamento de ruas necessário para as maratonas atrasa as ambulâncias de chegar aos pacientes e levá-los ao hospital, retardando o tratamento e aumentando a mortalidade por infarto. Eles analisaram dados de 121 maratonas, em onze cidades, de 2002 a 2012, observando as taxas de mortalidade nos trinta dias após um ataque cardíaco ocorrido em dias de maratona e comparando aquelas com as taxas de mortalidade após ataques cardíacos no mesmo dia da semana nas cinco semanas antes e nas cinco semanas depois da maratona.

Em suma, os autores descobriram que a taxa de mortalidade após ataques cardíacos em dias de maratona era 3,3% maior do que após ataques cardíacos em outros dias. Entre os últimos, 24,9% dos pacientes morreram em trinta dias, mas, para ataques cardíacos em dias de maratona, o número foi de 28,2%.

O aumento de mortes não foi causado por ataques cardíacos ocorridos entre os participantes das corridas. Os autores reanalisaram os dados de forma inteligente, incluindo apenas os pacientes que eram muito velhos e tinham cinco doenças preexistentes e, portanto, era mais improvável que tivessem participado das maratonas. A diferença nas taxas de mortalidade persistiu. Além disso, a diferença não apareceu entre aqueles pacientes de ataque cardíaco que moravam fora da área da maratona e foram levados para diferentes hospitais.

Em média, as maratonas levaram a um atraso de 4,4 minutos na internação, de 13,7 minutos para 18,3 minutos. Embora outras explicações para o aumento nas taxas de mortalidade não possam ser totalmente descartadas, os autores concluem: "Nossos resultados são consistentes com a ideia de que atrasos no atendimento atribuíveis a interrupções na infraestrutura são uma explicação possível".

Aceitemos por um momento a hipótese em sua forma mais forte: que o número adicional de mortes foi totalmente atribuível aos atrasos causados pelo fechamento de estradas: quantas pessoas, em números absolutos, morreram em consequência? De acordo com as estatísticas fornecidas, 1.145 ataques cardíacos ocorreram em dias de maratona, dos quais 323 levaram à morte. Em dias sem maratona, 11.074 ataques cardíacos ocorreram, dos quais 2.757 levaram à morte. Se a taxa de mortalidade por ataques cardíacos em dias de maratona fosse igual à de ataques cardíacos em dias sem maratona, 38 pessoas a menos teriam morrido (o que é um pouco menos de uma pessoa para cada três maratonas, embora o artigo não inclua essa análise). É claro que, devido à incerteza estatística, poderia ter sido mais, mas, da mesma forma, poderia ter sido menos.

Poderia esse pequeno aumento de mortes causadas por maratonas ser justificado pela gratificação pessoal dos milhares de corredores que participam? Não vejo como pode haver uma resposta definitiva a essa questão, a não ser algum tipo de juízo de valores global, mas não indiscutível. Uma morte é a extinção de um universo, por assim dizer, e devemos pensar em cada vida humana como infinitamente preciosa. Mas dificilmente podemos pensar isso na realidade, ou não permitiríamos qualquer risco de vida. Alguns riscos valem a pena correr, outros não. Aqui o risco é para um terceiro que não concordou em aceitá-lo, o que complica a questão. Mas o risco é muito pequeno em comparação com os números supostamente colocados em risco, que teoricamente podem ter um ataque cardíaco em um dia de maratona. Não se discute a gravidade do risco no artigo, que na verdade padece de um defeito muito comum dos artigos que medem riscos: dar apenas riscos relativos e não absolutos. Se, ao ler esse artigo, você tiver que calcular o risco absoluto por si mesmo, as chances são de que o que quer que tenha sido encontrado não seja muito importante. Se fosse importante, os autores o teriam alardeado.

Além disso, os riscos aumentados às vezes podem ser compensados por reduções em outros riscos. Um artigo no *British Medical Journal*, há alguns anos, sugeriu que ataques cardíacos entre corredores de maratona – que, aliás, ocorreram predominantemente na última milha, portanto, correr a milha extra é precisamente a coisa mais perigosa a fazer – foram mais do que compensados pela redução de acidentes rodoviários fatais que teriam ocorrido se as vias não tivessem sido fechadas.

Para mim, correr uma maratona recentemente trouxe um benefício inesperado. Cheguei a Genebra no dia da maratona de lá, e o homem que me convidou não pôde, portanto, me buscar no aeroporto em seu carro. Em vez disso, peguei o trem, que foi muito mais rápido.

* * *

Todos nós somos propensos a teorias da conspiração, talvez por razões biológicas. "Por que o Sr. Y deveria confiar em remédios e médicos não dinés?", pergunta um médico que trabalha no atendimento primário entre os indígenas Navajo em uma reserva. (Aparentemente, dinés agora é considerado um nome mais correto para navajo.) O artigo do médico no NEJM dessa semana, intitulado "Lições da Standing Rock – sobre Água, Racismo e Solidariedade", sugere que a desconfiança de seu paciente é compreensível, dado o histórico de desapropriação de indígenas. Em outras palavras, o racismo do Sr. Y deve ser tolerado e talvez até aplaudido.

O Sr. Y sofre de diabetes tipo 2. Ultimamente, tem havido um aumento acentuado na prevalência de diabetes tipo 2 em seu grupo étnico. O autor continua: "Por que ele não consideraria a possibilidade horrível de que o próprio sistema que pode ter causado sua diabetes agora se beneficia ao envolvê-lo em uma teia de demandas para manter sua saúde?". Essa é uma maneira muito evasiva de colocar as coisas. A pergunta "Por que ele não...?" oscila entre a psicologia e a lógica, sem jamais participar totalmente de uma ou escolher entre as duas, por isso é imune a críticas.

A razão pela qual o Sr. Y não deve considerar a possibilidade terrível é que não seria intelectualmente correto fazê-lo, exceto na suposição de que todos os homens brancos são iguais, todos igualmente dispostos ao mal (no que ele presumivelmente não acredita, ou então ele não teria consultado o médico em primeiro lugar). É quase certo que ele tenha diabetes tipo 2 porque tem uma predisposição genética e, mais importante, está acima do peso por ter consumido muito de uma dieta muito pobre, possivelmente promovida por publicidade, mas ainda consumida por ele. Para que sua saúde melhore, ele terá que fazer o que todos os outros com a doença devem fazer: comer de forma diferente.

O *Journal* de 13 de abril também traz dois artigos de pesquisa e um editorial sobre a diabetes tipo 2. O editorial é intitulado "Aumento da Incidência de Diabetes e suas Implicações" e começa assim:

> A diabetes mellitus está entre as doenças crônicas mais prevalentes e mórbidas, afetando a saúde de milhões de pessoas em todo o mundo. De acordo com o relatório *Global Burden of Disease* para 2015,

a prevalência de diabetes aumentou de aproximadamente 333 milhões de pessoas em 2005 para aproximadamente 435 milhões em 2015, um aumento de 30,6%.

Nos Estados Unidos, a incidência de diabetes tipo 2 aumentou 4,8% ao ano durante o mesmo período, embora mais rápido entre os grupos étnicos não brancos. Se essa rápida ascensão é o resultado de um "sistema", deve ser um sistema muito grande e bem dirigido, um pouco como o sistema de capital financeiro comunista judaico-maçônico, tão amado dos... bem, melhor não dizer.

O médico bem-intencionado da reserva navajo pergunta em seu artigo: "Em uma história marcada pela dominação cultural, como faço para manter minha promessa de 'não causar dano'?". Acho que a primeira coisa pode ser desencorajar as teorias da conspiração.

20 de abril de 2017

Frequentemente, afirma-se que o dano causado pelas drogas ilícitas é em grande parte, senão inteiramente, causado por seu *status* ilícito. Se ao menos estivessem disponíveis gratuitamente, qualquer dano que causassem seria insignificante, um pequeno preço a pagar pelo aumento da liberdade pessoal que a disponibilidade gratuita representaria. Mas a atual epidemia de mortes por overdoses de opioides nos Estados Unidos, que no final de 2017 mataram mais de 300 mil pessoas, sugere que essa é uma visão bastante simplória. Ninguém aplica o mesmo princípio aos danos causados pelo cigarro.

Um editorial do *Journal* intitula-se "Enfrentando a Epidemia de Opioides – Oportunidades no Ambiente Pós-*marketing*". Não se esperaria que uma prosa incisiva se seguisse a tal título, como de fato não acontece. Bem no início, no entanto, está um reconhecimento implícito de que a epidemia representa uma falha surpreendente do sistema regulatório:

> A avaliação pré-aprovação de medicamentos visa garantir que eles são seguros e eficazes para o uso pretendido. No entanto, o uso generalizado de medicamentos aprovados geralmente leva à identificação de problemas de segurança, incluindo eventos adversos raros que podem não ser detectados em exames de pré-aprovação [...] e uma pequena porcentagem dos medicamentos é retirada do mercado.

Essa é uma formulação escorregadia, projetada para desculpar as autoridades competentes. O que aconteceu, na verdade, foi que as drogas opioides orais foram consideradas por essas autoridades um tratamento seguro e apropriado para pacientes com dor crônica (como dor nas costas), porque foi demonstrado que poucos pacientes que receberam analgésicos fortes para dores agudas ou oncológicas tornaram-se viciados no sentido de que ansiavam, procuravam ou continuavam tomando os analgésicos fortes depois que a dor aguda terminava. A partir daí foi extrapolada a ideia absurda de que tais drogas seriam perfeitamente seguras para uso por pessoas com dores crônicas.

Não acho que qualquer médico com um mínimo de experiência clínica deixaria de notar as diferenças entre pacientes com dor aguda ou oncológica e aqueles com dor crônica. É verdade que entre as pessoas com dor aguda existem diferenças relacionadas a temperamento, idade, cultura e assim por diante; mas, com a dor crônica, o grande componente da "cobertura" psicológica (como os médicos costumam chamá-lo de forma depreciativa) é muito mais evidente. Na verdade, a fisiologia das duas categorias de dor é muito diferente, e as pesquisas mostraram que a intensidade da dor crônica não é proporcional à patologia pela qual é ocasionada. Ela se correlaciona intimamente com a condição sociopsicológica do sofredor, ao passo que a dor aguda não. Um homem com gota aguda pode gritar, enquanto outro apenas faz uma careta e se segura, sem emitir um som; mas ninguém duvida que ambos sofrem de fortes dores agudas.

Portanto, a própria base sobre a qual os opioides foram licenciados para uso em dores crônicas era falha, para dizer o mínimo. Havia, é claro, uma história de afrouxamento dos controles sobre a prescrição: por muitos anos (eu me lembro bem deles), analgésicos fortes foram negados até mesmo para aqueles que poderiam ter se beneficiado deles, principalmente por causa do medo, equivocado como vimos, que o vício pudesse resultar. Mesmo às pessoas com pouco tempo de vida, que certamente morreriam em algumas semanas, foram negadas tais analgésicos, muitas vezes de forma muito cruel. A decisão de abrir a torneira do opioide, por assim dizer, foi em parte para expiar o puritanismo passado na questão, agora visto como sadismo. E então o guarda-caça virou caçador furtivo.

Isso é interessante em si mesmo, pois sugere que não há história ou experiência da qual não se possa tirar uma lição errada. Que dois erros não fazem um certo é um clichê, é claro, mas em nossa conduta frequentemente desconsideramos a verdade que ele expressa. Se a seca for ruim, isso não significa que uma enchente será um bem irrestrito.

Com a abertura da torneira, certas empresas farmacêuticas viram a possibilidade de transformar um gotejamento em inundação. Elas embarcaram em uma campanha de propaganda em favor da prescrição de opioides para todos que reclamavam de dor. O artigo afirma que os esforços da Purdue Pharma incluíram:

> promover 40 conferências de treinamento de palestrantes com todas as despesas pagas para 5 mil praticantes, bem como 20 mil programas de "educação" sobre a dor. Purdue usou perfis médicos para atingir prescritores de opioides de alto volume com representantes de vendas que foram incentivados por um sistema de bônus generoso. Itens promocionais de marca e cupons gratuitos para pacientes estavam disponíveis.

Tudo isso era perfeitamente legal na época, embora sem escrúpulos. Mas, uma vez que o gênio saiu da garrafa, por assim dizer, colocá-lo de volta revelou-se muito difícil. Não que os esforços para fazê-lo tenham sido muito grandes: foi somente depois que dezenas de milhares morreram que alguém pareceu notar.

O NEJM não é geralmente conhecido por seu humor, mas o seguinte gerou um sorriso (de certo tipo):

> Mesmo hoje, o perfil de risco-benefício dos opioides usados para dor crônica permanece desconhecido [...] Os danos associados ao uso de opioides [...] são bem documentados e frequentemente dependentes da dose. Eles incluem abuso, vício, hiperalgesia [aumento da dor], overdose, fratura, pneumonia, disfunção erétil, colisões de veículos motorizados, eventos cardiovasculares e morte.

Como as mortes estão atualmente em 49 mil por ano (2017), os benefícios do uso de opioides para a dor crônica teriam que ser muito consideráveis, quase milagrosos.

Na verdade, como outro artigo do *Journal* não faz muito tempo apontou, não há nenhuma evidência de que os opioides tenham algum valor no tratamento da dor crônica. "Uma revisão recente não identificou estudos com duração superior a um ano que avaliassem a dor, função ou qualidade de vida como desfecho primário", relatou. Isso pode ser verdade em um sentido literal, mas a ausência de estudos mais longos não significa que não podemos tirar inferências relevantes dos estudos que foram feitos. É improvável que medicamentos considerados sem valor no alívio da dor em um prazo mais curto se tornem eficazes repentinamente depois que a marca de um ano for ultrapassada.

Há uma pista para as razões para a abordagem um tanto discreta dos autores sobre o problema da dependência de opioides resultante de prescrições médicas:

> Começando por volta de 2010 [ou seja, muitos anos após o início da epidemia], nossa clínica fez várias mudanças para melhorar o perfil de risco-benefício para o controle da dor crônica [observe a evasão do termo mais direto, perfil de *dano*-benefício]. Adotamos acordos de substâncias controladas, implementamos programas de exame de urina e de monitoramento de medicamentos prescritos, formamos um comitê de revisão de opioides para ajudar os médicos em casos difíceis, começamos a usar farmacêuticos para ajudar a supervisionar as prescrições de opioides no nível clínico e fornecemos educação, apoio e acesso a especialistas em tratamento da dor. Mais recentemente, integramos totalmente o tratamento assistido por medicação para dependência no ambiente de atenção primária, fornecendo uma ferramenta crucial baseada em evidências para o tratamento de pacientes de alto risco.

Essa é uma admissão virtual na burocracia de que "nossa clínica", e outras como ela, foi responsável pela epidemia em primeiro lugar. Quanto ao acesso a especialistas em tratamento da dor, é como oferecer a alcoólatras as chaves da cervejaria.

Eu costumava observar os pacientes que se dirigiam para a clínica de dor do meu hospital subindo escadas e sem mostrar nenhuma angústia evidente, até alcançarem os portais da clínica, quando a dor assumia proporções agonizantes. Eles deixavam a clínica segurando a receita de drogas perigosas. Parecia nunca ter ocorrido aos médicos da clínica observar o comportamento de seus pacientes fora de seus consultórios, ou mesmo duvidar de sua palavra. As clínicas pareciam precisar de detetives particulares, pelo menos tanto quanto precisavam de psicólogos.

Os médicos, é claro, não gostam de descrer de seus pacientes e, de modo geral, eles estão certos em não fazer isso. Mas lembro-me de um caso em que perguntaram minha opinião, em que a descrença teria sido inteiramente apropriada. Um jovem a quem haviam receitado analgésicos fortes dizia com frequência a seus médicos que ele havia perdido a receita, e eles continuavam a prescrever seus medicamentos até que ele começou a tomar doses enormes por dia. Então ele decidiu processar seus médicos por negligência por causa de seu claro vício em analgésicos. Os advogados me perguntaram se os médicos haviam sido negligentes. Falando estritamente, eu disse que sim. Mas, se os médicos podem ser responsabilizados por acreditar nas mentiras de seus pacientes (nesse caso, mentiras absurdas), era uma questão que eu deixaria para os tribunais decidirem. Nesse caso, a lei agiu com bom senso: independentemente da conduta dos médicos, a do paciente havia sido tão desonesta que não merecia indenização. O caso foi resolvido em um estágio inicial.

27 de abril de 2017

É estranho que as pessoas frequentemente tomem posições de acordo com seus preconceitos políticos ou filosóficos sobre assuntos que deveriam ser fatos. O principal desses assuntos (no momento) é o aquecimento global. Se alguém se diz conservador, é provável que considere o aquecimento global uma farsa perpetrada no mundo por aqueles que, desiludidos com o triunfo do capitalismo sobre o socialismo, querem um novo pretexto para dominar o mundo. Por outro lado, aqueles que querem controlar o capitalismo vão se agarrar ao aquecimento global como um pretexto para fazê-lo.

Embora nos digam que o aquecimento global é uma questão de questionamentos, curiosamente, pouco me interessei por ele e não tenho opiniões firmes sobre (não que a mera ignorância exclua opiniões firmes). Para constar, não acho a ideia do aquecimento global causado pelas atividades do homem tão absurda quanto alguns de meus amigos mais doutrinários dizem que é. Eu viajei muito e fiquei impressionado com quanto da superfície do mundo parece visivelmente coberta por uma névoa cinza-rosada-malva-púrpura mesmo nos melhores dias – quando, na verdade, é mais obviamente visível. Certamente essa névoa, ou algum componente dela, que é claramente obra do homem, retém o calor? Infelizmente, não sou físico para dar a resposta.

Parece-me que há várias questões que precisam ser respondidas, e não sou qualificado para responder a nenhuma delas:
1. O aquecimento global está acontecendo?
2. Se sim, é resultado das atividades do homem?
3. Em caso afirmativo, o dióxido de carbono é a principal causa?
4. O aquecimento global é totalmente ruim ou tem vantagens compensatórias que podem até superar suas desvantagens?
5. Se os danos que causará forem graves, qual a melhor forma de evitá-los?

Um artigo no *Journal* dessa semana intitulado "Medicina Preventiva para o Planeta e seus Povos" descreve muitos dos danos causados pelo aquecimento global, muitos deles ainda hipotéticos. Confesso que a noção de medicina preventiva (ou de qualquer outro tipo) para o planeta me irrita e me parece cheirar a uma reversão moderna ao paganismo, mas deixemos isso de lado. O artigo tem suas virtudes, entre elas, a clareza.

Os danos à saúde causados, ou ainda a serem causados, pelo aquecimento global são apresentados:

> Com o aquecimento das temperaturas, vêm as ondas mais longas de calor do verão que aumentam a mortalidade, particularmente entre as populações vulneráveis – idosos e pobres, residentes de ilhas de calor urbanas e pessoas com doenças mentais. As temperaturas mais altas também aumentam os níveis de ozônio, comprometendo a função pulmonar e agravando a asma. As estações do pólen mais cedo e mais longas aumentam a exposição aos alérgenos, aumentando a sensibilização alérgica e os episódios de asma. Temperaturas mais altas resultam em incêndios florestais maiores e mais longos, reduzindo a qualidade do ar a favor do vento e aumentando as hospitalizações por problemas respiratórios e cardiovasculares.
>
> A mudança climática também está tornando as áreas secas mais secas, as áreas úmidas mais úmidas e as tempestades severas com forte precipitação mais comuns. Furacões e inundações matam pessoas diretamente, e seus efeitos indiretos, como surtos de doenças transmitidas pela água após inundações, causam danos mais amplos à

saúde humana. As temperaturas mais altas da água também facilitam o crescimento de organismos patogênicos transmitidos pela água, como espécies de coliformes e vibriões.

A distribuição de doenças transmitidas por vetores, como a doença de Lyme, o vírus do Nilo Ocidental, a febre maculosa das Montanhas Rochosas, a peste e a tularemia, se expande conforme a gama de seus vetores muda. A distribuição do carrapato da doença de Lyme, Ixodes scapularis, por exemplo, deve se expandir para cobrir a maior parte dos Estados Unidos nos próximos 60 anos. Os mosquitos vetores de patógenos não comuns atualmente nos Estados Unidos, como dengue, chicungunha e zika, podem encontrar condições mais favoráveis.

Qualquer um fica – ou pelo menos eu estou – impressionado com a quantidade de hipóteses e de quão poucos fatos existem nessa passagem. Isso por si só não a torna errada ou equivocada, pois as hipóteses podem ser corretas; mas significa que aqueles que negam os efeitos nefastos do aquecimento global, pelo menos no que diz respeito à saúde, não podem ser necessariamente considerados meros excêntricos. Nenhuma extensão de efeito é mencionada ou mesmo hipotetizada. Também não há menção de um artigo publicado não muito tempo atrás no *Lancet* que analisou uma imensa quantidade de dados sobre taxas de mortalidade e temperatura ambiente e descobriu que temperaturas abaixo do normal estavam associadas a (não se pode dizer *causaram*) dezessete vezes mais mortes do que temperaturas acima do normal. Isso levanta pelo menos a *possibilidade*, embora muito longe da certeza, de que grandes áreas do globo se tornarão mais saudáveis se ocorrer o aquecimento global. E, embora os autores do artigo do NEJM presumam que o aquecimento global vai atrapalhar em vez de aumentar o suprimento de alimentos, isso é questionável.

Um gráfico que acompanha o artigo também levanta minhas suspeitas. Mostra a temperatura média da superfície da Terra de 1880 a 2016. Certamente, houve uma tendência acentuada de aumento desde 1980, mas houve um planalto de quarenta anos antes disso, e nenhuma elevação entre 1880 e 1935. Temo que esse gráfico me lembre mais daqueles dados de meu consultor financeiro para demonstrar quão esplêndido seu conselho havia sido. Não se pode deixar de pensar que as datas e escalas do gráfico são selecionadas para provar um ponto, em vez de demonstrar uma verdade descoberta por investigação objetiva. Além disso, o período de 1880 a 2016 é bastante curto em tempo geológico, e certamente o clima não começou em 1880 mais do que o sexo (de acordo com o poema de Larkin) começou em 1963.

Apesar de tudo isso, enquanto olho pela minha janela em um dia sem nuvens e vejo aquela névoa cinza-rosada-malva-púrpura no horizonte, não posso deixar de me perguntar se os alarmistas do clima estão certos.

* * *

Estando à procura de cães que permanecem silenciosos durante a noite, localizei um em um excelente artigo de revisão sobre o abuso físico de crianças. Ele começa com uma vinheta clínica e segue descrevendo como o assunto que ela apresenta deve ser investigado posteriormente. A história é a seguinte:

> Um bebê de quatro meses do sexo masculino é levado ao pronto-socorro por paramédicos. Sua mãe ligara para o 911 porque o bebê parecia mole quando ela o levantou do berço ao chegar do trabalho; ela o havia deixado com o namorado enquanto trabalhava [...] O exame físico [da criança] deu normal, exceto pela diminuição do tônus muscular e por um hematoma de 1 centímetro em sua bochecha esquerda.

Embora o artigo se preocupe principalmente com a investigação dos sinais físicos de uma criança em tal situação (como *scans*, raios-x ou níveis de enzimas anormais), é incomum não haver qualquer aceno na direção da etiologia e distribuição epidemiológica da condição considerada. Por exemplo, houve um artigo de revisão semelhante sobre a doença falciforme na semana anterior, com muitas informações desse tipo na vinheta. Por que a diferença?

Há uma pista na narrativa: "ela o havia deixado com o namorado enquanto trabalhava". O triste fato é que o tipo de cuidados que essa frase sugere é altamente propício ao abuso físico de crianças. O namorado não era o pai da criança, presumo, caso contrário, teria sido relatado que a mãe o teria deixado com o pai. E, considerando que a criança tinha apenas quatro meses, acho justo supor que o namorado que causou a lesão não seria o último namorado da mãe. É bem sabido que os padrastos têm muito mais probabilidade de abusar de crianças do que os pais biológicos, especialmente aqueles que são casados com as mães de seus filhos. Nada disso é mencionado no artigo, exceto de forma muito elíptica, nestas palavras: "uma história social mais extensa deve ser obtida, incluindo quem estava cuidando do bebê na ausência da mãe e se outras crianças estavam em casa". Qualquer questão mais explícita pode fazer com que enrubesçam as faces daqueles que, durante anos, sugeriram que não importa sob que dispensa ou regime os pais geram os filhos.

Aqui está realmente um cachorro que não ladrou. A delicadeza disso e o desejo de não causar ofensas desnecessárias seriam admiráveis em outros contextos, mas não neste.

4 de maio de 2017

Quando compramos nossa casa em uma área rural remota, já tínhamos 55 anos, idade em que a saúde frequentemente começa a piorar e as emergências médicas se tornam mais comuns. Considerações sobre atendimentos médicos não tiveram a menor parte em nossa decisão de comprar a casa, e nem mesmo entraram em nossa cabeça como preocupação. Isso foi tolice ou sabedoria? Acho que não pode haver uma resposta definitiva; depende de sua escala de valores. Embora o acesso ao atendimento médico possa às vezes ser uma precondição da vida, a vida é mais do que o acesso ao atendimento médico. No entanto, se alguma vez precisarmos de atendimento médico emergencial enquanto estivermos em nossa casa, estaremos em uma situação muito precária.

Um artigo da Dinamarca no *Journal* dessa semana sugere que, no caso de uma parada cardíaca, temos menos probabilidade de sobreviver, e também menos probabilidade de sobreviver sem dano cerebral, do que se vivêssemos, sim, na Dinamarca. O objetivo era medir os benefícios das provisões para emergências cardíacas que estão sendo amplamente disponibilizadas na Dinamarca.

Os autores triaram os resultados de todas as paradas cardíacas ocorridas no país fora do hospital durante um período de doze anos, de 2001 a 2012. Eles analisaram os dados de acordo com se a pessoa afetada não havia recebido assistência de transeuntes ou ressuscitação cardiopulmonar ou desfibrilação de transeuntes ou reanimação por uma equipe médica de emergência profissional enviada para socorrê-la. Os resultados foram medidos em termos da taxa de danos cerebrais anóxicos e subsequente internação em uma casa de repouso, um ano após o evento, nas pessoas que tiveram uma parada cardíaca e sobreviveram por pelo menos trinta dias.

Nos doze anos estudados, havia 42.089 pessoas na Dinamarca que tiveram paradas cardíacas fora do hospital. Destas, 7.630 foram excluídas do estudo porque já estavam sofrendo de lesão cerebral anóxica ou já moravam em uma casa de repouso. Isso deixou 34.459 casos disponíveis para o estudo.

Durante o período analisado, a taxa de sobrevivência de trinta dias após a parada cardíaca aumentou de 3,9% para 12,4%. (Durante todo o período, a taxa foi de 6,3%.) Os autores atribuíram essa melhora ao aumento do treinamento da população em geral em ressuscitação cardiopulmonar e à maior disponibilidade de desfibriladores automáticos em locais públicos na Dinamarca. Ao final do período de estudo, não apenas uma porcentagem maior de pessoas sobreviveu à parada cardíaca por trinta dias ou mais, mas uma porcentagem menor dos sobreviventes sofreu danos cerebrais ou precisou ser internada em uma casa de repouso. A taxa de danos cerebrais ou internação em uma casa de repouso para aqueles que sobreviveram a uma parada cardíaca por trinta dias caiu de 10% em 2001 para 7,6% em 2012, uma diferença estatística altamente significativa.

Ainda assim, o histograma fornecido no artigo me levou a considerar essa maneira de enquadrar os resultados como altamente duvidosa, para não dizer desonesta. Mostra as taxas de danos cerebrais ou internação em uma casa de saúde em cada ano entre o início e o fim do estudo, e houve vários anos em que a taxa foi mais alta do que no ano inicial. Nos anos de 2006, 2007, 2008 e 2009, por exemplo, a taxa foi maior do que em 2001 (e consideravelmente maior em 2007), enquanto no ano de 2011 ela se manteve igual.

Assim, ao escolher o ano de 2012, os autores obtiveram o resultado que almejavam, à semelhança do que fazem os consultores financeiros ou representantes comerciais das empresas farmacêuticas. Se os resultados fossem tão satisfatórios quanto os autores sugerem, poder-se-ia esperar uma melhora mais ou menos suave nas taxas, em vez dos altos e baixos que realmente aconteceram. A data de término do estudo foi, portanto, altamente conveniente: e isso levanta suspeitas de que a data de início também pode ter sido escolhida com uma conclusão predeterminada em vista.

A taxa de mortalidade em doze meses por qualquer causa após a parada cardíaca foi certamente menor em 2012 do que em 2001, mas foi menor em 2005 e 2006 do que em 2012. Além disso, as pessoas que têm paradas cardíacas tendem (no todo) a não ser as pessoas mais saudáveis, de modo que podem morrer de outras doenças incidentais não causadas por nada que tenha causado sua parada cardíaca. Em outras palavras, um declínio na taxa de mortalidade por todas as causas após a ressuscitação bem-sucedida não demonstra um declínio na taxa de mortalidade relevante em doze meses após a parada cardíaca, porque existem muitas causas potenciais de morte ou sobrevivência.

Mas consideremos a melhora na taxa de sobrevivência em trinta dias após uma parada cardíaca *prima facie*: o que isso significaria? Se durante o mesmo período a taxa de danos cerebrais anóxicos ou internação em uma casa de repouso não diminuísse, ou diminuísse em uma taxa mais lenta, isso significaria que o número absoluto de pessoas com tais danos cerebrais anóxicos ou vivendo em uma casa de repouso de fato aumentou, possivelmente por uma margem considerável. O que se apresenta como um triunfo para a saúde e segurança públicas teria assim, no mínimo, certos custos aos quais o artigo, seja por entusiasmo juvenil, seja por desejo de encobrir, não se refere.

A questão, então, é muito desagradável: quantas pessoas anóxicas com danos cerebrais ou confinadas em asilos são iguais a uma pessoa salva da morte prematura que passa a levar uma vida normal? Economistas da saúde tentaram responder a essa pergunta com várias escalas, a mais famosa das quais é o "ano de vida ajustado pela qualidade", ou QALY, na sigla em inglês, mas anexar um número a uma comparação incomensurável não aumenta a precisão; apenas dá às pessoas uma falsa sensação de segurança de que suas decisões são puramente racionais.

Esse artigo, parece-me, oferece uma justificativa *post facto* para as decisões já tomadas – a saber, treinar todos em ressuscitação cardiopulmonar e fornecer desfibriladores em todos os lugares. Essas decisões *podem* ter sido certas ou sábias e, de fato, a maioria das decisões deve ser tomada antes que se possa saber se são certas ou sábias, mas esse documento certamente não fornece nenhuma evidência de uma forma ou de outra. Parece-me mais retórica do que ciência objetiva.

Os autores estão confiantes de que foram capazes de triar *quase* todas as paradas cardíacas fora do hospital ocorridas em todo o país durante os doze anos de estudo, graças ao sistema de informação altamente desenvolvido e eficiente da Dinamarca, que dá a cada um, dentre os 5,5 milhões de cidadãos, um "Número de Registro Civil Pessoal único que é usado em todos os contatos de saúde". Isso pode despertar a admiração ou o horror do leitor, ou alguma combinação dos dois. Sem dúvida, aumenta a eficiência, presumivelmente tornando todo o seu histórico médico instantaneamente disponível para qualquer médico ou hospital no país que o trata; e todo médico sabe que existem poucas coisas mais frustrantes e demoradas do que não ter acesso aos registros médicos anteriores de um paciente. E ainda, ao mesmo tempo, há algo um pouco assustador sobre um sistema que, em princípio, sabe tudo sobre você e sobre o qual você não tem controle e o qual é incapaz de alterar. Os dinamarqueses sem dúvida confiam em seu Estado e talvez (até agora) tenham todos os motivos para fazê-lo, mas nós, que vivemos em terras menos favorecidas, não temos exatamente a mesma confiança em nossos senhores.

Os autores dizem que as taxas de parada cardíaca permaneceram constantes na Dinamarca durante o período do estudo, mas uma de suas principais causas, a doença arterial coronariana, está em declínio acentuado nas últimas décadas e, portanto, seria de esperar que a taxa de parada cardíaca diminua também. Isso não sugere um aumento da propensão para diagnosticar parada cardíaca em conjunto com uma diminuição na parada cardíaca real, mas os autores não consideram suficientemente a possibilidade de que isso possa explicar uma melhora nas taxas de sobrevivência em trinta dias após uma suposta parada cardíaca. Se a taxa real de paradas cardíacas diminuiu enquanto a taxa de sobreviventes de supostas paradas cardíacas aumentava, não estaríamos diante de um triunfo, mas de uma farsa.

De qualquer forma, o artigo ensina uma lição valiosa: que é necessário estudar essa publicação para detectar seu verdadeiro significado, se houver. A noção de que um artigo científico, pelo menos na medicina, revela seu significado à primeira vista é falsa. Mas muitas vezes apenas passamos o olho nesses artigos.

11 de maio de 2017

Foi com o coração apertado que peguei o *Journal* essa semana, o título de seu primeiro artigo legível através de seu invólucro de plástico transparente: "O Futuro da Cobertura para Transgêneros". *Cobertura* significava cobertura de seguro, não cobertura da imprensa; referia-se aos meios pelos quais coisas de que algumas pessoas precisam ou que elas desejam deveriam ser pagas por outras pessoas.

Uma estatística no artigo chamou minha atenção: 0,6% dos americanos adultos são "transgêneros", o que equivale a 1,4 milhão de pessoas no total. Isso é dado como um número definitivo, como se fosse um fato, da mesma forma que há cinquenta Estados na União. Mas o que encontramos quando nos voltamos para o *Manual de Diagnóstico e Estatística da Associação Psiquiátrica Americana* (DSM) em sua quinta e última edição? Essa publicação não reluta exatamente em fornecer altas taxas de prevalência de todas as condições que enumera: por exemplo, cita um número (diante do qual apenas psiquiatras em busca de pacientes poderiam deixar de rir) de 1,5% para o chamado "distúrbio de identidade dissociativo", anteriormente conhecido como "distúrbio de personalidade múltipla". Que prevalência dá para o que chama de "disforia de gênero"? Sugere 0,005% a 0,014% dos homens e 0,002% a 0,003% das mulheres. Partindo do pressuposto de que há quase tantos homens quanto mulheres na população, e usando os valores máximos em vez dos mínimos fornecidos, descobrimos que a prevalência é de 0,0085%.

O DSM, como é conhecido por abreviatura, foi publicado em 2013, há quase uma eternidade. O que aconteceu nos quatro anos intermediários que levou a um aumento de setenta vezes na prevalência? Existem, é claro, epidemias de doenças infecciosas com aumentos ainda mais surpreendentes na prevalência do que esse; mas me parece que, se você quisesse saber o que estava acontecendo, seria melhor estudar os caprichos da moda do que procurar algo comparável a um surto de tifo.

Curiosamente, embora o artigo do NEJM faça referência ao DSM, ele não menciona a discrepância nas taxas de prevalência, como se não fosse de interesse ou não apresentasse possível significância. Aqui está outro cachorro que se absteve de ladrar.

Pesquisei a questão das pessoas que mudam de sexo em um livro didático datado de 1979, chamado *Sexual Deviation*, editado por Ismond Rosen. Foi provavelmente o texto mais confiável sobre o assunto de sua época, e, embora 38 anos não seja (ou pelo menos uma vez foi) muito tempo na história de uma civilização, o livro tem a aparência de ter sido escrito em uma época diferente. Por um lado, a própria palavra *desvio* em seu título agora dificilmente seria usada, por ser tão inerentemente *pejorativa*; e, por outro lado, há uma imprecisão nele que pode muito bem ser vitoriana ou eduardiana. Tudo começa com a declaração: "Nos últimos anos, tem havido um ressurgimento do interesse pelo comportamento sexual". Confesso que ri. Foi o próprio interesse pelo comportamento sexual, ou a maneira como o interesse foi expresso, que mudou?

Em 1979, *transgênero* não era nem mesmo uma palavra; o termo usado era *transexual*. Na verdade, a palavra *transgênero* é, afinal, provavelmente mais apropriada: pois, enquanto sexo é uma questão biológica, gênero se refere a traços sociais e comportamentais que geralmente, mas nem sempre, estão alinhados com o sexo. Seja como for, o livro faz afirmações que hoje resultariam no ostracismo social do autor, se não (nas jurisdições jurídicas mais avançadas socialmente) o levariam à prisão de fato. Por exemplo:

> O transexualismo masculino é uma raridade, então, não apenas porque a condição é tão estranha – um homem que tenta se transformar

em uma mulher –, mas por razões de interesse para aqueles que se preocupam com a teoria psicodinâmica. Isso é especialmente verdadeiro no que diz respeito ao desenvolvimento edipiano no menino transexual. [...][1] No tratamento de transexuais masculinos adultos, a regra geral é que tudo o que se fizer está errado. [...] Embora o ideal seja um homem masculino, é difícil ver como isso pode ocorrer em uma pessoa que nunca teve nenhuma masculinidade construída em sua personalidade desde a infância.

A disforia de gênero é, em essência, um sentimento e um desejo estranhos, para não dizer bizarros. De acordo com o artigo do NEJM, "todas as principais associações médicas de especialistas nos Estados Unidos" reconhecem a necessidade médica de amenizar e satisfazer esse desejo por meio de "atendimentos relacionados à transição". Esse, claro, é o argumento do consenso e da autoridade, e não seria difícil encontrar consensos anteriores ou declarações oficiais de associações médicas que agora nos pareceriam erradas ou mesmo más.

Até onde deve ir a satisfação de sentimentos e desejos em tais questões? Por mais estranho que o transexualismo possa ter impressionado o autor do capítulo do livro de Rosen, existem desvios sexuais ainda mais estranhos: por exemplo, apotemnofilia e acrotomofilia (que não estão incluídos no livro de Rosen). O primeiro deles é o desejo de ser amputado para encontrar a realização sexual, enquanto o segundo é a descoberta da satisfação sexual apenas com um amputado. Apesar das tentativas corajosas de atribuir essas peculiaridades às disfunções neurológicas, nenhuma foi encontrada. São desordens ou anormalidades de sentimento e desejo tanto quanto o transexualismo.

Os argumentos para a necessidade *médica* de permitir a *transição* do transexual (como diz a feia locução contemporânea) são igualmente fortes para o apotemnófilo. A amputação de um membro perfeitamente saudável, embora desnecessária pelos critérios médicos normais, não é

---

[1] Curiosamente, o complexo de Édipo é aqui considerado tão indubitavelmente factual quanto a data da Batalha de Hastings. Existe uma lei da conservação de suposições duvidosas?

mais desfigurante do que as operações de mudança de sexo e o tratamento hormonal, nem é mais irreversível. Se o apotemnófilo mudar de ideia, pernas artificiais são muito boas hoje em dia. Quanto a quaisquer desvantagens sociais que possam resultar, uma legislação poderia ser promulgada proibindo, por exemplo, times de futebol de discriminar aqueles que sofreram amputações para tais fins. Poderia até haver desfiles do Orgulho da Apotemnofilia, matando dois coelhos com uma cajadada só: cumprindo o desejo da população de demonstrar sua mente aberta em público e satisfazendo o desejo eterno da humanidade. A única ausência lamentável, dado o estado da arte do ensino no Ocidente, é que não haveria Daumier para registrá-los.

O artigo do *NEJM* diz: "A necessidade das pessoas transgênero por atendimentos que afirmem seu verdadeiro eu e promovam sua saúde e seu bem-estar é paralela ao desejo dos americanos por cobertura de seguro de saúde acessível e de alta qualidade". Ignoremos a possibilidade de que muitos americanos não tenham esse desejo; em uma grande população, existem todos os tipos de pessoas. Em vez disso, o conceito de *afirmar o verdadeiro eu* carrega, e de fato requer, algum exame.

Por trás da declaração *ex cathedra* do autor do artigo, que vem da Escola de Saúde Pública Johns Hopkins, estão várias suposições: que o verdadeiro eu é um tipo de entidade fixa independente de sua vontade, comportamento e hábito; que o verdadeiro eu, seja o que for, deve ser essencialmente bom e, portanto, digno de ser expresso; que o objetivo dos atendimentos médicos é permitir que as pessoas se expressem; que o verdadeiro eu de uma pessoa *deve* ser afirmado, mesmo que seu verdadeiro eu seja como o de Jeffrey Dahmer. Tudo isso me parece muito duvidoso, para dizer o mínimo. Mesmo supondo que o verdadeiro eu possa ser encontrado, distinto de todos os outros eus, como o puramente fenomenal (o eu aparente aos observadores), é o trabalho ou propósito dos atendimentos médicos afirmá-lo, ou a responsabilidade de outros pagar pela afirmação? O artigo afirma que transexuais empobrecidos de grupos socioeconomicamente desfavorecidos têm dificuldades específicas em fazer a "transição" por razões financeiras. Em essência, ele pede que seu tratamento seja pago por outros.

Antes que eu seja considerado um monstro de insensibilidade, admito que sempre houve pessoas incomodadas com seu sexo biológico, e acrescento que acho que, às vezes, há boas razões para a cirurgia plástica ser realizada por razões estéticas. As pessoas podem nascer ou adquirir deformidades ou desfigurações que, compreensivelmente, as tornam infelizes; e a divisão entre essas anomalias menores que ofendem a pura vaidade nem sempre é clara. Mas esse é um assunto totalmente diferente.

18 de maio de 2017

Um médico, suponho, deveria se interessar por tudo que é humano – por cada doença da qual a carne é herdeira; mas é apenas humano estar mais interessado naqueles assuntos com os quais se tem alguma conexão direta do que em assuntos totalmente distantes de sua experiência pessoal. Dois artigos dessa semana me despertaram lembranças importantes de meu próprio passado, o primeiro sobre asma e o segundo, sobre insuficiência cardíaca aguda. Quando eu tinha quinze anos, um amigo meu, um ano mais velho, morreu de um ataque agudo de asma. Quando eu tinha cerca de 26 anos, tive uma insuficiência cardíaca aguda, resultado de uma doença cuja taxa de mortalidade estava entre um quarto e meio.

Meu amigo que morreu de asma estava tomando, por inalação, uma droga, a isoprenalina, que alivia seus sintomas, mas pressiona seu coração, e que, mais tarde foi descoberto, aumentava a taxa de mortalidade na asma. Ele também estava tomando o que era então uma nova droga, o cromoglicato de sódio, para evitar que certas células do pulmão, chamadas de mastócitos, explodissem durante uma reação alérgica e liberassem várias substâncias que causam a constrição dos brônquios e, portanto, tornam a respiração difícil, laboriosa e finalmente (no caso dele, infelizmente) impossível. Jamais esquecerei o dia em que soube de sua morte. Ele era um jovem intelectualmente brilhante, cuja vida, embora curta, foi um longo sofrimento. Severamente eczematoso e também asmático, seu corpo inteiro estava coberto por pequenas escamas que ele soltava por toda parte, e seu peito estava profundamente deformado pelos danos causados aos pulmões desde o nascimento.

Tudo isso foi há mais de cinquenta anos, então fiquei ao mesmo tempo interessado e triste ao ler um estudo de outro medicamento, o imatinibe, que inibe uma enzima que provoca a produção de mastócitos em casos de asma refratária, que é a asma que não responde bem ao tratamento normal. Um editorial aponta que os mastócitos, que estão em todas as pessoas, não podem ser de todo ruins, porque "a evolução não nos dotou de mastócitos para encher nossos ambulatórios de pacientes com asma ou para permitir que desenvolvamos doenças alérgicas", e que, portanto, sua eliminação total não pode ser totalmente desejável. Reduzir seu número entre aqueles que sofrem de hipersensibilidade seria uma coisa boa, mas pode ser difícil encontrar o equilíbrio certo.

O pequeno estudo controlado com imatinibe (31 pacientes que receberam tratamento ativo e 31 que receberam placebo) mostrou que a droga reduziu substancialmente a reatividade das vias aéreas de pacientes asmáticos. Esse é um resultado promissor, embora os autores sejam cautelosos o suficiente para alertar que "os dados não são clinicamente diretivos", o que significa que é muito cedo para recomendar a prescrição rotineira de imatinibe. "É possível", eles escrevem, "que o efeito que encontramos em relação à hiper-responsividade das vias aéreas não se traduza em um benefício clínico em estudos maiores".

Se eu lesse posteriormente sobre o grande sucesso do imatinibe no tratamento da asma refratária, como a de meu amigo, quais seriam meus sentimentos? Deveriam, é claro, ser prazer puro, porque muito sofrimento seria aliviado; mas, na prática, acho que podem ser um pouco mais ambíguos. Posso, sem razão, sentir uma leve amargura por meu amigo íntimo (que tenho certeza de que teria dado uma valiosa contribuição para o mundo dos estudos e era muito modesto, apesar de seu brilhantismo) não viver para receber o benefício disso. Por que ele deveria ter sofrido e morrido quando pessoas como ele hoje sobrevivem e são aliviadas de seu sofrimento? Isso pode não ser injusto, mas é muito irrazoável.

* * *

Um estudo muito mais amplo de uma nova droga vasodilatadora chamada ularitide, a ser usada na insuficiência cardíaca aguda, foi uma falha retumbante e definitiva. Mais de 2 mil pacientes com insuficiência cardíaca aguda foram designados para tomar ularitide por injeção intravenosa ou placebo. Dos pacientes que receberam ularitide, 236 morreram; daqueles que receberam placebo, 225 morreram. Essa não foi uma diferença estatisticamente significativa; ularitide não foi nem melhor nem pior do que o placebo. Esperava-se que o tratamento rápido da insuficiência cardíaca com um vasodilatador melhorasse o prognóstico; mas, como diz um editorial anexo, o estudo do ularitide "diminui a probabilidade de que haja um caminho construtivo para o desenvolvimento de peptídeos natriuréticos [secretores de sódio]". Também põe fim à ideia, pelo menos por enquanto, de que deveria haver equipes de atendimento emergencial dedicadas ao tratamento de pessoas com insuficiência cardíaca aguda, como eu tive quarenta anos atrás. No meu caso, a natureza seguiu seu curso, o que, felizmente para mim, foi benigno. Parece não haver nada no momento que altere o desfecho dessa situação.

Houve algumas frases no editorial que tive alguma dificuldade em interpretar:

> Nesse ponto, devemos nos lembrar de que o objetivo primário imediato do tratamento é o objetivo centrado no paciente de alívio dos sintomas. [...] Essa conclusão nos permitirá mudar o foco da doença para que a mortalidade seja mais uma vez relegada a uma questão de segurança, não um ponto-final de eficácia.

Se entendi bem (o que não é certo), isso significa que devemos desistir de tentar salvar a vida dos pacientes e apenas deixá-los confortáveis.

* * *

Havia um livro famoso na década de 1950, com o título *Only in America*, e não pude deixar de pensar nele enquanto lia um artigo intitulado "Médicos, Armas de Fogo e Liberdade de Expressão – Derrubando a Regra da Mordaça na Flórida sobre a Segurança das Armas de Fogo". Aparentemente, a legislatura da Flórida aprovou uma lei proibindo os médicos de "inserir rotineiramente qualquer informação sobre a posse de armas de fogo nos registros dos pacientes, discriminar os pacientes com base na posse de armas de fogo [algo perigoso, acredito] e assediar desnecessariamente um paciente sobre posse de arma de fogo" por exemplo, lembrando-o constantemente de que é perigoso deixar uma arma carregada ao alcance de uma criança.

A lei, chamada Firearm Owners' Privacy Act, foi contestada porque foi considerada uma violação da proibição da Primeira Emenda sobre a restrição da liberdade de expressão. A lei me parece ter sido *prima facie* absurda, uma intrusão injustificável na conduta profissional dos médicos. Na verdade, foi derrubada, mas de forma precária, pensei. Foi sustentado que a lei teria sido justificada se pudesse ser demonstrado que aumentava a segurança do paciente; mas é claro que não.

Os autores do artigo afirmam que a maioria no tribunal de apelações sustentou que "as leis que regulam a fala do médico devem ser projetadas para melhorar, em vez de prejudicar, a segurança do paciente". Os autores então citam evidências de que a posse de armas em casa "aumenta o risco de morte para todos os membros da família, especialmente o risco de morte por suicídio" e de que "a maioria dos adultos norte-americanos que vivem em casas com armas desconhecem o risco elevado disso". A partir daí, os autores concluem que "o aconselhamento médico pode não apenas aumentar a capacidade de autodeterminação do paciente, mas também salvar vidas".

Em seguida, vem a parte um tanto sinistra: "Tendo o direito de fornecer tal conselho, as normas profissionais reconhecem a responsabilidade de fazê-lo". No espaço de alguns parágrafos, passamos da censura proibitiva à censura prescritiva, do que você *não* pode dizer ao que você *deve* dizer. Ficamos imaginando quanto tempo levará até que um pai cujo filho se suicida atirando em si mesmo com uma arma carregada deixada em casa processe seu médico por não tê-lo avisado do perigo – como deveria ter feito. E, na cosmovisão aqui expressa, todos os adultos permanecem basicamente crianças, a menos que tenham autoridade.

A censura prescritiva é muito mais destrutiva da liberdade de expressão do que a proibitiva, porque é mais difícil de contornar pela linguagem esópica, embora ainda possa ser ridicularizada, por exemplo, por exageros grosseiros e óbvios. Mas não se pode deixar de imaginar se a reação a isso teria sido tão forte se a legislatura da Flórida tivesse escolhido outros assuntos para censura prescritiva de médicos – se talvez tivesse proibido os médicos de contar a mentira, propagada pelo Instituto Nacional de Abuso de Drogas, de que o vício é uma condição cerebral crônica recorrente. O teste do compromisso de uma pessoa com a liberdade não é sobre se ela protesta quando sua própria liberdade é restringida, mas quando a de alguém de quem ela discorda o é.

25 de maio de 2017

O uso de substâncias derivadas da *cannabis* para fins médicos (se forem terapeuticamente úteis) nunca me pareceu apresentar quaisquer problemas éticos particulares. É claro que existem problemas práticos, uma vez que a *cannabis* contém mais de uma centena de substâncias, cada uma das quais deve ser testada isoladamente. Mas, quase com certeza, os estudos científicos ajudarão a desmistificar uma planta que por tanto tempo foi o *fer de lance* botânico da contracultura no Ocidente. As substâncias derivadas da *cannabis* passarão pelo ciclo de atitudes em relação às novas drogas descritas no livro didático de farmacologia que usei quando estudante: primeiro a cura milagrosa, depois o veneno mortal e, finalmente, útil em alguns casos.

No *Journal* desta semana, há um estudo controlado de canabidiol, um derivado purificado da planta, para o tratamento da síndrome de Dravet, um trágico distúrbio infantil que consiste em retardo mental grave e epilepsia intratável. Relatos de que a *cannabis* reduz a frequência e a gravidade dos ataques epilépticos foram numerosos, mas anedóticos; descrentes não acreditam porque suspeitam de que as anedotas não passam de enganação até chegar a um relaxamento ou abandono total do controle da droga. Ninguém usaria canabidiol por prazer, no entanto. Aqui, ele foi usado em um estudo duplo-cego em 120 crianças e adolescentes com síndrome de Dravet, uma condição felizmente tão rara que os pesquisadores tiveram que pesquisar 23 instituições em todo o mundo para encontrar os pacientes.[1]

Eles observaram o número de ataques que os pacientes sofreram por um período de quatro semanas antes do início do estudo e, a seguir, nas catorze semanas subsequentes, quando receberam canabidiol ou placebo. Os resultados foram bastante claros: o canabidiol reduziu a frequência dos ataques. No primeiro mês, o número médio de convulsões diminuiu no grupo de tratamento de 12,4 para 5, enquanto no grupo de placebo diminuiu apenas de 14,9 para 13. Essa diferença foi muito significativa (estatisticamente, se não necessariamente de outra forma). No final do estudo, três dos pacientes que tomaram canabidiol estavam totalmente livres de convulsões, mas não os que tomaram placebo.

Houve um resultado, no entanto, que me pareceu bastante estranho. Enquanto 43% dos que tomaram canabidiol tiveram o número de crises reduzido em pelo menos 50%, 27% dos que tomaram placebo também tiveram o número de ataques reduzido em pelo menos 50%. Isso sugere um efeito placebo muito forte ou que as flutuações naturais no número de crises nessa condição são muito fortes, caso em que o resultado do canabidiol parece um pouco menos impressionante. Na verdade, a variação natural no número de crises é imensa: entre os pacientes que receberam canabidiol, variou de 3,9 por mês a 1.717 crises por mês antes do tratamento e, depois, de 0 a 2.159. Isso significa que as crises devem ter aumentado em

---

[1] Condições raras também são favoráveis para as empresas farmacêuticas. As doenças órfãs são aquelas tão raras que normalmente não atrairiam empresas farmacêuticas para pesquisar seus remédios. Mas, se eles encontrarem esse remédio, a vida útil da patente do medicamento será estendida para compensar a empresa pelo pequeno número de pacientes que o tomarão. O truque é subsequentemente descobrir que o remédio tem uma aplicação muito mais ampla do que se pensava à primeira vista. E a patente pode ser estendida indefinidamente com a descoberta de novas doenças órfãs que são remediadas ou melhoradas pelo medicamento. Mais de uma empresa farmacêutica fez fortuna dessa forma. Sem esse sistema, ninguém se incomodaria com a síndrome de Dravet, por mais devastadora que seja. O estudo do *Journal* foi desenhado e financiado pela empresa que fabrica canabidiol. Isso, é claro, não implica nenhuma desonestidade.

frequência de 2,56 por hora para 3,21 por hora sob canabidiol em pelo menos um paciente.[2]

Houve também mais "eventos adversos" com canabidiol do que com placebo e, portanto, nove pacientes em tratamento desistiram do estudo contra apenas três daqueles sob placebo. O estranho sobre a natureza dos eventos adversos no estudo é que foram exatamente do mesmo tipo nos grupos de tratamento e de placebo. Certamente se poderia esperar alguma diferença entre eles?

No geral, o canabidiol trouxe alguns benefícios, mas sem dúvida não foi uma panaceia. Do ponto de vista da indústria farmacêutica, de qualquer forma, foi um sucesso, pelo menos até que algo melhor apareça. Como sempre, mais pesquisas precisam ser feitas.

* * *

Quando se trata de morte medicamente assistida, minhas opiniões são inconsistentes e flutuantes. Sou a favor para mim, pois temo ser reduzido à condição que presenciei em muitos pacientes. Por outro lado, não posso deixar de pensar que há algo sinistro no argumento ralo e fraco. Tenho visto parentes gananciosos desesperados pela morte de seu suposto ente querido, para pegar a herança o mais cedo possível, e tenho visto médicos e gerentes de hospitais frustrados com a ocupação persistente de leitos hospitalares por aqueles que consideram que estariam melhor mortos. Quando se trata de quem se vê dessa maneira, suspeita-se de que em breve haverá pressão por um direito inalienável à morte medicamente assistida para quem o desejar. Uma boa morte não é um direito humano fundamental, e por que você deveria já estar doente para exercê-lo? Isso seria uma forma de discriminação, que agora se acredita ser má, mesmo quando devida e necessariamente empregada.

Outro artigo no *Journal* nessa semana descreve os esforços da University Health Network em Toronto para implementar um "programa baseado em

---

[2] A grande variação no número de crises entre os pacientes deve lançar algumas dúvidas sobre o valor e a validade da análise e das conclusões.

hospitais" a fim de fornecer "assistência médica para morrer" depois que foi legalizada no Canadá. A sigla usada lá é MAiD [*medical assistance in dying*], e acho que a palavra "*in*" foi adicionada à expressão comum "*medically assisted dying*" para evitar a sigla MAD [louco].

Se, como disse Buffon, o estilo é o próprio homem, então o homem que escreveu esse artigo – ou melhor, o comitê, pois há sete autores – ficou preocupado com isso. A linguagem é implacavelmente burocrática em estilo, se é que o burocrata tem estilo. Aqui está um exemplo: "O procedimento com base na instituição e o processo de educação em todo o hospital que o cerca colocaram a morte assistida de forma mais proeminente no espaço público da assistência médica". A palavra *intervenção* é usada diversas vezes para fornecer os meios pelos quais um paciente pode se matar, e esse termo soa – para mim, pelo menos – como *Sonderbehandlung*, o tratamento especial cuja especialidade foi o envenenamento por gás dos pacientes com problemas mentais. E *programa* também não parece a palavra certa para o que está sendo feito.

Nos hospitais de Toronto relatados aqui, 74 pacientes fizeram perguntas sobre como se matar com assistência médica. Destes, 45 excluíram-se essencialmente por terem morrido nesse meio-tempo, ou por terem mudado de opinião, ou por não terem a capacidade para tomar a decisão de morrer. Isso deixou 29 no "programa". A 19 destes foi permitida, concedida ou fornecida a "intervenção". Por que aos outros não, não foi especificado.

Não pude deixar de notar que 18 dos 19 eram brancos e tinham uma renda relativamente alta. Certamente, velhos brancos ricos estariam super-representados na amostra? Existem duas maneiras possíveis de lidar com essa desigualdade. A primeira é negar aos velhos brancos ricos seu acesso privilegiado a uma morte tranquila; a outra é inscrever membros pobres de minorias étnicas desprivilegiadas no "programa", seja por meios educativos, seja por – se esses não conseguirem produzir o resultado desejado de igualdade étnica entre os moribundos assistidos por médicos – recrutamento. Gerações de desvantagem deixaram essas minorias desconfiadas. Dê uma chance à ação afirmativa!

Notei também que, no programa MAiD, eram usadas apenas drogas intravenosas; as preparações orais foram consideradas menos confiáveis em seus resultados. Quanto a isso, acredito que poucos se objetariam. Mas não parece estranho que uma morte perfeitamente indolor e certa seja possível por esses meios no contexto do MAiD, mas não, aparentemente, no de execuções nos Estados Unidos, no curso das quais todos os tipos de horrores foram relatados quando foram realizadas por injeção? Suponho que a diferença entre morte por injeção no MAiD e na pena de morte é análoga à diferença entre casamento arranjado e forçado. Um é livremente aceito e o outro não.

1º de junho de 2017

Algumas das palavras mais fatais – fatais, isto é, em seu efeito final – apareceram na coluna de cartas do *Journal* em 10 de janeiro de 1980. A carta de cinco frases de Porter e Jick levou à, ou talvez eu deva dizer que foi seguida da, morte de pelo menos 183 mil pessoas por overdose de opioides prescritos de 1999 a 2015, aos quais quase 80 mil agora podem ser adicionados a partir de 2016 e 2017.

A carta era intitulada "Vício Raro em Pacientes Tratados com Narcóticos", e apontava que muito poucos pacientes tratados no hospital com drogas como morfina para dores agudas graves se tornaram viciados. Isso certamente é verdade em minha experiência; e, olhando para a pergunta do outro lado do telescópio, não encontrei um único viciado em heroína entre minhas centenas de pacientes (mesmo que brevemente) que tenha se viciado por ter sido tratado com opiáceos no hospital por alguma doença que lhe causava dor aguda. Na Grã-Bretanha, ao contrário dos Estados Unidos, os opioides raramente são administrados a pacientes atendidos em departamentos de pronto-socorro que não requerem internação hospitalar.

A coluna de correspondência dessa semana retorna à carta de Porter e Jick. Ele analisa o destino, por assim dizer, daquela carta, que poderia, em retrospecto, ser comparado ao de um explosivo de ação retardada. Os autores da nova carta, que são canadenses, contaram as citações de Porter e Jick ano a ano após sua publicação, e as dividiram entre afirmativas da carta original e contraditórias e neutras. Nesse contexto, contraditório significa negar que a constatação de que pacientes tratados em hospitais muito raramente se tornam dependentes de narcóticos é um bom motivo para tratar todos aqueles que sofrem de dores crônicas com narcóticos, uma vez que (supostamente) não se tornarão dependentes.

O número de citações permaneceu baixo até 1989, quando houve um grande aumento, e então atingiu um pico contínuo entre 1996 e 2002. A esmagadora maioria das citações foi afirmativa. A primeira citação contradizendo a suposta lição da carta original apareceu em 1999 – ou seja, dezenove anos depois – e foi apenas uma única instância. Houve outra instância única em 2001. Nos mesmos anos, houve 23 e 25 citações afirmativas, respectivamente. Na verdade, só em 2017 as citações negativas superaram as positivas, e nessa época já haviam ocorrido muito mais de 200 mil mortes por overdoses de opioides prescritos. Segundo os autores, em 2017 não havia tido uma única citação afirmativa até aquele momento.

Isso me parece extraordinário. Mesmo no final de 2009, quando o padrão de mortes já havia se tornado claro, havia nove citações afirmativas e nenhuma contraditória. Eu presumo, é claro, que os autores da carta recente tenham sido diligentes em suas pesquisas e verdadeiros nos relatórios de suas descobertas. A desconfiança tem que ter limites.

Todo o episódio é muito curioso – se curioso é uma palavra que não é muito fraca para ser aplicada a algo associado (se não a única causa) a tantas mortes. O fato é que qualquer médico razoavelmente experiente deveria saber desde o início que os resultados de um grupo de pacientes hospitalares com dor aguda, como a causada por ataque cardíaco, peritonite, cirurgia e assim por diante, não deveriam ser aplicados sem crítica ao grupo variado de pacientes com dor lombar crônica e outras queixas de dores de longa duração de etiologia incerta. Nunca confundi um com o outro e não considero isso uma grande conquista.

Os autores não devem ser responsabilizados pelo uso que fazem de suas palavras, mesmo quando são clara e intencionalmente inflamatórias. São necessários dois indivíduos para que as palavras inflamatórias inflamem e, embora elas não sejam admiráveis, não absolvem o inflamado da responsabilidade por seus atos subsequentes. Da mesma forma, as testemunhas especializadas às vezes são culpadas por erros judiciais porque enganaram o tribunal; mas é precisamente para testar as evidências que os tribunais existem e, se eles não o fizerem de forma adequada, a culpa é deles, e não dos especialistas. O perito deve ser repreendido apenas se for desonesto e, mesmo assim, é menos responsável por qualquer erro judiciário do que o tribunal que aceitou suas mentiras ou deturpações.

Essa nova carta, sem dúvida deliberadamente, gera mais questões do que responde, ou se propõe a responder. Por que tantos anos se passaram antes que mais atenção fosse dada a Porter e Jick? Por que havia um apoio tão esmagador para um ponto de vista que era quase evidentemente errado? E por que foram necessárias tantas dezenas de milhares de mortes para a situação finalmente ficar clara?

Parece-me provável que Porter e Jick foram notados depois que remédios opioides semissintéticos orais fortes se tornaram disponíveis na década de 1990. Ter sugerido antes que pacientes com dor crônica deveriam receber rotineiramente injeções de morfina ou heroína teria parecido ridículo mesmo para os mais crédulos. Mas isso não explica a predominância avassaladora de publicações favoráveis à prescrição de opioides fortes para quem sofre de dor crônica, com o apoio supostamente reconfortante de (se não necessariamente por causa de) Porter e Jick, e a ausência de oposição significativa.

Existem duas explicações principais, não mutuamente exclusivas. A primeira é que houve uma campanha comercial inspirada que confundiu a literatura médica com a publicidade. A segunda é que aqueles que eram a favor da prescrição de opioides para pessoas com dores crônicas eram fervorosos sobre o assunto, enquanto aqueles que eram contra não tinham fervor; eles achavam que era autoevidentemente errado e simplesmente se abstiveram de prescrever, sem fazer alarde a respeito. Assim, uma falsa aura de consenso foi criada, repleta de afirmação e nenhum questionamento.

O fato é que a maioria dos médicos, na maioria das vezes, é pautada em sua prática pelo consenso profissional, por necessidade, porque não têm tempo para investigar as evidências por trás de tudo o que fazem, a menos que sejam superespecializados. Eles não estão exatamente obedecendo a ordens, mas certamente estão seguindo a moda, boa e má. Isso é certo para uma profissão erudita ou liberal? Não é ideal, talvez, mas provavelmente é inevitável. O conhecimento, e certamente a informação, se expande tão rápido que nenhum homem renascentista pode acompanhar mais do que uma porção infinitesimal. Um médico folheia os periódicos e faz o que eles sugerem.

Embora ele não possa esperar justificar tudo o que faz se for intimado a fazê-lo, o médico ainda é considerado responsável por tudo o que faz. Na verdade, ele se torna cada vez mais responsável pelo que faz. Na lei inglesa, costumava ser uma defesa do médico contra uma acusação de negligência que um corpo de médicos responsáveis teria agido nas circunstâncias exatamente como ele agiu, mas isso não é mais suficiente. O que o corpo de médicos responsáveis faria deve ser razoável, *sub specie aeternitatis*, por assim dizer. O médico não pode mais contar com o argumento da autoridade: ele não pode apontar para essa carta de junho de 2017, por exemplo, e dizer que a maior parte das publicações da literatura médica foi a favor do que ele fez, já que a maior parte do que foi publicado na literatura médica sobre o assunto era uma porcaria. E não era apenas uma porcaria, era *obviamente* uma porcaria.

O fato de ter demorado tanto para expor o problema como tal talvez seja mais difícil de explicar. O fato de que um grande número de pessoas educadas e inteligentes pode ter permitido que a situação continuasse por tanto tempo deveria ser suficiente para prevenir qualquer um de simplesmente aceitar um consenso entre essas pessoas como sendo necessariamente muito mais esclarecidas do que as fantasias de filósofos de mesa de bar. Talvez tenha continuado por tanto tempo porque o problema, embora grande e importante, estava altamente concentrado, e concentrado precisamente nas áreas em que os médicos tinham mais a perder ao expô-lo. Os melhores médicos, não tendo a experiência disso como um problema, não tinham razão urgente para expô-lo já que não estava acontecendo na "casa" deles.

Existe alguma defesa contra tal coisa acontecer novamente? A única defesa que vislumbro é: a) uma atitude inteligente e crítica em relação ao que se lê e b) publicações que não se rendam prontamente ao consenso. Por atitude crítica com inteligência, não quero dizer a rejeição de todo consenso *porque* é consenso. Felizmente, nem todo consenso está errado. O truque, a arte, a ciência é saber quando e por quê.

8 de junho de 2017

Em geral, os ricos são mais saudáveis do que os pobres. Essa não é uma regra invariável — regras invariáveis são difíceis de encontrar na medicina — e pessoas ricas podem morrer jovens. A se acreditar nas estatísticas oficiais, os cubanos morrem velhos, mas não vivem ricos; e, quando eu costumava visitar a minúscula Ilha de Nauru, no Pacífico, era um dos países mais ricos do mundo (graças aos seus recursos de fosfato), mas seus cidadãos certamente não tinham uma expectativa de vida longa. Mesmo assim, no que diz respeito às generalizações, essa é uma boa.

Um artigo no *Journal* dessa semana chama a atenção para um paradoxo epidemiológico nos Estados Unidos: enquanto a incidência, entre os brancos, de quatro cânceres — de mama, próstata, tireoide e pele (melanoma) — é 50% maior nas áreas ricas do que nas pobres, as taxas de mortalidade são mais ou menos idênticas e estão em declínio. Um gráfico mostra que a incidência começou a divergir muito desde cerca de 1990.

O que explica esse paradoxo? Como sempre, há mais de uma explicação possível. Suponha por um momento que a diferença na incidência fosse real: que ela realmente refletisse o que estava ocorrendo nas respectivas populações. Pode ser que o tratamento médico superior recebido pelos ricos anulasse a diferença de incidência, resultando na mesma taxa de mortalidade. Mas essa não é a explicação preferida pelos autores, nem parece muito provável.

Os quatro tipos de câncer selecionados têm formas indolentes, de crescimento muito lento. Costuma-se dizer (corretamente) que mais homens morrem com câncer de próstata do que *dele*: uma porcentagem muito alta de homens que morrem com mais de oitenta anos de outras causas também tem câncer de próstata, o que os patologistas chamam de achado incidental. Portanto, se os médicos examinam os pacientes ricos com mais frequência e mais minuciosamente do que examinam os pobres, é provável que encontrem cânceres mais indolentes (o que provavelmente não acabaria matando o paciente). Isso é uma desvantagem para os ricos, porque a descoberta de tais cânceres inofensivos não é sem consequências: o paciente fica ansioso e é submetido a exames e operações que não fazem bem, mas podem fazer mal. E também são um desperdício de dinheiro.

Percebi que as palavras *injustiça* e *iniquidade* não são usadas em parte alguma nesse contexto, como quase certamente teriam sido se os números mostrassem que a incidência dos quatro tipos de câncer era maior entre os pobres. Isso sugere uma crença de que nenhuma injustiça pode ser feita aos ricos, ou que a justiça não é devida a eles porque são ricos – uma atitude que no século XX foi tão funesta quanto o eram atitudes semelhantes para com pessoas de outra raça.

Os programas de triagem, sem dúvida intensificados na década de 1990, são provavelmente a causa da disparidade em desvantagem dos ricos nos Estados Unidos. Os autores propõem que "os sistemas que atendem a populações relativamente ricas e saudáveis podem ver a oferta de mais exames como uma boa maneira de atrair consumidores, produzir mais pacientes e aumentar os negócios". Acho que seria inútil negar que isso pode muito bem ser verdade. Se você oferecer a um médico uma taxa para realizar um serviço, é mais provável que ele o faça. Mas isso está longe de ser toda a verdade.

Na frase de abertura, os autores referem-se nas seguintes palavras a um famoso estudo britânico sobre saúde e riqueza:

> Há muito se sabe que a renda é um importante determinante da saúde. Quatro décadas atrás, o estudo do governo sobre funcionários públicos britânicos revelou que níveis departamentais mais

altos estavam associados a melhor saúde física e mental e mortalidade mais baixa.

Se você ler esse trecho cuidadosamente, e não apenas deslizar sua mente sobre ele como talvez deva fazer, notará que na segunda frase os autores bateram em retirada da afirmação feita na primeira, um recuo necessário por interesses de estrita exatidão. Na primeira frase, a renda é considerada um *determinante* de saúde, mas, na segunda, ela é considerada apenas *associada* à saúde; porque, é claro, as categorias mais altas no serviço público diferem das mais baixas por mais do que apenas sua renda (ou assim se poderia esperar). Elas diferem em inteligência, nível de educação, hereditariedade, hábitos diários e, sem dúvida, em muitas outras coisas, como o grau em que levaram a sério as advertências contra o fumo e conformaram sua conduta de acordo com seu conhecimento. Mas em matéria de acesso a atendimentos médicos, pelo menos em teoria, eles não estavam em melhor situação, nem eram mais privilegiados do que os pobres, graças ao sistema médico socializado da Grã-Bretanha.[1]

Suspeito de que o mesmo padrão de incidência diferencial dos quatro cânceres seria encontrado na Grã-Bretanha e nos Estados Unidos: que era maior entre as partes mais ricas do que entre as mais pobres da população, embora as taxas de mortalidade fossem semelhantes. E isso aconteceria apesar do fato de o sistema de incentivos para médicos na Grã-Bretanha ser diferente do dos Estados Unidos.

A diferença está no comportamento dos pacientes. Pacientes mais ricos geralmente são mais bem escolarizados do que pacientes pobres. Eles estão mais preocupados com sua saúde e mais propensos a buscar e obedecer a orientação médica. No caso da triagem para esses quatro cânceres, isso funciona, de maneira incomum, para sua desvantagem. (Os

---

[1] Isso não é absolutamente verdade porque, ao contrário do Canadá, cuidados médicos privados não são proibidos. Provavelmente, o sistema médico socializado da Grã-Bretanha é responsável por não mais do que 5% ou 10% de todos os cuidados médicos, e uma proporção muito menor do que essa no caso da triagem dos quatro cânceres mencionados neste artigo.

autores do artigo, aliás, não declaram se suas estatísticas são ajustadas por idade, uma consideração epidemiológica importante que pode alterá-las profundamente.)

Fico feliz em informar que os autores terminam seu artigo com palavras de sabedoria que são raras atualmente:

> Embora nós [a profissão médica] tenhamos muito a oferecer às pessoas que estão doentes ou feridas, os médicos exageraram o papel da medicina na promoção da saúde. Ao fazer isso, podemos ter desvalorizado involuntariamente o papel dos determinantes mais importantes da saúde para pessoas de todos os níveis de renda – alimentação saudável, movimentação regular e encontrar um propósito na vida.

Em suma, o que os médicos do início do século XVIII, como George Cheyne, chamavam de *regime*. É curioso como, na confusão da mudança, algumas coisas permanecem iguais.

* * *

Não ofereço prêmios para aqueles que adivinham o teor do artigo intitulado "Efeitos da Recente Eleição Presidencial na Saúde". O título é um tanto enganoso, entretanto, porque o artigo não se limita aos efeitos da eleição sobre a saúde em si, mas também investiga os supostos efeitos do preconceito racial ou cultural em geral.

Curiosamente, os autores citam evidências do efeito dos eventos ocorridos na Universidade Duke, em que uma estudante negra acusou falsamente alguns estudantes brancos de estupro e difamação racial. Depois disso, aparentemente, as alunas negras da universidade demonstraram reações bioquímicas intensificadas ao estresse. Mas pode-se perguntar: de quem foi a culpa? O suposto racismo do acusado falsamente, ou o falso-testemunho da estudante negra que fez a denúncia? Pessoalmente, não tenho nenhuma dificuldade em acreditar que é estressante e prejudicial à saúde e ao bem-estar ser objeto de preconceito e ódio; mas, se for esse o caso, aqueles que procuram exagerar ou mesmo fabricar episódios de tal preconceito e ódio, e dar-lhes publicidade sabendo que são falsos, são eles próprios responsáveis por causar os mesmos afetos.

Existem outras peculiaridades no artigo. Ele aponta que os imigrantes ilegais se sentem estressados quando temem a deportação e experimentam mudanças fisiológicas causadas por esse estresse. Não tenho dúvidas de que isso seja verdade. Mas tenho certeza de que se pode dizer isso também sobre ladrões ou assassinos com motivos para acreditar que a polícia está em seu encalço. Devemos dizer que a polícia deve, portanto, desistir de tentar capturá-los? A angústia pessoal supera todas as outras considerações?

Alguém pode se perguntar: se a Sra. Clinton tivesse vencido a eleição em vez de Trump, teríamos visto um artigo semelhante medindo os níveis de cortisol daqueles que ela colocou em sua cesta de deploráveis?

15 de junho de 2017

Um artigo no *Journal* dessa semana começa de forma desanimadora: "Os atendimentos médicos nos Estados Unidos são extremamente caros. Há evidências convincentes de que uma grande parte dos gastos – especialmente no Medicare – resulta em pouco ou nenhum benefício para o paciente".

Se uma quantidade considerável de atividade médica não gera benefícios, certamente não é única em sua inutilidade: há muito tempo acredito que uma proporção muito elevada da atividade humana conhecida como trabalho é inútil ou pior. Isso foi ilustrado na década de 1970, quando a semana de trabalho na Grã-Bretanha foi reduzida de cinco para três dias por causa de uma greve de mineiros que diminuiu o fornecimento de carvão para geradores de eletricidade a carvão. A produção econômica total reduziu não em 40% proporcionais, mas apenas em 20%, provando assim que pelo menos um dia por semana de trabalho em circunstâncias normais era dedicado a não fazer nada ou nada produtivo. Presença no trabalho não é o mesmo que produção. Os americanos, em particular, são propensos à superstição de que trabalhar oitenta horas por semana resulta em duas vezes mais atividade produtiva do que trabalhar quarenta e que feriados mais longos são necessariamente ruins para a produtividade. Mas a produção não cresce proporcionalmente com o aumento de tempo ou dinheiro, e daí surge o desperdício de gastos médicos, lamentado no artigo com o início sombrio (ao qual voltarei em breve). Presumo, é claro, que o objetivo ostensivo dos atendimentos médicos é o seu objetivo principal, o que pode de fato não ser o caso.

Uma das razões apresentadas para o alto custo e ineficiência do sistema de saúde americano é seu atendimento primário comparativamente subdesenvolvido. Essa explicação é apresentada em um artigo intitulado "Um Conto de Dois Médicos – Desigualdades Estruturais e a Cultura da Medicina". A autora, ela mesma médica, relata suas diferentes experiências ao consultar um médico de família e um cirurgião ortopédico. Ela aponta que a renda média anual dos dois tipos de médicos é de $ 193.776 e $ 525 mil, respectivamente, portanto, não é surpreendente que estudantes de medicina sobrecarregados de dívidas optassem pela especialidade mais bem paga como carreira, independentemente de terem uma vocação para ela. Além disso, os especialistas mais bem pagos têm uma inclinação instintiva ou, pelo menos, natural para preferir abordagens caras e tecnologicamente sofisticadas para problemas que podem ter soluções mais fáceis.

Eu costumava ser um tanto cético quanto ao valor dos médicos de família ou de atendimentos primários. Quando tenho algo errado com minha perna, por que não devo ir direto ao cirurgião ortopédico em vez de passar primeiro pelo atendimento primário? Isso não desperdiça meu tempo e me causa frustração e até mesmo um sofrimento evitável?

Desde que conheci vários amigos americanos que não têm médicos de família nem problemas de dinheiro, mudei de ideia. Em seus casos, a ausência de um médico de família coordenador resultou em polifarmácia, repetição de investigações desnecessárias, omissão das considerações mais óbvias, consultas redundantes e uma forma estranha e elaborada de negligência envolvendo excesso de preocupação e falta de reflexão. Assim como aqueles que protegem seus filhos dos maiores riscos não são necessariamente os melhores pais, o atendimento médico não é o melhor por causa de seu grande volume.

Perto do final do artigo, a autora imagina um marciano desembarcando nos Estados Unidos e contemplando o que nosso atual sistema de saúde diz sobre nós. O visitante, ela escreve, pode concluir que preferimos o tratamento à prevenção, que nossa pele e ossos são mais importantes para nós do que nossos filhos ou sanidade, que o benefício do paciente não é um pré-requisito para o uso aprovado de tratamentos ou procedimentos, que as drogas sempre funcionam melhor do que exercícios, que os médicos tratam os computadores, não as pessoas, que a morte é evitável com os cuidados certos, que os hospitais são o melhor lugar para se adoecer e que valorizamos evitar rugas ou verrugas mais do que ouvir, mastigar ou andar.

Há muito o que discutir, concordar ou discordar, nessa frase, com todas as suas conotações, implicações e imputações. Por exemplo, nem sempre é absurdo preferir o tratamento à prevenção, se a prevenção tem um preço muito alto, como costuma acontecer. Queixar-se de que as pessoas se preocupam mais com a aparência do que com realidades mais profundas é reclamar da natureza humana e quase lamentar que os humanos são seres sociais. Há a implicação de que a sanidade pode ser obtida por meios médicos, apenas porque a insanidade é medicamente tratável; pessoalmente, acredito que a própria noção de *saúde mental* é causadora de miséria incalculável e evitável. Mas, no geral, a frase é um apelo eloquente por uma prática mais humana da medicina – e qual de nós não encontrou um médico aparentemente mais interessado na tela do computador do que no paciente que o consulta?

Quanto à melhoria da relação custo-eficácia do atendimento médico, outra abordagem é descrita no artigo do *NEJM* que citei no início desta seção, intitulado "Mudanças na Qualidade do Hospital Associadas à Compra Hospitalar Baseada em Valores". Os autores tentaram avaliar o efeito da Compra Hospitalar Baseada em Valor (HVBP), pelo qual os hospitais seriam remunerados para tratar pacientes do Medicare para certas doenças agudas se seus resultados gerais atendessem a um padrão de sucesso previamente estabelecido. O padrão de atendimento em hospitais remunerados dessa forma melhoraria mais do que em hospitais remunerados de outra maneira?

As doenças selecionadas para remuneração dessa forma foram ataque cardíaco, insuficiência cardíaca e pneumonia. Os autores compararam a melhora nos resultados dos hospitais remunerados pela HVBP e daqueles não remunerados por ela. Não houve diferença estatisticamente significativa nos resultados para as duas primeiras doenças, e apenas uma pequena diferença para a terceira. Além disso, os resultados não permitiram concluir que foram superiores para hospitais remunerados pela HVBP *porque* eram remunerados pela HVBP. Em suma, eles não fornecem evidências de que a HVBP melhora os resultados.

Pessoalmente, não achei esses resultados nada surpreendentes. Foi aos hospitais como organizações, não aos médicos e enfermeiras como indivíduos, que o incentivo se aplicou. Além disso, era um incentivo negativo em vez de positivo, um bastão em vez de uma cenoura.

Tendo dito que "A HVBP [...] resultou em pouco benefício tangível ao longo de seus primeiros 4 anos", os autores continuam: "É possível que projetos de incentivos alternativos – incluindo aqueles com critérios mais simples para desempenho e incentivos financeiros maiores – possam ter levado a uma melhoria elevada entre os hospitais". Mas, na verdade, existem fortes objeções a todas as tentativas de elevar os padrões gerais de atendimento por esses meios.

Em primeiro lugar, existe um elemento de acaso nos resultados do tratamento nos hospitais; esses resultados não refletem simplesmente a habilidade e devoção da equipe médica e nada mais. Quando as unidades neonatais na Grã-Bretanha foram classificadas por resultado, descobriu-se que a classificação variava ano a ano de forma aleatória: as unidades pareceriam boas em um ano e ruins no seguinte, e vice-versa. A tarefa de estabelecer padrões adequados, de modo que os hospitais não sejam injustamente penalizados pelas operações do acaso, não é fácil nem clara.

Em segundo lugar, apenas *algumas* das atividades de um hospital são direcionadas e medidas dessa forma. Se houver um incentivo forte o suficiente para os hospitais atingirem as metas para *essas* atividades, todo o esforço do hospital pode ser distorcido em detrimento das outras atividades. Se, por outro lado, *todas* as atividades do hospital fossem direcionadas e medidas dessa forma, um monstro burocrático teria que ser criado, superando todos os monstros burocráticos anteriores. Nunca parece ser totalmente reconhecido que a medição em si tem um custo, muitas vezes considerável. Tentar provar a eficiência pode atrapalhar a eficiência.

Terceiro, quando há remuneração do governo por resultados, os resultados são frequentemente alcançados por manipulação burocrática, e não na realidade. A consequência é uma corrupção intelectual e moral generalizada.

Em quarto lugar, se as metas estabelecidas forem muito rigorosas, de modo que alguns hospitais (não necessariamente por culpa própria) sejam incapazes de cumpri-las, eles podem reduzir os padrões em vez de aumentá-los. Se você será punido por não cumprir padrões que sabe que não pode cumprir, por que tentar?

Portanto, como meio de elevar os padrões do atendimento médico em geral, a remuneração por resultados está aberta a objeções *prima facie*. Em minha opinião, os padrões gerais aumentam mais por causa do avanço técnico do que por qualquer coisa, mesmo remotamente, como HVBP. O tratamento da úlcera péptica melhorou em todo o mundo além de todas as expectativas, não por causa de quaisquer incentivos, positivos ou negativos, dados a médicos ou hospitais, mas porque a causa até então desconhecida foi descoberta por dois pesquisadores australianos. A causa foi facilmente tratada e o tratamento espalhou-se pelo mundo em muito pouco tempo; era evidentemente benéfico. Hoje pouquíssimas pessoas sofrem de ulceração péptica como antigamente. Nenhum incentivo, além do desejo da maioria dos médicos de fazer o melhor por seus pacientes, foi necessário para elevar o padrão de atendimento para essa doença.

22 de junho de 2017

Como ex-médico prisional, fiquei particularmente interessado essa semana em um artigo intitulado "Sobre Encarceramento e Saúde – Reformulando a Discussão". Eu sabia mais ou menos o que esperar e não fiquei desapontado: uma mistura de sentimento exagerado, truísmos (que são truísmos, no entanto, porque são verdadeiros) e afirmações que são, para dizer o mínimo, discutíveis.

O artigo é construído em torno do caso do Sr. P., um homem que "passou mais da metade da vida" em uma prisão de segurança máxima, San Quentin, na Califórnia. O Sr. P. tinha câncer de algum tipo que exigia quimioterapia; recentemente, ele havia gritado "palavrões" para uma enfermeira da prisão, que o denunciou às autoridades, que em resposta aumentaram sua pena em três meses.

O artigo não nos favorece com um relato da ficha criminal do Sr. P., e os dados emocionais do leitor são carregados por essa omissão. Ele poderia estar preso por qualquer coisa, desde ser vítima de um erro judiciário até o assassinato sexual em série de crianças. Se o Sr. P. for culpado do último, a maioria dos leitores ficaria aliviada em saber que ele acabou passando mais da metade da vida na prisão, e poucos duvidariam de que ele o merecesse.

Ainda assim, o ponto geral do autor, que os prisioneiros devem, tanto quanto possível, ser tratados com dignidade e receber atendimentos médicos adequados, é algo com o qual concordo. Existem aqueles que querem fazer da prisão um calvário prolongado, presumivelmente com base em que isso a tornaria um alerta tanto para os prisioneiros quando (ou se) libertados e para o resto da sociedade. Mas a eficácia em si – supondo por um momento que tal política seja empiricamente eficaz – não é uma justificativa completa de qualquer punição dada. Cortar braços e pernas de ladrões certamente seria eficaz, mas seria uma barbárie, e a barbárie deve ser evitada simplesmente porque é barbárie.

Certamente, a cela em que o Sr. P. foi mantido parece cruelmente espartana, especialmente se ele for continuar morando lá por um longo tempo. "Não havia espelho em sua cela", escreve o autor, embora seja possível que não houvesse espelho porque no passado ele tivesse quebrado espelhos e usado os fragmentos como arma ou para se ferir. As autoridades prisionais são frequentemente criticadas por não conseguirem prevenir suicídios ou ferimentos a outras pessoas ao não manter os meios para isso longe dos prisioneiros.

A enfermeira a quem ele havia gritado palavrões ficou chocada com a dureza da pena imposta a ele por ter feito isso. "Mesmo com sua experiência limitada de trabalho na prisão, ela entendeu que prolongar o encarceramento do Sr. P. era prejudicial à saúde dele."

Independentemente de a sentença adicional ser justa ou justificada nesse caso particular, o escritor evidentemente acredita que a primeira preocupação do sistema de justiça criminal é, ou deveria ser, a saúde do infrator condenado. Se o castigo faz mal à saúde, não deve ser infligido. Acontece que o próximo parágrafo pede mais atenção às consequências do próprio encarceramento para a saúde:

> Com o aumento do encarceramento em massa, a comunidade biomédica tem se tornado cada vez mais interessada em investigar determinantes do encarceramento como dependência e distúrbios mentais. Menos atenção tem sido dada às maneiras pelas quais o próprio encarceramento é prejudicial à saúde. Essa negligência pode ser atribuída, pelo menos em parte, ao fato de que as estatísticas oficiais não captam com precisão a experiência de vida dos

presos. Por exemplo, as estatísticas mostram que a mortalidade entre as pessoas que vivem em prisões e cadeias é menor do que entre a população adulta em geral.

Bem, a mortalidade não é a única medida possível de saúde, mas é importante, e pelo menos bastante confiável, sendo a morte um resultado mensurável de forma objetiva. Em outras circunstâncias, seria incomum argumentar que uma mortalidade mais baixa não indicava uma saúde melhor. O som de uma súplica particular é aqui claramente audível.

Um pouco mais adiante no artigo, o autor cita o estudo sobre funcionários públicos britânicos – o mesmo citado no *Journal* duas semanas antes – mostrando que as patentes mais altas, que tinham mais espaço para ação independente e controle sobre seu trabalho, viviam mais do que as patentes mais baixas, que apenas obedeciam às ordens, mesmo quando fatores como pressão arterial, obesidade e diabetes eram levados em consideração. "Esses estudos", diz nosso autor, "foram os primeiros a mostrar definitivamente que as pessoas nas classes sociais mais baixas tinham taxas mais altas de morte prematura do que aquelas nas classes mais altas, apesar do acesso igual aos atendimentos médicos." E a suposta razão para a disparidade "reside na autonomia e na participação social", que quase por definição é muito baixa nas prisões de todos os lugares, estando os presos sujeitos à autoridade de seus guardas mesmo em questões muito pequenas. Do ponto de vista da autonomia pessoal e do controle sobre a própria vida, ser prisioneiro é ainda pior do que ser um funcionário público britânico de patente inferior.

Embora eu possa facilmente imaginar que um baixo nível de autonomia pessoal leva à frustração e, portanto, a uma saúde relativamente ruim, também posso facilmente imaginar o quase oposto: que para algumas pessoas, pelo menos, a demanda ou necessidade de que devem assumir o controle da própria vida são ameaçadoras e provocam ansiedade e, portanto, são ruins para a saúde. Isso explica, talvez, por que alguns prisioneiros, pelo menos na Grã-Bretanha, prefeririam a vida na prisão à vida em liberdade; eles se sentiam mais seguros encarcerados, não apenas em relação aos outros, mas a si mesmos. Não somos todos feitos do mesmo tecido, e é um erro elementar supor que o que consideramos bom para nós deve ser bom para todos os outros.

Como vimos antes, as estatísticas sobre a mortalidade de prisioneiros na Grã-Bretanha, em comparação com a classe social em que os prisioneiros nascem principalmente, mostram que eles teriam quase o dobro de probabilidade de morrer se fossem deixados em liberdade. Isso ocorre mesmo que, em teoria, eles tenham "acesso igual a atendimentos médicos" fora da prisão, e mesmo que a taxa de suicídio na prisão seja várias vezes maior que a de não encarcerados. À primeira vista, pode ser surpreendente que a prisão seja uma espécie de balneário das favelas, mas está de acordo com minha experiência. O próprio artigo sugere os motivos pela metade, dizendo que "um risco menor de morte pode indicar que o encarceramento muitas vezes remove à força as pessoas de circunstâncias perigosas". Essa é uma maneira reveladora de colocar as coisas. Para o autor, os presos têm circunstâncias, mas não participam ativamente delas, muito menos as criam.

Quais são as circunstâncias perigosas das quais os prisioneiros são removidos à força por seu encarceramento? Uma circunstância importante deve ser o uso de drogas. Nos quinze anos em que servi como médico na prisão, nenhum preso morreu de overdose de drogas, o que certamente não teria acontecido com um grupo semelhante de pessoas em liberdade. Se você considera o consumo de drogas apenas uma doença, em vez da expressão da vontade e decisão humanas, a prisão "tira as pessoas de circunstâncias perigosas" como se de um suprimento de água contaminado. Mas, além de estar empiricamente enganado, isso não lhes nega a própria escolha cuja falta supostamente é tão prejudicial para eles como prisioneiros? A razão pela qual os presos têm uma taxa de mortalidade mais baixa na prisão do que teriam em liberdade é que eles *fazem* coisas que são prejudiciais à sua saúde quando são livres para fazê-las.

Claro, as escolhas humanas são influenciadas por "circunstâncias", sendo a principal delas a cultura em que esses humanos vivem. Mas isso, quase certamente, não é o que o autor tinha em mente, pois ele quase por certo concordaria com as devoções do multiculturalismo, segundo as quais nenhum modo de vida é melhor do que outro.

Que os presos devam realmente ser mais saudáveis na prisão do que fora, mesmo quando os atendimentos médicos estão disponíveis para eles sem nenhum custo, dificilmente é um pensamento reconfortante. Para muitos deles, a prisão é o *único* local em que recebem atendimentos médicos adequados, por causa de suas escolhas, prioridades e condutas em liberdade. Eles precisam de Sócrates, não de palavras evasivas e justificativas.

29 de junho de 2017

Quando eu era menino em Londres, tínhamos nevoeiros tão densos em novembro – um deles ficou conhecido como nevoeiro sopa de ervilhas[1] – que não podíamos ver nossas mãos quando as erguíamos diante dos olhos. Pessoas tinham que andar na frente de veículos para guiá-los em seu caminho. Ainda me lembro dos ônibus, todos os faróis acesos, surgindo no meio do nevoeiro a apenas alguns metros de distância, com um homem caminhando diante deles como um enlutado diante de um carro fúnebre.

Eu amava aqueles nevoeiros e os esperava ansiosamente. Eles me pareciam tão emocionantes, e eu senti falta deles quando a Lei do Ar Limpo os relegou rapidamente ao passado. Não sabia que provavelmente mataram vários milhares de pessoas, e não estou absolutamente certo de que meu arrependimento infantil por sua morte teria sido menor se eu *soubesse* disso. Uma criança é um egoísta natural.

Nenhum adulto desejaria seu ar poluído, mesmo que o ar poluído não tivesse consequências adversas à saúde, porque a poluição do ar é

---

[1] Conhecido também como "O grande nevoeiro", em determinada tarde de dezembro de 1952, a cidade de Londres foi tomada por uma névoa cuja cor lembrava sopa de ervilha e o cheiro se igualava a ovo podre; o motivo era que o ar estava carregado de ácido sulfúrico, vindo do enxofre do carvão. (N. E.)

esteticamente desagradável. A poluição do ar diminuiu nas nações mais avançadas do mundo, graças à regulamentação de emissões e processos de produção e geração de energia mais eficientes; embora talvez parte da melhoria tenha sido causada pela exportação de manufaturados para as fábricas de todo o mundo, particularmente a China. Nossa capacidade de importar produtos baratos da China (e de outros lugares) deve depender, até certo ponto, da capacidade dos fabricantes de ignorar os custos impostos pela proteção ambiental. Qualquer pessoa que já esteve em uma grande cidade chinesa ou indiana vai entender que a poluição do ar é agora um problema tão sério que está começando a corroer a eficiência econômica. Os habitantes dessas cidades agora respiram ar contaminado para que possamos viver mais barato.

Tendo melhorado a qualidade do nosso ar, seu nível de poluição agora é tão baixo que é perfeitamente seguro, sem nenhum efeito sobre a saúde? Um longo artigo do NEJM se propõe a responder à pergunta. Em essência, o que os autores (da Escola de Saúde Pública TH Chan em Harvard) fizeram foi correlacionar as taxas de mortalidade de pessoas com os níveis de poluição do ar – pequenas partículas e ozônio – nas áreas em que viviam, definido por código postal. Não se pode deixar de admirar o empenho e a diligência dos autores, e maravilhar-se com o tamanho de seus cálculos. Eles calcularam as taxas de mortalidade de todas as causas para todos os beneficiários do Medicare nos Estados Unidos continentais de 2000 a 2012, um total de 60.925.443 pessoas, que em média estavam recebendo o Medicare por um pouco mais de sete anos durante esse intervalo. Os níveis anuais de poluição foram estimados para nada menos que 39.716 códigos postais.

Em resumo, os autores descobriram, ou afirmaram, que cada aumento no material particulado de 10 microgramas[2] por metro cúbico de ar estava associado a um aumento de 7,3% na taxa de mortalidade por todas as causas, e cada aumento de 10 partes por bilhão de ozônio por metro cúbico de ar foi associado a um aumento de 1,1% na taxa de mortalidade por todas as causas. O tamanho da associação entre a concentração de material

---

[2] Um micrograma equivale a um milionésimo de grama e um grama equivale a 1/28 de uma onça. Dez microgramas são, portanto, um 2.800.000° de uma onça.

particulado e a taxa de mortalidade foi três vezes maior para aqueles elegíveis para o Medicaid (um substituto para "baixo nível socioeconômico") do que para o resto da população do Medicare.

O que isso significa? Os autores não tiveram dúvidas de que isso indica a necessidade de uma mudança nas políticas públicas:

> Essas descobertas sugerem que a redução dos Padrões Nacionais de Qualidade do Ar Ambiental [os níveis permitidos de poluição] pode produzir importantes benefícios para a saúde pública em geral, especialmente entre as minorias raciais autoidentificadas e as pessoas de baixa renda.

Um editorial que acompanha o artigo é intitulado "A Poluição do Ar Ainda Mata" e termina com a pergunta retórica: *Queremos realmente respirar o ar que nos mata?* É provavelmente justo dizer que a correlação encontrada após imensos cálculos estatísticos será amplamente considerada pelos leitores como causal: a taxa de mortalidade aumenta com o aumento da poluição do ar *por causa* da poluição do ar. Mas as correlações na pesquisa médica que se baseiam na observação e não na manipulação experimental das variáveis envolvidas não devem ser consideradas como mostrando causalidade, exceto sob certas condições. Apenas uma dessas condições é satisfeita aqui, a saber, a consistência com outras descobertas semelhantes, uma vez que nenhum estudo descobriu que a poluição do ar é *boa* para a saúde.

Outra condição importante para mostrar a causalidade é a plausibilidade biológica, e aqui o artigo falha. As estatísticas sugerem que o efeito do aumento da poluição é maior em níveis mais *baixos* de poluição do que em níveis mais altos, o que pode ser possível, mas é improvável. Os efeitos das drogas podem ser relativamente maiores em níveis mais baixos, de modo que dobrar o efeito pode exigir dez vezes a dose (até certo ponto). Mas a maioria dos efeitos da fumaça do cigarro não são assim: a quantidade total dessa fumaça que você inspira está linearmente relacionada às suas chances de desenvolver câncer de pulmão. Outros tipos de partículas que entram nos pulmões são provavelmente comparáveis a esse respeito.

A correlação estatística, supondo que surja causalmente, mostrou que o efeito da poluição do ar sobre a mortalidade entre pessoas que se autodenominam negras é quatro vezes maior do que para outros grupos, mas a razão provavelmente é puramente biológica?[3] É possível, mas não é provável. Os autores tentaram controlar fatores como obesidade, diabetes e tabagismo, analisando um subconjunto de pessoas para as quais esses dados estavam disponíveis e descobriram que eles não tinham efeito na correlação entre a taxa de mortalidade e a poluição do ar. Isso, no entanto, enfraquece em vez de fortalecer a chance de uma causa puramente biológica para o aumento do risco entre os negros. Se fatores comuns de consequências biológicas conhecidas e fortes não têm efeito sobre a correlação, então algo diferente – por exemplo, crime e violência – deve explicá-lo. Em qualquer caso, a exposição à poluição do ar está longe de ser a principal diferença, e muito menos a única diferença, entre a população negra e outras partes da população em geral.

O artigo tem outras características estranhas que devem nos deixar extremamente cautelosos quanto às suas conclusões sobre uma relação causal. Por um lado, os indivíduos eram (como eu) idosos, e 22 milhões dos mais de 60 milhões morreram no período do estudo. O que o estudo não nos diz, e o que é importante saber, é se o aumento do risco de morte (assumindo, por enquanto, que a poluição do ar foi inteiramente a causa das mortes adicionais) ocorreu algumas semanas ou alguns anos antes de eles morrerem de qualquer maneira se vivessem em uma área menos poluída. A morte foi antecipada pouco ou muito? Vale a pena saber disso, porque uma única morte antecipada por sessenta anos aos vinte é mais importante (eu diria) do que um milhão de mortes antecipadas por um minuto aos 95 anos.

Há mais. A afirmação de que cada aumento nas partículas de 10 microgramas por metro cúbico de ar estava associado a um aumento de 7,3% na taxa de mortalidade por todas as causas é obviamente especulativa e

---

[3] Ignoro os problemas com a autodesignação. Obama sem dúvida teria se autodenominado negro para os propósitos de um estudo como esse, embora biologicamente falando ele seja tanto branco quanto negro. Parece provável, entretanto, que a autodesignação se correlaciona claramente, embora longe de ser perfeita, com a raça.

aberta a questionamentos, para dizer o mínimo. Isso ocorre porque a concentração de material particulado no ar em todo o território continental dos Estados Unidos variou apenas de 6,21 a 15,64 microgramas por metro cúbico em primeiro lugar. O número de 7,3% para o aumento na taxa de mortalidade com um aumento de 10 microgramas por metro cúbico no material particulado é, portanto, uma extrapolação e, portanto, enganosa.

Se for analisada a taxa de homicídios em proporção à poluição do ar, pode-se encontrar uma associação mais forte. (Não estou dizendo que *seja* assim, apenas que possa ser.) Não se concluiria disso que o nível de assassinatos foi causado pela poluição do ar.

Apesar das deficiências bastante óbvias do artigo, o editorial diz com confiança soberba: "As descobertas [...] enfatizam a necessidade de uma regulamentação mais rígida dos níveis de poluentes atmosféricos, incluindo a imposição de limites mais rígidos sobre os níveis de [material particulado]". Os autores do editorial têm a sorte de viver em um mundo sem custos, no qual mudanças em grande escala podem ser impostas sem custo e produzir apenas os resultados almejados. Partindo do pressuposto de que o material particulado é totalmente produto do esforço humano, os autores poderiam, com igual justiça, exigir o fim de toda atividade industrial, porque não há (de acordo com o artigo) *nenhum* nível seguro de material particulado no ar. Devemos retornar à natureza – embora, se bem entendi, a natureza nem sempre nos trate com gentileza. O estado natural não é de longevidade.

6 de julho de 2017

Quando eu era muito jovem, tínhamos um único menino gordo na escola. Suas bochechas eram tão rechonchudas que reduziam seus olhos a fendas; sua cintura era tão volumosa que precisava de um gingado; seus braços e mãos se projetavam como remos no ar enquanto ele avançava lentamente e sem fôlego pelo *playground*. Dizia-se que suas glândulas eram responsáveis por seu tamanho; e, por ser tão incomum, foi plausivelmente considerado doente, em vez de fraco de vontade ou malcriado. Hoje em dia ele dificilmente seria considerado digno de nota, tão comum se tornou essa obesidade.

Pouco mais de vinte anos depois, em 1980, conheci o professor Paul Zimmett na Ilha de Nauru, no Pacífico. Ele era um pesquisador australiano que estudava a incidência muito alta de obesidade grave e diabetes tipo 2 na população da ilha. (O único outro grupo que os rivalizava nesse aspecto eram os índios pimas do Arizona.) Na insensibilidade e inexperiência de minha juventude, achei que ele estava empenhado em um exercício típico do arcano acadêmico. Eu estava enganado: ele estava pesquisando o futuro, não só desses dois grupos pequenos e isolados, mas de toda a humanidade.

Um longo artigo do NEJM intitulado "Efeitos para a Saúde do Excesso de Peso e da Obesidade em 195 Países ao Longo de 25 Anos" examina o aumento inexorável da obesidade em todo o mundo desde os anos em que conheci o professor Zimmett. Em alguns países, inclusive o meu, o aumento tem sido tão grande que epidemiologistas e demógrafos sugeriram que isso interromperá ou mesmo reverterá o aumento da expectativa de vida que passamos a aceitar como norma. Se eles estiverem certos, nossos filhos, e especialmente nossos netos, podem ter uma vida mais curta do que a nossa; mas esse artigo fornece algumas evidências de que tal pessimismo é injustificado, sem ir tão longe a ponto de ser positivamente otimista.

Os autores do artigo – todos os 154, de acordo com minha contagem possivelmente imprecisa – tentam não apenas avaliar o aumento da obesidade em todo o mundo entre 1980 e 2015, mas estimar suas consequências em termos de expectativa de vida e do número de anos que as pessoas vivem com deficiências.

Uma das dificuldades desses grandes esforços é a variabilidade da qualidade das estatísticas dos diferentes países. Alguns países são o que Freud teria chamado analmente retentivos em relação a suas estatísticas, outros arrogantes em relação a elas ou muito pobres para coletá-las. Os autores tentam superar as dificuldades por meio de ajustes estatísticos que a maioria dos leitores (como eu) não entenderá e em cuja validade e confiabilidade terão que se basear. A fé é uma necessidade inevitável na existência humana, mesmo em uma era racional.

Ainda assim, em alguns aspectos, os números são claros e falam por si. Eles estão de acordo com a experiência da observação comum. A prevalência de obesidade, definida como um índice de massa corporal (IMC) de mais de 30,[1] mais que dobrou desde 1980, de modo que 5% das crianças e 12% dos adultos são obesos. O aumento entre as crianças foi maior nos países de renda média, "como China, Brasil e Indonésia".[2] Que a China e a Indonésia agora devam ser considerados países de renda média é de interesse histórico mundial, pois em 1980 não o eram. Visto que eles

---

[1] O índice de massa corporal (IMC) é o peso de uma pessoa em quilogramas dividido por sua altura em metros ao quadrado.

[2] Cito o editorial que o acompanha, intitulado "Efeito Global do Sobrepeso e da Obesidade na Saúde". Na minha juventude, aliás, excesso de peso era apenas um adjetivo, e não um substantivo também.

abrigam um quarto da população mundial, isso sugere, ao contrário dos prognósticos sombrios prevalecentes em minha juventude (e além), que o mundo se tornou, *grosso modo*, mais igual do que menos. A igualdade na obesidade pode não ser o que os igualitários tinham em mente, mas, não obstante, é um sinal de igualdade no melhor sentido, pelo menos nas circunstâncias atuais.

A obesidade tende a ser associada em todo o mundo a um alto *índice sociodemográfico*, um composto da renda *per capita* de uma população, escolaridade média acima de quinze anos[3] e taxa de fertilidade total. E, no entanto, há exceções óbvias a essa regra, se é isso que a correlação considera. Por exemplo, a maior proporção de adultos obesos no mundo, em uma base nação por nação, está no Egito, onde 35,3% são obesos. Talvez tenha a ver com a política de subsidiar o preço do pão naquele país: quando estive lá pela última vez, reconheço que há muito tempo, era mais barato alimentar galinhas com pão do que com os ingredientes com que se fazia o pão.

As exceções tornam as generalizações difíceis ou imprecisas, como a de que a riqueza aumenta a obesidade. Parece ser verdade que, à medida que os países ficam mais ricos, suas populações ficam mais gordas, embora não em todos os casos. Em países que já são ricos, por outro lado, a obesidade está associada à pobreza, não à riqueza, embora não em todas as pessoas. Em países muito pobres – e, portanto, na maior parte da história humana –, os gordos são ricos. Os pobres não conseguem comer o suficiente para engordar.

As evidências sugerem que, no que diz respeito à obesidade, a cura é melhor do que a prevenção, ao contrário do velho ditado que diz o contrário. Pelo menos é o que acontece atualmente, uma vez que os *esforços* de prevenção falharam até agora. Se medidas preventivas fossem comprovadas como eficazes, então *seria* melhor prevenir do que remediar. Um problema que se encontra constantemente na medicina, como em qualquer outra atividade humana, é que o desejo muitas vezes é confundido com

---

[3] Suspeito de que o que se mede são os anos gastos na educação, em vez de os chamados resultados adquiridos propriamente ditos. Sem dúvida, há uma correlação entre os dois, mas nos países ricos ela pode estar diminuindo.

o ato ou fato. Por exemplo, os procedimentos de triagem são frequentemente realizados, tanto por médicos quanto por pacientes, para serem preventivos, porque é isso que os procedimentos de triagem devem ser. Um exame mais atento demonstra com frequência que a triagem é uma heroína com pés de barro, por assim dizer. Da mesma forma, várias tentativas de prevenção da obesidade não tiveram o resultado esperado, como os autores reconhecem:

> Durante a última década, os pesquisadores propuseram uma série de intervenções para reduzir a obesidade. Entre essas intervenções estão restringir a propaganda de alimentos não saudáveis para crianças, melhorar a merenda escolar, usar a tributação para reduzir o consumo de alimentos não saudáveis e fornecer subsídios para aumentar a ingestão de alimentos saudáveis. No entanto, a eficácia, a viabilidade da implementação generalizada e a sustentabilidade de tais intervenções precisam ser avaliadas em vários ambientes. Nos últimos anos, alguns países começaram a implementar algumas dessas políticas, mas nenhum grande sucesso populacional foi demonstrado.

Isso não significa que nenhuma política poderia ter tanto sucesso, apenas que até agora ela não foi encontrada. Como o artigo também diz, há motivos para crer que a obesidade nos Estados Unidos e em alguns outros países atingiu um platô ou até mesmo diminuiu sua prevalência nos últimos anos, o que sugere que alguma causa benéfica provavelmente operou[4] – mesmo que seja apenas que a população passou a cuidar de si mesma. Se for esse o caso, no entanto, deve ter sido por um motivo: talvez a publicidade dada à epidemia de obesidade.

Os autores descobriram (após muito esforço estatístico) que as consequências fatais e outras da obesidade, como ataques cardíacos, derrames,

---

[4] Provavelmente, não certamente. E uma projeção não é uma previsão: só porque algo aumentou ou diminuiu na mesma proporção nos últimos anos, não significa que continuará a aumentar até atingir um ponto de saturação de 100% ou diminuir até chegar a zero.

hipertensão e diabetes, diminuíram desde 1980, um declínio que compensa parcialmente as consequências prejudiciais da obesidade. Eles atribuem esse declínio à melhoria do tratamento médico dos efeitos secundários da obesidade, principalmente por meio de medicamentos. Quanto à obesidade em si, o melhor tratamento, ou talvez eu deva dizer correção, encontrado até agora é a cirurgia.

Fiquei inicialmente intrigado com a seguinte declaração no resumo do artigo: "O IMC alto foi responsável por 4 milhões de mortes em todo o mundo, quase 40% das quais ocorreram em pessoas que não eram obesas". Tive uma visão de pessoas gordas matando pessoas magras, talvez caindo sobre elas de janelas ou sufocando-as acidentalmente em ônibus lotados. Então percebi que isso significava que pessoas com IMC entre 25 e 30, não obesas por definição médica, também morriam das consequências do excesso de peso.

13 de julho de 2017

"A Marcha da Ciência – a Verdadeira História" é um artigo que defende a ciência como uma empresa. Muitos milhares de pessoas marcharam sobre Washington em abril para defender a ciência contra a ameaça a ela supostamente representada pelo presidente Trump, que o dota de um grau maior de poder até mesmo do que ele, uma pessoa que não subestima sua própria importância, provavelmente sabia que tinha.

Tenho dúvidas se a ciência precisa ser defendida, muito menos daqueles que a atacam. Também duvido que muitos desejem se privar dos benefícios óbvios da ciência ou questionar sua capacidade de resolver problemas específicos. O cientismo, por outro lado, que é a visão de que todas as questões e problemas humanos podem ser resolvidos apenas por meios científicos, suscita justamente oposição. As questões de valor, por razões metafísicas, permanecerão perpetuamente inaceitáveis para uma resposta científica.

Quando a ciência aborda questões que são cientificamente respondidas, suas descobertas estão abertas a desafios e frequentemente suscetíveis a revisão, mas isso não significa que todo consenso científico seja suspeito ou que todo o empreendimento não seja confiável. Ao responder a questões empíricas, é o método mais confiável que temos. O autor do artigo diz:

a justificativa que a maioria das pessoas invoca para rejeitar o consenso científico que contradiz suas crenças é de que a ciência é corrompida – por intromissão política, ambições de cientistas e financiamento da indústria. [...] Ouvimos falar de experimentos que não podem ser replicados, descobertas negativas que permanecem não publicadas e a onipresença do preconceito [...] A academia é criticada por uma estrutura de incentivos que privilegia a quantidade em vez da qualidade, o sigilo em vez da transparência e o exagero da importância de nossos resultados.

Tudo isso me lembra do problema da epistemologia marxista, que sustenta que as pessoas acreditam no que é de seu interesse material acreditar, e não no que é sugerido por evidências objetivas. Como uma observação sociopsicológica, isso pode muitas vezes ser verdade, mas é epistemologicamente desinteressante. Se for verdadeiro no sentido epistemologicamente interessante – isto é, *inevitável* e *inevitavelmente* verdadeiro –, então é impossível saber por qual padrão de verdade, além do interesse próprio, que algo pode ser conhecido como verdadeiro. Certamente não parecia ser do interesse material daqueles que primeiro apresentaram a ideia.

Se toda ciência é corrompida por interesse próprio ou preconceito ideológico, por que padrão de verdade isso poderia ser demonstrado, uma vez que a suposta corrupção por interesse próprio ou preconceito ideológico deve se aplicar a essa mesma observação? Nenhuma evidência científica poderia ser aduzida para mostrar que toda a ciência está contaminada, pois essa própria evidência seria contaminada – assim como a existência da ilusão de ótica não pode estabelecer que toda experiência visual é ilusória, pois a própria ilusão seria, então, ilusória.

O autor escreve que "ganhos notáveis na longevidade humana são apenas uma manifestação do sucesso da ciência", uma afirmação que certamente está aberta à crítica histórica. No passado, o progresso científico não foi uma condição necessária nem suficiente para a eliminação de doenças, por exemplo. De acordo com Thomas McKeown, um famoso epidemiologista, as taxas de mortalidade na Europa Ocidental e na América do Norte, e mortes por doenças epidêmicas, começaram a declinar muito antes de haver qualquer tratamento científico para elas[1] e mesmo antes de suas causas serem conhecidas. No entanto, a transformação surpreendente, bem recentemente, no destino de milhões que uma vez sofreram por anos ou mesmo vidas inteiras de ulceração péptica deve-se inteiramente à ciência. Recentemente, quando tive um ataque de gota, fui aliviado da dor com maior rapidez e eficácia do que qualquer pessoa que o tivesse sofrido na época do meu nascimento; além disso, agora posso prevenir ataques futuros quase inteiramente tomando todos os dias um comprimido que é mais ou menos livre de efeitos colaterais. Isso se deve inteiramente ao avanço científico.

A conclusão do autor é ampla, mas não totalmente certa, e é um pouco mais provisória do que o necessário, pelo menos no que diz respeito à medicina. Karl Popper, o filósofo da ciência, enfatizou que o que distingue a ciência da não ciência é a falseabilidade de suas hipóteses, e que nenhuma evidência a favor de tais hipóteses pode estabelecer sua verdade de uma vez por todas, apenas sua não falsidade até o momento. Portanto, os médicos científicos não têm do que se envergonhar quando mudam de opinião sobre algo, mesmo que seja uma mudança diametral. Na verdade, isso é uma força, não uma fraqueza: eles estão seguindo as evidências em vez do dogma.

---

[1] Um excelente exemplo disso foi a tuberculose. Na época em que o primeiro medicamento conhecido por ser eficaz contra ela, a estreptomicina, foi desenvolvido, a taxa de mortalidade por tuberculose já havia caído em cerca de 95% de seu pico. É claro que houve muitas outras tentativas de tratamento, como o pneumotórax induzido cirurgicamente, que geralmente são desacreditadas do ponto de vista moderno. Mas sua eficácia agora nunca poderá ser conhecida, porque ninguém conduziria um estudo devidamente controlado deles, e tais estudos nunca foram realizados em seus próprios dias. Pode ser que alguns dos remédios – incluindo compostos de arsênico – fossem *realmente* eficazes ou parcialmente eficazes. Ausência de prova de eficácia não é prova de ausência de eficácia. Mas a explicação geralmente aceita para o declínio da mortalidade por tuberculose é uma melhoria na nutrição e nas condições de vida. Deixo para os historiadores econômicos decidirem até que ponto o avanço científico contribui para essa melhoria.

O autor diz que os cientistas devem "aprender a contar histórias que enfatizem que o que torna a ciência certa é a capacidade duradoura de admitir que estamos errados". Em geral, eu concordo; mas também acho que isso exagera um pouco o grau em que as descobertas da ciência são provisórias – uma impressão que tende a aumentar com a leitura de revistas médicas que se especializam, afinal, em explorar as fronteiras do desconhecido. Algumas descobertas são de fato refutadas por novas descobertas, e a visão predominante sobre algumas questões mudará; ninguém terá deixado de notar que os conselhos dietéticos científicos se alteram regularmente e às vezes parecem andar em círculos. Mas ninguém espera seriamente que um pesquisador descubra agora que o sangue *não* circula no corpo ou que a insulina *não* é produzida no pâncreas. Algumas coisas são conhecidas para sempre.

* * *

Outro problema que os médicos enfrentam é que os pacientes gostam de certezas. Nas poucas ocasiões em que estive gravemente doente e quase morri, queria que meu médico soubesse exatamente o que fazer, e o soubesse de maneira racional. A espécie *paciente* não consegue aguentar muitas incertezas. Infelizmente, a vida e a ciência frequentemente não são tão inequívocas quanto gostaríamos. Dois artigos no *Journal* dessa semana ilustram essa verdade.

O primeiro diz respeito à terapia adjuvante em certos casos de câncer de mama. Nesse estudo, 2.400 pacientes foram designados para receber o medicamento pertuzumabe (na verdade, um anticorpo monoclonal), além da terapia padrão, enquanto 2.405 pacientes foram designados para receber a terapia padrão e placebo. A conclusão foi de que o pertuzumabe "melhorou significativamente as taxas de sobrevida livre de doença invasiva entre pacientes com [certo tipo de] câncer de mama precoce". Pode-se notar que o estudo foi patrocinado pelo fabricante do medicamento, mas o interesse comercial não leva automaticamente à corrupção intelectual.

Não houve diferença estatisticamente significativa nas taxas de mortalidade dos dois grupos em 48 meses de acompanhamento. Portanto, o medicamento não pareceu prolongar a vida (embora pudesse ser descoberto que o fazia em um seguimento mais longo). Mas os resultados foram melhores no que diz respeito à sobrevida livre de doença invasiva, o que pode levar a um melhor prognóstico posteriormente. Daqueles tratados com o medicamento no grupo de pacientes de maior risco (ou seja, com maior probabilidade de recorrência), 89,9% estavam livres de doença invasiva, contra 86,7% daqueles tratados com placebo. É improvável que esse resultado tenha surgido por acaso. Uma em cada 112 pessoas tratadas com a droga, ou 1 de 56 no grupo de alto risco, será poupada de uma doença invasiva que, de outra forma, apareceria em três anos.

O principal efeito colateral do medicamento foi a diarreia, considerada principalmente leve e que durou apenas o tempo do próprio tratamento, por até um ano.[2] Ocorreu em 9,8% daqueles tratados com o medicamento e 3,7% daqueles que receberam placebo. O benefício do medicamento supera sua desvantagem? Sim, quase com certeza. Mas o pertuzumabe é provavelmente muito caro (embora nenhum preço seja indicado). Vale a pena o custo? Isso depende de quem está pagando e de quanto. Uma pergunta desagradável.

O outro artigo que ilustra a incerteza médica diz respeito ao acompanhamento de pacientes com câncer de próstata precoce tratados com prostatectomia ou por observação (observar e esperar). Em geral, a prostatectomia deu resultados ligeiramente melhores no que diz respeito à mortalidade, mas a diferença ficou um pouco abaixo da significância estatística, o que quer dizer que havia uma chance um pouco maior do que 5% de que os resultados *surgissem por acaso*. Isso não significa, entretanto, que eles surgiram por acaso; a superioridade da cirurgia pode ter sido genuína, embora não muito. Por outro lado, aqueles que se submeteram à cirurgia sofreram mais efeitos colaterais que interferiram em sua qualidade de vida em dois anos de acompanhamento e que persistiram por dez anos.

O médico deve aconselhar o paciente e o paciente deve decidir. A ciência nunca eliminará por si mesma esse tipo de dilema, pelo menos não até que todos possam permanecer saudáveis para sempre.

---

[2] Porém, mais uma vez, tenho em mente a famosa frase de sir George Pickering de que uma pequena operação é uma operação realizada em outra pessoa.

20 de julho de 2017

Houve dois artigos essa semana que funcionaram como uma espécie de *madeleine* para mim. Ambos dizem respeito à incerteza do prognóstico no final da vida e à aceitação da morte.

O primeiro artigo, "Gerenciando Incertezas – Aproveitando o Poder do Planejamento de Cenários", é realmente um exercício que pode ser chamado de *clichê superior*. Mas, como disse o Dr. Johnson, precisamos mais frequentemente ser lembrados do que informados. O ponto principal do artigo é que os médicos, ao oferecer seus prognósticos aos pacientes (ou seus parentes), não devem se limitar a estatísticas básicas, como a de que há 25% de chance de sobrevivência, mas dar uma gama de possibilidades e explicar como seriam essas possibilidades como experiências subjetivas.

O artigo começa com uma vinheta sobre um padre de 87 anos que bate seu carro e acaba com costelas quebradas em uma unidade de terapia intensiva. Incapaz de respirar sozinho, ele é colocado em um respirador. As investigações revelam que ele tem metástases nos pulmões. Ele não tem muito tempo de vida, embora ninguém possa dizer exatamente quanto tempo. No início, ele é altamente irrealista sobre suas próprias perspectivas. Quando a cirurgiã disse que o risco de morte por ferimentos na idade é de mais de 90%, ele rabiscou debilmente uma nota perguntando: "E quanto ao meu carro? Quando posso dirigir de novo?". Isso mostra que ele é um homem de bom astral, mas é quase certo que nunca mais dirigirá; na verdade, ele pode nunca mais ficar de pé novamente.

Os autores dizem que os médicos costumam usar estatísticas em um esforço para "quantificar a incerteza" sobre os resultados, mas esses números "oferecem pouca orientação aos pacientes para gerenciar essa incerteza". Além disso, alguns pacientes podem ter "pontos cegos" para a probabilidade de um resultado ruim, como o padre idoso aparentemente tinha. Os autores sugerem o *planejamento de cenários* como forma de discutir as incertezas com os pacientes.

> O planejamento de cenários demanda que aceitemos a incerteza e a usemos como parte de nosso raciocínio. Para fazer isso, devemos primeiro distinguir incertezas irredutíveis de "elementos predeterminados" – eventos que já aconteceram ou provavelmente ocorrerão, mas cujas sequelas ainda não se desenvolveram. Identificar esses elementos promove o *insight*, destacando a interação entre as forças que impulsionam a mudança, e fornece uma maneira organizada de considerar futuros alternativos.

Temo que esse tipo de pensamento e prosa não faça apenas meus olhos, mas todo o meu cérebro desligar. Não me transmite nada de muito concreto, e também nada de muito abstrato. Uma vez que esse tipo de prosa e pensamento agora é muito comum no mundo, a culpa pode ser mais minha do que dela.

Os autores usam o caso do padre idoso para ilustrar o que entendem por planejamento de cenários: "A cirurgiã voltou a falar com [o paciente] e sua família. Ainda alerta e engajado, ele ouviu atentamente enquanto ela descrevia os melhores, piores e mais prováveis cenários para seu plano de atendimentos atual". O melhor caso foi tão ruim que o paciente pediu para ser extubado. "Ele morreu mais tarde naquele dia, rodeado pela família."

Não me parece nada extraordinário o que a cirurgiã disse ou fez, embora eu me lembre dos dias em que os cirurgiões consideravam a continuação da vida a todo custo como o início e o fim de todas as suas atividades, e não se preocupavam muito com que tipo de vida seria. Lembro-me em particular de um neurocirurgião que considerou o leve movimento do membro de um homem como um grande triunfo após uma operação para curar sua paralisia total, embora ele, o neurocirurgião, não estivesse otimista sobre o progresso posterior de seu paciente (que havia sido um professor universitário).

Meu pai, que tinha câncer no estômago, foi submetido a uma operação paliativa pouco antes de morrer. Disseram-lhe que isso poderia estender sua vida em seis meses; mas, desses seis meses, ele passaria pelo menos três se recuperando da operação – isto é, se é que algum dia se recuperaria. Ele recusou a operação; e nem ele nem seu cirurgião, eu suspeito, jamais ouviram falar em *planejamento de cenários*.

O segundo artigo me lembrou da morte de minha mãe. Conta a história de uma senhora de 87 anos que fumara até pouco mais de vinte anos antes. Ela desistiu tarde demais, porém: a essa altura, já havia desenvolvido enfisema. "Ela ficava com falta de ar ao caminhar em uma superfície nivelada em um ritmo modesto." Essa foi exatamente a história de minha mãe, exceto que ela parou de fumar quando tinha apenas 48 anos. Lembro-me perfeitamente do momento em que percebi que ela sofria de enfisema: levei-a a Lisboa para comemorar o seu septuagésimo aniversário e ela tinha dificuldade em subir alguns degraus de cada vez.

A paciente no artigo deteriorou-se repentinamente. Seus médicos acharam que ela poderia simplesmente ter uma condição que eles poderiam diagnosticar e curar, embora fosse mais provável que fosse incurável e tornasse impossível um retorno à sua vida anterior. Ela estava contente em morrer sem diagnóstico.

Minha mãe, aos 85 anos, teve uma doença da qual era totalmente desnecessário que ela morresse. Mas ela estimou que suas chances de retornar a uma existência independente eram mínimas, e ela preferia morrer a viver de forma dependente. Houve circunstâncias especiais em seu caso, mas seu desejo foi respeitado e ninguém teve que falar sobre *planejamento de cenários*.

* * *

O politicamente correto é como um gás venenoso que pode se infiltrar nos lugares mais improváveis. Houve um artigo fascinante no *Journal* essa semana intitulado "Prevenção do Ganho de Peso Através do Bloqueio do Hormônio Folículo-Estimulante", parte de uma série chamada "Implicações Clínicas da Pesquisa Básica". Ele relatou alguns experimentos em cobaias, demonstrando que, se a ação do FSH (um hormônio sexual hipofisário) fosse bloqueada por anticorpos contra ele, as cobaias que foram injetadas com esses anticorpos desenvolveriam menos gordura do que aquelas que receberam injeções de placebo. O conteúdo de gordura subcutânea, visceral e total das cobaias tratadas era menor do que o das cobaias não tratadas. "O tratamento com anticorpos também aumentou o gasto energético total", lemos, e o efeito foi "atribuído a um aumento no gasto energético em repouso e não no gasto com atividade física."

Claro, a distância entre cobaias tratadas com anticorpos para humanos consumidores de hambúrguer é muito grande, mas é possível que o tratamento hormonal possa ter aplicação humana. Os autores concluem dizendo:

> Será particularmente importante avaliar se tal anticorpo [para FSH humano] teria menos efeitos fora do alvo do que outras terapias farmacológicas, que provaram ser problemáticas no tratamento da obesidade.

Efeitos fora do alvo, presumo, significa efeitos colaterais indesejáveis e me parece uma expressão inferior, na medida em que pode ser usada para confundir os pacientes, pelo menos por algum tempo. Os pacientes estão acostumados com a ideia dos efeitos colaterais, mas os efeitos fora do alvo parecerão a eles algo diferente e talvez menos culpa do médico.

Essa não é a correção política a que me referi há pouco, no entanto. Na verdade, trata-se de uma pequena questão verbal, a pequenez dela demonstra quão longe foi o politicamente correto. Os autores escrevem:

> Cobaias C57BL/6J machos e fêmeas intactos de três meses de idade foram tratados por oito semanas com injeções intraperitoneais. [...] O tratamento com anticorpo FSH resultou em diminuições significativas na massa gorda em cobaias fêmeas e machos. [...]

Em inglês, seria normal dizer "cobaias machos e fêmeas" em vez de "cobaias fêmeas e machos", não porque as cobaias machos sejam consideradas superiores ou mais importantes do que as fêmeas, mas por causa do ritmo natural da língua. A eufonia exige isso, de fato; mas obviamente isso é considerado por alguém no NEJM (ou possivelmente pelos próprios autores) de pouca importância em comparação com a chance de desferir um golpe ideológico. O próprio fato de se dar atenção a um assunto tão pequeno e misterioso é um sinal da determinação, meticulosidade e fanatismo daqueles que querem reformar a própria linguagem e, por meio dela, nossa alma. Victor Klemperer, um filólogo alemão que manteve um diário durante os anos da era nazista, escreveu com eloquência sobre as distorções linguísticas praticadas pelos nazistas; e, claro, a língua russa passou por um processo semelhante. Agora parece ser a vez do inglês, embora de forma discreta.

27 de julho de 2017

Quando eu era um jovem médico, tinha muito orgulho de ter feito um diagnóstico de arterite temporal, agora chamada de arterite de células gigantes, em um homem de cerca de sessenta anos. Não eram notícias tão boas para ele, é claro, pois a condição era (e é) crônica, com recaídas frequentes. O diagnóstico foi mais ou menos uma sentença de prisão perpétua. A arterite de células gigantes é uma condição inflamatória de causa desconhecida que afeta o arco aórtico e a porção extracraniana da artéria carótida. Causa um mal-estar generalizado, forte dor de cabeça e – se não for tratada – cegueira e derrame.

O único tratamento disponível na época, e por muito tempo posteriormente, eram os esteroides. As recidivas exigiam novas dosagens, reduzidas ou aumentadas de acordo com os resultados dos exames de sangue para inflamação. Infelizmente, os esteroides não são isentos de muitos efeitos colaterais, incluindo os muito graves, especialmente quando tomados por muito tempo e em grandes doses.

O *Journal* dessa semana relata os resultados de um estudo que dá esperança de um alívio mais prolongado aos sofredores e é um exemplo do que me parece um gênero cada vez mais raro, um sucesso inequívoco. Foi um estudo com tocilizumabe, um inibidor de uma das substâncias produzidas pelas células do próprio corpo que se acredita provocar a doença. No estudo, 250 pacientes com a doença foram divididos em quatro grupos, o primeiro consistindo de cem pacientes e os outros três de cinquenta cada. Os primeiros dois grupos receberam injeções de tocilizumabe semanalmente ou a cada duas semanas, além do tratamento normal de esteroides em um programa de 26 semanas de redução gradual da dose; os outros dois grupos receberam injeções de placebo junto com o tratamento normal em um programa de 26 ou 52 semanas de redução da dose. Os médicos que administraram os esteroides não sabiam se os pacientes haviam recebido tocilizumabe ou placebo.

Pela primeira vez, não havia dúvida sobre os resultados, medidos tanto pela porcentagem de pacientes com remissão sustentada quanto pela quantidade de esteroides que os pacientes deveriam receber de acordo com a atividade da doença. Pouco mais da metade de ambos os grupos de pacientes tratados com tocilizumabe e esteroides tiveram remissão prolongada, enquanto apenas 16% dos pacientes tratados com placebo e esteroides tiveram tal remissão. Além disso, aqueles nos grupos de placebo precisaram de quase duas vezes mais suplementação de esteroides do que os grupos tratados com tocilizumabe. Além disso, e de forma incomum, o perfil de efeitos colaterais foi melhor nos grupos de tratamento do que nos grupos de placebo, possivelmente por causa das doses mais altas de esteroides que o último requeria para controlar seus sintomas. Nenhum paciente morreu durante o período experimental de um ano.

Esses resultados foram excelentes, pelo menos em comparação com todos os tratamentos anteriores – o que, é claro, é o padrão adequado de comparação.[1] Eles estão muito aquém da perfeição, é claro: apenas metade dos pacientes respondeu positivamente ao medicamento, e ninguém sabe se o efeito durará mais de um ano ou, na verdade, quais podem ser

---

[1] Na política, as pessoas tendem a comparar o presente não com o que aconteceu antes, mas com um normal ideal que nunca existiu e provavelmente nunca poderia existir. Portanto, se você disser às pessoas que um número enorme de indianos foi retirado da pobreza abjeta na Índia, uma boa proporção responderá dizendo que, no entanto, ainda há muita pobreza no campo. É verdade: mas nunca houve um caso em toda a história do mundo em que as pessoas tivessem saído da pobreza de maneira igual, simultânea e massiva.

os efeitos adversos de longo prazo. Mas, por enquanto, são um triunfo e um arauto de coisas melhores que estão por vir, na medida em que são o resultado da aplicação da pesquisa básica e não meramente o resultado de um acaso, como tantos avanços médicos têm sido.

O estudo foi financiado pela empresa farmacêutica que fabrica o tocilizumabe. O artigo afirma:

> Os investigadores e patrocinador [ou seja, a empresa farmacêutica] projetaram o estudo, coletaram e analisaram os dados. O patrocinador forneceu tocilizumabe e placebo e participou da redação e edição dos rascunhos do manuscrito. [...] Todos os autores [dezesseis] participaram da redação de todos os rascunhos do manuscrito, com a assistência de redatores médicos pagos pelo patrocinador.

Isso seria o suficiente para levantar a suspeita de quem imagina que *qualquer* envolvimento da indústria farmacêutica na pesquisa médica deve ser corruptor, e certamente o pagamento de "redatores médicos" profissionais foi alvo de muitas críticas no passado. Seu trabalho é distorcer as coisas sem realmente mentir (enquanto os políticos distorcem as coisas *e* mentem). Mas acho difícil acreditar que esses resultados – que na verdade estão em consonância com outras descobertas – tenham sido fabricados do nada e sejam apenas manipulações de uma empresa que tenta vender seu novo medicamento fantasticamente caro.

* * *

Aqueles que estão inclinados a ver a corrupção do comércio em toda parte são muito menos inclinados a discernir o interesse próprio das organizações governamentais e quase governamentais. É como se o simples fato de ser pago com dinheiro público tornasse as pessoas honestas e totalmente desprovidas de interesses pessoais, como se o recebimento de um salário do governo fosse suficiente para transformar quem o recebe em um rei-filósofo *à* Platão.

Nessa mesma edição do *Journal* há um "Relatório Especial" de dois altos funcionários do Instituto Nacional de Abuso de Drogas em Washington,

DC. No final do artigo, intitulado "O Papel da Ciência no Tratamento da Crise dos Opioides", há a seguinte declaração: "Nenhum conflito de interesses relevante para este artigo foi relatado". Não para acusar ninguém de nada, mas isso certamente é muito ingênuo.[2]

O Instituto Nacional de Abuso de Drogas recebe fundos com a promessa de que a pesquisa puramente biomédica resolverá, ou pelo menos melhorará enormemente, o problema do abuso de drogas na sociedade. Se essa promessa se revelasse ilusória, os fundos secariam e os empregados do instituto presumivelmente perderiam o emprego. Na verdade, o instituto primeiro definiu o vício como uma doença cerebral, não porque fosse um fato cientificamente estabelecido, mas porque o Congresso, seu tesoureiro, apostaria na promessa de uma solução puramente técnica para um problema puramente técnico, mas não em uma abordagem sutil. O que começa como uma mentira conveniente acaba, quando repetida com bastante frequência, como uma verdade conveniente.

Assim, em eco ao que foi dito ao Congresso há mais de quarenta anos, lemos: "O vício em opioides [...] é uma doença crônica e recorrente". Além disso: "A pesquisa abundante mostrou que o tratamento sustentado ao longo de anos ou mesmo durante toda a vida é muitas vezes necessário para alcançar e manter a recuperação a longo prazo".

Essa é uma forma parcial de colocar as coisas, para dizer o mínimo. O que a experiência tem mostrado é que *nenhum* tratamento sustentado, na verdade quase nenhum tratamento de qualquer tipo, é necessário para que populações inteiras abandonem seus medicamentos opioides – por exemplo, na China, quando Mao Tsé-tung pegou um atalho com viciados, ou nos Estados Unidos, quando milhares de soldados voltaram de suas missões na Guerra do Vietnã viciados em heroína e desistiram sem ajuda.

---

[2] Os autores também nos dizem: "Agradecemos [...] Walter Koroshetz, Linda Porter e David Thomas por suas análises sobre o portfólio e as prioridades de pesquisa em dor do NIH [National Institutes of Health]". *Portfólio* é certamente uma palavra estranha para usar no caso de uma equipe e uma instituição sem interesses pessoais ou setoriais. É uma palavra que espero ouvir da boca do meu consultor financeiro.

Esses exemplos lançam dúvidas não apenas sobre a afirmação de que o tratamento ao longo da vida é muitas vezes necessário para obter abstinência a longo prazo, mas também sobre o conceito de vício como uma doença do mesmo tipo que, digamos, a doença de Parkinson. O artigo usa dos truques retóricos mais antigos do mundo: *suggestio falsi* e *suppressio veri*.

Dada a escala da epidemia de mortes por overdoses de opioides nos Estados Unidos (mais de 30 mil por ano nas taxas atuais), ninguém com senso de ironia, muito menos de humor, poderia ter escrito o seguinte: "Nas últimas décadas, fizemos avanços notáveis em nossa compreensão dos mecanismos biológicos que estão por trás da dor e do vício". Com um pouco mais de progresso (e mais financiamento, é claro), talvez pudéssemos chegar a 100 mil por ano, para o qual a única solução seria – sim, você adivinhou – mais financiamento para o Instituto Nacional de Abuso de Drogas.

3 de agosto de 2017

A maneira estatística de pensar entrou profundamente em minha alma, por assim dizer. Assim, quando alguém faz uma declaração como "um número excepcional de médicos são bons escritores", imediatamente me pergunto e muitas vezes à pessoa que fez a declaração: "Quantos médicos você esperaria que fossem bons escritores?". Em outras palavras, qual é a regra para a qual o número é uma exceção? Eu estava meditando um dia com um livreiro meu conhecido sobre o fato – se for um fato – do número surpreendentemente grande de escritores-médicos, quando ele perguntou: "Quantos escritores-dentistas você conhece?". Embora haja aproximadamente um dentista para cada cinco médicos, é óbvio que há muito mais do que cinco vezes mais escritores-médicos do que escritores-dentistas. Pode haver menos escritores-dentistas do que se poderia *esperar*, enquanto os médicos estão apenas preenchendo sua cota.

Da mesma forma, se alguém disser que nosso sistema de justiça criminal é ruim porque houve muitos erros judiciários (na direção de uma condenação injusta, é claro), eu pergunto: "Quantos erros judiciais você esperaria?". Afinal, uma instituição humana perfeita é quase inconcebível. E isso se aplica à prática médica: nunca estará livre de erros.

No interesse de minimizar os erros médicos, a maioria dos médicos confia no estudo duplo-cego devidamente controlado e, na verdade, agora acredita que é quase a única evidência científica que pode haver a favor do tratamento médico. Um artigo no *Journal* dessa semana aponta que isso está longe de ser o caso. Na verdade, um momento de reflexão sobre a história da medicina deveria ter sido suficiente para nos dizer isso, mas em uma vida agitada os médicos não têm tempo para momentos de reflexão. Eles, como todo mundo, estão sujeitos à moda intelectual. Frequentemente, somos mais como convertidos religiosos do que seres racionais.

Foi apenas recentemente que os médicos perceberam que sua experiência pessoal, ou a de outras pessoas em posição de autoridade, nem sempre era suficiente para provar que um tratamento ou técnica médica realmente funcionava. Essa constatação levou, no devido tempo, a uma superestimativa da importância e da confiabilidade dos estudos controlados. Afinal, ninguém realmente precisava de um estudo controlado para saber se os anestésicos funcionam. (A propósito, o uso de anestésicos se espalhou tão rapidamente no final da década de 1840 quanto qualquer nova técnica hoje, e possivelmente mais rápido.)

O artigo expõe as razões pelas quais os estudos clínicos duplo-cegos têm suas armadilhas, bem como suas vantagens, e não são uma panaceia para a ignorância médica. Por um lado, esses estudos são conduzidos em pacientes altamente selecionados de um tipo raramente encontrado na prática diária. Além disso, o comportamento dos pacientes durante o curso de tais estudos pode ser muito diferente daquele dos pacientes em circunstâncias cotidianas, particularmente no que diz respeito à adesão, o grau em que eles tomam o tratamento conforme prescrito. Uma droga pode ter um efeito maravilhoso durante um estudo, mas será de pouca utilidade se as pessoas deixarem de tomá-la – como acontece com frequência.

Outra fraqueza ou defeito (se você preferir uma linguagem mais forte) é que há muitas perguntas que esses estudos não podem responder. Se a dose ou doses escolhidas para o estudo estiverem erradas, os resultados estarão errados. Os resultados são válidos apenas para pacientes semelhantes em todos os aspectos aos escolhidos para o estudo, e apenas durante os períodos de duração do estudo. Se um medicamento funcionar por um período de três meses, não segue daí que funcione por um período de doze meses ou dez anos. Além disso, os efeitos colaterais, às vezes graves, podem se manifestar apenas após um longo tempo. Estudos controlados não mostrarão isso. E algumas formas de tratamento podem não se adequar muito facilmente a estudos controlados, por razões logísticas. Números incontroláveis em tamanho podem ser necessários para demonstrar um efeito, e, quanto maiores os números, mais difícil é ter certeza de que os protocolos do estudo foram cumpridos.

Existem muitas outras fontes de evidência científica na medicina além dos estudos controlados, mas muitos de nós, médicos, nos apegamos a elas com o que chamamos de "padrão-ouro" de evidência médica. (Deixo para os economistas decidirem se o padrão-ouro era uma coisa boa ou ruim, por quaisquer padrões de evidência que eles, os economistas, usem.) Os médicos, como qualquer outra pessoa, não estão imunes ao desejo de que deveria haver uma panaceia, seja por doença, seja por ignorância.

* * *

Agora que os médicos americanos finalmente acordaram para a epidemia de dependência de opioides pela qual são parcialmente responsáveis, eles estão procurando alternativas para prescrever para a dor crônica. Eles se fixaram em um grupo de drogas chamadas gabapentinoides, cujo uso (ou devo dizer mau uso?) está crescendo vertiginosamente.

Não foi demonstrado que essas drogas – por meio de estudos duplo-cegos controlados, o que seria o ideal nas circunstâncias – funcionem na maioria das condições para as quais os médicos agora as prescrevem. É quase uma repetição do que acontecia antes com os opioides. De acordo com um artigo do *Journal* essa semana, tanto a gabapentina quanto a pregabalina estão sendo desviadas para um mercado negro por pessoas que as receberam. As prescrições de pregabalina mais do que dobraram nos últimos quatro anos, sem dúvida para grande deleite da empresa farmacêutica que a fabrica. Na verdade, a empresa já pagou uma multa por vender indevidamente o medicamento aos médicos, mas, como disse Mobutu Sese Seko, são necessários dois para ser corrupto.

Os medicamentos, embora quase certamente inúteis ou apenas marginalmente úteis nas condições para as quais estão sendo prescritos, não são isentos de efeitos colaterais, principalmente neurológicos. Eles causam sedação e tontura, e é provável (embora o artigo não mencione isso especificamente) que muitas pessoas dirijam sob sua influência. Uma estatística mencionada no artigo chamou minha atenção, referindo-se a um estudo no qual a pregabalina demonstrou não ter valor no tratamento da ciática (para a qual, no entanto, é frequentemente prescrita): "No estudo de ciática, 40% dos pacientes tomando pregabalina relataram tonturas, em comparação com 13% das pessoas que tomaram placebo". É certamente notável que 13% dos pacientes que tomam um placebo experimentem tontura: por exemplo, nenhum paciente em um estudo duplo-cego controlado por placebo de um medicamento para o tratamento da leucemia mieloide aguda relatou ter tontura.

Isso sugere, eu acho, uma psicologia diferente em pessoas com dor ciática; e é interessante que os autores do artigo digam: "Indiscriminado [...] o uso de gabapentinoides reforça a tendência de ver o tratamento da dor através de lentes farmacêuticas [...]". Em outras palavras, esses novos medicamentos podem perpetuar a inclinação para tratar apenas a dor crônica por meio de pílulas, mesmo quando foi demonstrado que essa dor está muito mais intimamente relacionada ao estado psicossocial do paciente do que à sua condição física.

Isso parece mostrar que nada durável foi aprendido pela profissão médica com a epidemia de opioides. A experiência é uma das muitas coisas com as quais não aprendemos.

* * *

Há uma carta um tanto assustadora da Holanda no final do *Journal*, intitulada "Decisões de Fim de Vida na Holanda ao Longo de 25 anos". Os autores realizaram uma pesquisa com médicos sobre o número de pessoas que eles ajudaram a morrer, ou simplesmente mataram, no período de 1990 a 2015. Não mais do que 78% dos médicos entrevistados responderam, o que dá muito espaço para os outros 22% terem desrespeitado a lei decidindo por si próprios, sem referência às restrições legais, quem deve viver e quem deve morrer.

De qualquer forma, pelo relatório dos médicos que responderam a pesquisa, a percentagem de mortes por eutanásia subiu nesse período de 1,7% em 1990 para 4,5% em 2015. Cerca de 8,3% dos que morreram em 2015 pediram a eutanásia, e o pedido não foi atendido em 3,8% dos casos. Mas aqui está uma pequena estatística que se poderia pensar que interessaria à polícia: "O fim da vida sem uma solicitação explícita do paciente diminuiu de 0,8% para 0,3%". Em outras palavras, os médicos estavam assassinando abertamente seus pacientes, mas não com tanta frequência como antes. A quem os médicos ajudaram a morrer? A carta nos informa:

> Em 2015, a porcentagem de pacientes com mais de oitenta anos era maior do que em 1990 (35% vs. 22%), assim como a porcentagem de pacientes que tinham uma expectativa de vida estimada de mais de um mês (27% vs. 16 %).

Aprendemos também que, em 2015, "92% dos pacientes que receberam assistência médica para morrer tinham uma doença somática grave". Isso significa, é claro, que 8% não tinham. Além disso, uma "doença somática grave" não é exatamente o mesmo que uma doença que o matará em pouco tempo.

A última frase da carta diz que a morte assistida na Holanda "é fornecida predominantemente a pacientes com doença grave, mas envolve cada vez mais pacientes mais velhos e aqueles com expectativa de vida de mais de um mês". Uma das principais objeções ao suicídio assistido e à eutanásia direta é que é o início de uma ladeira escorregadia. Essa pesquisa fornece evidências de que a inclinação está realmente diminuindo, pelo menos na Holanda?

10 de agosto de 2017

Uma objeção ao envolvimento excessivo da indústria farmacêutica na pesquisa médica é que ela influencia ou distorce os resultados em seu próprio favor. Deixo a cargo de outros decidir se os meios alternativos de financiamento da pesquisa seriam melhores ou possíveis. Mas não pude deixar de me perguntar se o relatório sobre um estudo de uma droga em certo tipo de câncer de mama, "Olaparibe para Câncer de Mama Metastático em Pacientes com uma Mutação Germinal BRCA", talvez não fosse superotimista em suas conclusões abstratas no início do artigo:

> A monoterapia com olaparibe forneceu um benefício significativo sobre a terapia padrão; a sobrevida livre de progressão mediana foi de 2,8 meses a mais e o risco de progressão da doença ou morte foi 42% menor com a monoterapia com olaparibe do que com a terapia padrão.

Achei que poderia haver mais um cachorro que não ladra dentro do corpo do artigo, em que aprendemos:

> O estudo foi desenvolvido em colaboração entre o investigador principal e a AstraZeneca [uma empresa farmacêutica gigante]. A AstraZeneca foi responsável por supervisionar a coleta, análise e

interpretação dos dados. Um comitê externo independente de monitoramento de dados e segurança realizou duas revisões intermediárias dos dados de segurança. O manuscrito foi escrito com apoio de redação médica, que foi financiada pela AstraZeneca.

O comitê de monitoramento independente, então, parece ter supervisionado *apenas* os dados de segurança, e não os dados relacionados aos outros resultados do estudo. (Foi possivelmente uma reação exagerada paranoica da minha parte?)

Seja como for, de acordo com um gráfico no artigo, 70% dos pacientes morreram 24 meses depois, tanto no grupo experimental quanto no grupo de controle, e a sobrevida geral mal era distinguível entre os dois até aquele ponto. Diante disso, uma sobrevida livre de progressão superior de 2,8 meses sem muita melhora na sobrevida parece desmentir o tom otimista da conclusão e pode ser potencialmente enganosa para os médicos (provavelmente a maioria) que leem apenas os resumos dos artigos. A palavra "significativo" nesse contexto é ambígua, porque pode querer dizer estatisticamente significativo ou clinicamente significativo (ou ambos); e, embora os autores tentem fornecer evidências de que os resultados foram clinicamente significativos, para os próprios pacientes, o estudo de significância clínica consistiu em julgar as diferenças nas respostas que os pacientes deram em questionários sobre qualidade de vida como significativas. Eu me senti entrando em uma sala de espelhos.

Isso não quer dizer que o olaparibe não represente um avanço no tratamento desse tipo de câncer de mama. Grandes saltos positivos ocorrem na medicina, mas também há acréscimos de pequenos passos. Mas, ao contrário da concepção popular, os artigos científicos, pelo menos na área médica, muitas vezes não se autointerpretam e geram significados diferentes de acordo com o ponto de vista inicial do leitor.

* * *

Um artigo intitulado "Apoiando a Autonomia das Mulheres no Exame Pré-natal" foi escrito por um advogado, um médico e um doutor em filosofia e vem de um hospital e seu departamento de bioética e um instituto de bioética. Tenho que admitir uma desconfiança visceral e até um preconceito infundado contra os bioeticistas, mas o fato é que a nova tecnologia inevitavelmente lança novos dilemas éticos que devem ser resolvidos de alguma forma, mesmo quando não são realmente resolvíveis. Mas temo o tipo de pessoa que, partindo de premissas que lhe parecem razoáveis e com uma lógica que lhe parece impecável, chega a uma conclusão obviamente revoltante, mas prefere acreditar nessa conclusão a duvidar de suas premissas ou de seu raciocínio. Um filósofo pode ser definido como um homem que superestima a importância da consistência intelectual em questões práticas.

A autonomia do paciente é a pedra filosofal da ética médica moderna, ou talvez eu deva dizer o elixir da correção médica. Esse artigo a usa em conexão com os problemas éticos colocados pelos testes genéticos pré-natais.

Em breve será possível examinar todo o genoma de um feto no período pré-natal. No entanto, a interpretação ou o significado dos resultados serão frequentemente ambíguos, ou completamente desconhecidos. Além disso, a ambiguidade nunca será resolvida: é inerente à informação, porque muitas condições com predisposição genética não são simples e monocausalmente de origem genética. Um feto pode ter os genes que lhe dão tendência a uma doença (cedo ou tarde na vida), mas essa informação por si só não pode dizer a ninguém se uma pessoa vai realmente sofrer da doença, ou mesmo dar uma probabilidade aproximada. Depende de muitos outros fatores. Além disso, mesmo quando pensamos que sabemos que certo defeito genético causa uma doença, nosso conhecimento pode acabar sendo falso, como os autores ilustram com um exemplo.

Eles ressaltam que mais informação não é necessariamente uma coisa boa por si só, especialmente quando seu significado ou importância é ambíguo. Eles escrevem:

> Dois estudos recentes sugerem que o desejo das pessoas por informações genômicas no contexto pré-natal varia. Em um estudo com mulheres grávidas que receberam resultados anormais de

microarranjos cromossômicos pré-natais, Barbara Bernhardt e colegas descobriram que, embora muitas mulheres considerassem a oferta de mais informações sobre seu feto "boa demais para deixar de lado", elas foram surpreendidas pelos resultados. Muitas das mulheres que receberam resultados não interpretáveis ou incertos os viram como um "conhecimento tóxico" que gostariam de não ter tido. Os pesquisadores, portanto, pediram "uma discussão completa das várias incertezas com resultados [exames] anormais" como parte do aconselhamento pré-teste.

Thomas Gray estava certo 250 anos atrás quando, sem um estudo elaborado, mas com o emprego de mero bom senso, ele se perguntou se as pessoas realmente precisavam "saber seu destino", pois a felicidade voa rapidamente e, "quando a ignorância significa felicidade, é tolice ser sábio".

Certamente é senso comum que, antes de um exame ser realizado, tanto o médico que o realiza quanto o paciente devem entender o significado dos possíveis resultados e a diferença que o conhecimento fará. Mas existe o direito à ignorância, tanto quanto o direito ao conhecimento? Considere o exemplo da doença de Huntington, uma doença neurodegenerativa que causa movimentos involuntários, distúrbios psiquiátricos, demência e morte. Cinquenta por cento das crianças cujos pais têm Huntington herdarão a doença, e agora pode-se prever com certeza se a desenvolverão ou não por um simples exame de sangue.[1] Infelizmente, em casos hereditários, aqueles que a carregam podem ter filhos antes de a doença se manifestar, e também pode haver netos em risco de desenvolvê-la a partir de um caso índice antes que alguém tenha conhecimento disso. Suponha que o pai não queira saber, mas o neto sim: cujo direito – à ignorância ou ao conhecimento – triunfa sobre quem?

Numa discussão sobre a tomada de decisão em relação à prole, nota-se uma ausência conspícua, a saber, a figura do pai. Na verdade, a própria palavra pai não aparece no artigo, como se a reprodução fosse por

---

[1] Nem todos os casos de doença de Huntington são herdados. Alguns surgem por mutação espontânea do gene envolvido em sua causa.

partenogênese e nenhum homem precisasse ser envolvido. A família é mencionada uma vez, mas apenas no contexto das dificuldades que ela enfrenta quando uma criança com deficiência nasce:

> Políticas em uma variedade de áreas, desde educação até assistência social, que apoiem pessoas com deficiência e suas famílias também são necessárias para que as escolhas das mulheres sejam menos susceptíveis de serem restringidas por preocupações financeiras ou temores pelo bem-estar futuro da criança com deficiência.

O que é mais importante para os autores é a autonomia das mulheres, respeito pelo qual, dizem, "crucialmente requer acesso aos serviços de aborto".

No mundo dos autores, então, as mulheres não apenas fazem, mas devem flutuar livres em um vácuo social completo (além da seguridade social). Sem dúvida, é uma aproximação de como algumas mulheres vivem, mas os resultados não agradam a ninguém.

17 de agosto de 2017

A expressão *fatos alternativos*, cujo uso é uma espécie de abreviatura para tudo o que há de errado com a atual administração americana, nunca me pareceu tão absurda como às vezes se alega. Se eu disser que a Primeira Guerra Mundial foi causada por X, baseando minha opinião nos fatos *a*, *b* e *c*, você pode dizer, de forma bastante razoável: "Não concordo, foi causada por Y" e basear seu argumento em fatos *d*, *e* e f. Seus fatos são alternativos aos que aduzi, mas, se forem fatos, são parte da verdade. É claro que diferimos em nossa avaliação da importância dos dois conjuntos de fatos, mas essa diferença não faz com que nenhum deles minta. Por outro lado, inverdades deliberadas não são fatos alternativos, mas mentiras.

Um artigo no *NEJM* intitulado "Educação Médica na Era dos Fatos Alternativos" fez meu coração afundar, pois pensei que seria um festival ou compêndio do politicamente correto. Fiquei agradavelmente surpreso ao descobrir que, ao contrário, era eminentemente sensato (e, portanto, talvez um pouco enfadonho). A surpresa foi agradável em parte porque me assegurou de que minha mente, se não estava exatamente aberta, pelo menos estava entreaberta.

O autor, um professor da Universidade da Virginia Commonwealth, subestima um pouco a necessidade de os estudantes de medicina aprenderem o dogma médico atual como se fosse um fato indubitável. Afinal, os médicos são pessoas práticas, tendo de agir com mais frequência do que refletir – ser mais frequentemente Dom Quixote do que Hamlet. É certamente desejável, como ele diz, que eles tenham uma mente inquisitiva e abertura para novas hipóteses, pois a ciência não é tanto um corpo de fatos estabelecidos, mas uma maneira de abordar a realidade. No entanto, o grau em que a ciência não reconhece fatos estabelecidos pode ser exagerado. Quando o autor diz que vivemos em uma época em que "fatos incômodos são ridicularizados como 'notícias falsas', enquanto as falsificações se disfarçam de realidade", ele não aponta o dedo em nenhuma direção política específica, pois a supressão da verdade e a sugestão de falsidade são tentações permanentes de qualquer pessoa envolvida em questões controversas.

O autor diz algo que me tocou particularmente: "revisão crítica" da literatura científica, ele escreve, "é uma habilidade tão essencial que acredito que deve ser ensinada, praticada e aprimorada ao longo de todos os quatro anos da faculdade de medicina e mesmo formalmente na educação de pós-graduação". Este livro, como mencionei na introdução, foi parcialmente motivado pela dificuldade que meu sobrinho Joseph teve com um exame da faculdade de medicina exatamente nesta habilidade: como ler um artigo científico. Depois de ser reprovado no exame na primeira tentativa, ele pediu minha ajuda para se preparar para refazê-lo. Ele recebera um artigo para ler e avaliar – do *New England Journal of Medicine*, por acaso – sobre alguma suposta associação estatística (entre beber café e câncer de pâncreas, acho). Antes da minha ajuda, ele não via nada de errado nisso; depois, ele disse com alegre surpresa: *"Mais c'est nul, cet article!"* (Mas é inútil este artigo!). Quer minha ajuda tivesse ou não algo a ver com isso, ele falhou na segunda tentativa.

Eu havia dado a ele algumas regras simples para seguir, incluindo os critérios para avaliar se uma associação estatística implicava uma relação causal. Nunca fui um bom professor, mas posso ver como o ensino pode funcionar como um espanador da mente.

* * *

Usando minhas próprias regras, avaliei um artigo no *Journal* sobre um estudo de aspirina em baixas doses na prevenção da pré-eclâmpsia[1] em comparação com placebo. A aspirina funciona?

Em resumo, a resposta é sim. Das 798 mães consideradas em risco de pré-eclâmpsia que tomaram aspirina (ou melhor, que foram designadas para o grupo da aspirina, e que em sua maioria aderiram ao tratamento), 1,6% desenvolveu pré-eclâmpsia. De 822 mães que receberam placebo, 4,3% desenvolveram pré-eclâmpsia. Era muito improvável que a diferença na proporção tivesse surgido por acaso. Os autores concluem, corretamente:

> Este estudo randomizado mostrou que, entre mulheres com feto único [ou seja, gestações não gemelares], que foram identificadas por meio de triagem no primeiro trimestre como de alto risco para pré-eclâmpsia pré-termo, a administração de aspirina em uma dose de 150 mg por dia de 11 a 14 semanas de gestação até 36 semanas de gestação resultou em uma incidência significativamente menor de pré-eclâmpsia pré-termo do que com placebo.

Qual a importância para um avanço no conhecimento, do ponto de vista do praticante, desse artigo escrito por vinte autores? É bastante difícil dizer. Para chegar às 1.620 mães que participaram do estudo, 26.941 tiveram, primeiro, de ser examinadas. Destas, 2.641 foram consideradas em risco de desenvolver pré-eclâmpsia, mas 865 delas se recusaram a participar do estudo, e, das 1.776 que aceitaram inicialmente, 152 desistiram e quatro foram perdidas no acompanhamento.

A aspirina é muito barata, o que é uma grande vantagem. Mesmo assim, sabe-se que a adesão a um regime é consideravelmente maior durante um estudo clínico do que na prática normal. Além disso, prevenir a pré-eclâmpsia não é um fim em si mesmo, a menos que isso leve a algum

---

[1] A pré-eclâmpsia é o desenvolvimento de pressão alta e proteinúria durante a gravidez. Leva a resultados ruins e, quando se torna grave, pode ser perigosa e até fatal para a mãe.

outro bem, como mães ou crianças mais saudáveis. Afinal, trata-se de tratar uma pessoa e não a pressão arterial.

O estudo não mostrou nenhum benefício *estatisticamente significativo* para as mães de crianças: não houve redução *estatisticamente significativa* de natimortos, por exemplo, ou necessidade de transfusão de sangue. Não houve diminuição *estatisticamente significativa* na taxa de aborto espontâneo. Nem houve tal diminuição no baixo peso ao nascer ou (alternativamente) no alto peso ao nascer. A maioria das diferenças apontava na mesma direção, para a vantagem da aspirina em relação ao placebo. O problema era que a diferença não era grande o suficiente para atingir significância estatística com esse tamanho de amostra. Se o tamanho da amostra fosse maior, as diferenças poderiam muito bem (e provavelmente *teriam*, acho) ter alcançado significância estatística.[2]

Se esse fosse o único artigo que um médico ocupado lesse sobre o assunto (de forma alguma o primeiro, e certamente não o último, a ser escrito), ele prescreveria aspirina para pacientes em risco de pré-eclâmpsia? Eu certamente o faria, talvez tanto para evitar problemas para mim se não o fizesse, quanto para o benefício dela.

O parágrafo inicial do artigo ilustra uma das dificuldades comuns na interpretação de artigos médicos.

> A pré-eclâmpsia é uma causa importante de morte e complicações para a mãe e o bebê. O risco de tais complicações é consideravelmente maior quando a doença é grave e de início precoce, levando ao nascimento prematuro com menos de 37 semanas de gestação.

Tudo isso é perfeitamente verdadeiro, mas pode ser perfeitamente verdadeiro mesmo quando o risco é tão pequeno que não vale a pena se preocupar. Dobrar ou triplicar um risco mínimo ainda pode significar que o risco é mínimo; e reduzir esse pequeno risco pela metade pode exigir o

---

[2] Uma diferença estatisticamente significativa entre dois grupos é, por convenção, uma diferença que tem menos de uma chance em vinte de ter surgido por acaso. Uma diferença estatisticamente significativa não precisa ser significativa de outras maneiras, por exemplo, clinicamente. Isso costuma ser esquecido.

tratamento de um número enorme de pessoas. Mais uma vez, seria útil ter em mãos os riscos absolutos, bem como os relativos, uma vez que médicos ocupados provavelmente não os calcularão a partir dos números fornecidos. Onde o risco absoluto não é fornecido, tem-se a suspeita, talvez nem sempre justificada, de que o que está sendo dito é trivial.

Em outras palavras, o que precisamos são fatos alternativos.

24 de agosto de 2017

Quando eu estava na escola, havia um menino em nossa classe que todos invejávamos. Ele sofria de uma doença cardíaca reumática, o que o dispensava das atividades atléticas no frio do inverno que detestávamos, mas que os mestres insistiam que eram boas para o nosso corpo. Além disso, as exacerbações agudas significavam que ele poderia ficar várias semanas fora da escola, desfrutando dos prazeres luxuosos do repouso contínuo na cama. Naquela época de nossa vida, a perspectiva de uma expectativa de vida muito reduzida, a necessidade de cirurgia cardíaca e uma morte prematura após anos de sofrimento não afetavam muito, se é que afetavam, a nossa consciência. Os privilégios imediatos dos doentes foi o que prendeu nossa imaginação.

Praticamente nenhuma criança em um país desenvolvido hoje sofreria de febre reumática e as consequentes doenças cardíacas. A doença foi quase tão erradicada quanto a poliomielite; e, embora os alunos da faculdade de medicina da minha época passassem muito tempo aprendendo sobre a doença e suas sequelas cardíacas, ela agora quase desapareceu do currículo, como apontam os autores de um editorial do *Journal*:

> Durante seu treinamento, estudantes de medicina em países desenvolvidos raramente, ou nunca, veem uma criança com febre reumática aguda, e as questões sobre doença cardíaca reumática praticamente desapareceram dos exames de admissão.

Mas, assim como os relatos da morte de Mark Twain foram muito exagerados, a crença de que a febre reumática e as doenças reumáticas do coração não existem mais é um exagero – embora baseado em uma verdade parcial. Se o exagero ou a verdade parcial é o mais importante, talvez seja uma questão de gosto e *Weltanschauung*.

Um artigo intitulado "Carga Global, Regional e Nacional da Doença Cardíaca Reumática, 1990-2015" traça a evolução da doença no último quarto de século. Dificilmente pode ser uma questão de muito consolo para aqueles que sofrem da doença que a taxa de mortalidade anual geral no mundo (se os cálculos dos autores são confiáveis) tenha caído quase pela metade nesse período, de 9,2 mortes por 100 mil para 4,8 mortes por 100 mil. O número absoluto de mortes permaneceu mais ou menos o mesmo, mas é claro que, nesse ínterim, a população mundial aumentou muito.

Curioso, embora não comentado no artigo, é o fato de que a redução das doenças reumáticas do coração é uma evidência de que o mundo está se tornando mais igualitário. O artigo explica no início que a doença "é uma sequela da febre reumática aguda, que geralmente é uma doença da pobreza associada a superlotação, saneamento precário e outros determinantes sociais da saúde precária". Em 1990, a doença reumática cardíaca já havia diminuído tanto nos países desenvolvidos que havia deixado de ser uma matéria importante nas escolas de medicina. Isso significa que o declínio na taxa de mortalidade por doença reumática cardíaca nos anos subsequentes ocorreu de forma desproporcional nas partes mais pobres do mundo, onde a doença agora está mais concentrada: 73% dos casos de doença cardíaca reumática em 2015 foram na Índia, China, Paquistão e Congo. Havia vinte países nos quais a doença aparecia em mais de 1% da população de uma certa faixa etária. No entanto, a desigualdade global a esse respeito tem diminuído.

Acho improvável que os autores se abstivessem de criticar um aumento da desigualdade se tivessem descoberto que a taxa de mortalidade por doenças reumáticas do coração estava aumentando nas partes mais pobres do mundo. A diminuição da desigualdade é, paradoxalmente, menos gratificante para as pessoas a favor da igualdade (que suponho que seja a maioria dos autores), porque muitas vezes tem ocorrido de forma espontânea, sem sua intervenção ou direção expressa. É uma indicação de que seu papel não é tão providencial quanto talvez eles gostariam. Além disso, não foi o desejo de ser mais igual, mas o desejo de ser mais rico que alimentou o crescimento da riqueza em grande escala nos dois países mais populosos do mundo, Índia e China, que juntos responderam por 60% dos casos de cardiopatias reumáticas no mundo em 2015. A queda na taxa de mortalidade por essa doença nesses dois países é um sinal de sua ascensão acelerada.

Em um estudo desse tipo, muito depende de cálculos estatísticos sofisticados que não posso fingir compreender e que duvido que mais do que uma pequena porcentagem da classe médica compreenda. Temos, portanto, de aceitar tanto a boa-fé quanto a competência dos autores com base na fé, e presumir que os editores cumpriram conscienciosamente sua tarefa de eliminar as formas mais grosseiras de erro. Mas uma frase maravilhosa chamou minha atenção em um trecho que descreve os métodos usados pelos autores para análise estatística de seus dados:

> Todos os dados foram analisados com o uso de uma ferramenta de metarregressão de efeitos mistos bayesianos (designada DisMod-MR 2.1) que foi desenvolvida para o estudo *Global Burden of Disease*. DisMod-MR 2.1 é um modelo compartimental que consiste em três estados – suscetível, doente e morto – com transições de estado determinadas pelas taxas de incidência, remissão, mortalidade excessiva e outras causas de mortalidade.

Como um resumo da vida humana, o modelo de três compartimentos dificilmente poderia ser melhorado ou mais sucinto: todos nós somos suscetíveis ou doentes ou mortos. Jamais existiu um ser humano que não se enquadre em uma dessas três categorias.

John Donne colocou de forma mais extensa, mas certamente mais poética, quatro séculos atrás:

> Condição variável e, portanto, miserável do homem! Neste minuto eu estava bem, e estou doente, neste minuto. Estou surpreso com

uma mudança repentina, e alteração para pior, e não posso imputá-la a nenhuma causa, nem chamá-la por qualquer nome. Estudamos saúde e deliberamos sobre nossas refeições, e bebidas, e ar, e exercícios, e cortamos e polimos cada pedra que vai para aquele edifício; e assim nossa saúde é um trabalho longo e regular: mas em um minuto um canhão golpeia tudo, derruba tudo, destrói tudo; uma doença sem prevenção para toda a nossa diligência, insuspeitada para toda a nossa curiosidade; não, imerecidas, e, se considerarmos apenas a desordem, nos convoca, nos apanha, nos possui, nos destrói em um instante.

A febre reumática e as doenças cardíacas associadas não surpreendem com uma mudança repentina, entretanto; lentamente prepara o homem para a morte e o incapacita ao longo de muitos anos. Mesmo agora, é responsável por quase um terço de 1 milhão de mortes a cada ano, talvez muitas mais de acordo com o editorial que acompanha o artigo de pesquisa, pois os autores do editorial afirmam que, para cada caso de doença cardíaca reumática detectado clinicamente, existem três a dez casos que permanecem não detectados.

Os autores do editorial apontam o que consideram uma anomalia no financiamento de pesquisas sobre várias doenças. A tuberculose, a aids e a malária são responsáveis por três a cinco vezes mais mortes do que as doenças reumáticas do coração, mas atraem de quinhentas a mil vezes mais dinheiro para pesquisas. "Pareceria oportuno", dizem os autores, "que a investigação científica, o interesse da imprensa e as pesquisas [sobre a febre reumática e as doenças cardíacas] sejam revividos". De acordo com a tabela fornecida, $ 559 milhões foram dedicados à pesquisa da tuberculose em todo o mundo em 2013, enquanto a febre reumática recebeu apenas $ 900 mil, o que equivale a praticamente nada e indica uma perda quase completa do interesse científico. Talvez porque as condições epidemiológicas propícias à disseminação da doença sejam conhecidas há muitos anos e o organismo causador, *Streptococcus A*, nunca se tenha mostrado resistente à penicilina. Portanto, os meios pelos quais a doença pode ser eliminada já estão mais ou menos estabelecidos: melhores condições sociais e o tratamento imediato da dor de garganta estreptocócica com penicilina. O rápido declínio da doença sugere que uma espécie de movimento de pinça já está ocorrendo. Seus dias estão contados.

Os autores do editorial tentam nos persuadir do contrário. Mesmo agora, eles escrevem: "surtos ocasionais de doenças reumáticas cardíacas foram relatados nas últimas décadas [...] nos Estados Unidos". Isso não é inteiramente convincente, uma vez que o surto que eles citam em apoio à sua afirmação ocorreu em 1987. Para mim, o maior mistério remanescente da doença é um fenômeno chamado coreia de Sydenham (também conhecida como dança de São Vito), descrita pela primeira vez por Thomas Sydenham no século XVII. É uma condição na qual as crianças que sofrem de faringite estreptocócica (um precursor da febre reumática) desenvolvem posteriormente movimentos descontrolados e não direcionados e até alterações psicológicas tardias, como o distúrbio obsessivo-compulsivo. Isso, sem dúvida, é digno de uma pesquisa intensa, independentemente do número de pessoas em questão.

31 de agosto de 2017

Se ele estivesse vivo hoje, Pôncio Pilatos perguntaria "O que é equidade?" – e não esperaria por uma resposta. Talvez ele estivesse certo, pois o que é equitativo ou justo não é de forma alguma fácil de determinar.

O primeiro artigo do *Journal* dessa semana tem o título "Um Conto de Duas Epidemias – Tratamento para VHC entre Nativos Americanos e Veteranos". O VHC é o vírus da hepatite C, infecção que afeta principalmente o fígado e leva cerca de 30% dos casos à cirrose e, em menor número, ao câncer de fígado. Quase a única de todas as infecções virais que pode ser curada, embora com medicamentos que, pelo menos por enquanto, são muito caros: um curso completo de três meses custa cerca de $ 80 mil. É improvável que muitos dos doentes possam pagar eles próprios pelos medicamentos.

Talvez não seja surpresa para os leitores saber que veteranos americanos com VHC – quase 200 mil deles – têm acesso muito melhor ao tratamento do que os indígenas americanos, que têm a mortalidade mais alta de qualquer grupo de pessoas na América do Norte. Sua taxa de mortalidade é de 12,95 por 100 mil, em comparação com 4,95 para a população como um todo.

Curiosamente (mas não comentado no artigo), um gráfico mostra que a incidência de novas infecções por VHC entre brancos nos Estados

Unidos teve um aumento bastante acentuado por volta de 2010, algo não visto em outras raças, exceto em indígenas americanos. A taxa entre brancos agora é quase quatro vezes maior do que entre negros e dez vezes maior do que entre "asiáticos ou ilhéus do Pacífico": chineses, indianos, vietnamitas, samoanos e outros, agrupados como uma raça, o que pode não agradar a todos.

A maioria dos novos casos de infecção pelo VHC são atribuíveis ao abuso de drogas intravenosas (ou "uso", como o *Journal* agora parece insistir em chamá-lo). Um dos primeiros meios de transmissão, por sangue contaminado em transfusões, foi superado pela triagem de sangue doado para o vírus. A transmissão sexual é rara, assim como a transmissão por agulhas ou tinta contaminada em estúdios de tatuagem.

O que, então, esse aumento entre os brancos na América significa? De acordo com um artigo de 2012 intitulado "Vírus da Hepatite C em Povos Indígenas Americanos/Nativos do Alasca e Povos Aborígenes da América do Norte", da revista *Viruses*, "Doenças hepáticas, como hepatite C (VHC), são doenças da 'alma partida'". Essa expressão não tem maior definição, mas os autores, ambos hepatologistas, afirmam que as doenças da "alma partida englobam doença hepática induzida por álcool, vírus da hepatite C (VHC) e vírus da hepatite B (VHB),[1] junto com o aumento de doença hepática gordurosa induzida não alcoólica (DHGINA) e esteato-hepatite não alcoólica (SHNA)".[2]

O uso da expressão *doenças da "alma partida"* é ambíguo, talvez deliberado. Pode significar doenças causadas por uma alma partida ou pode significar doenças que causam uma alma partida. O primeiro é o único significado que realmente faz sentido: uma alma partida faz com que as pessoas bebam ou comam demais, ou se injetem drogas. Os autores desse artigo estavam escrevendo em um momento em que o tratamento não era tão eficaz quanto seria em 2017 (cinco anos pode ser muito tempo na história da terapêutica) e, portanto, concluíram que:

---

[1] Também se espalhou predominantemente pelo abuso de drogas intravenosas.

[2] Acredita-se que a causa mais comum de DHGINA e SHNA seja a obesidade.

Embora as novas terapias para a infecção pelo VHC ofereçam esperança, a prevenção deve ser uma prioridade. Na prevenção e no tratamento, é necessário que traumas históricos e pessoais sejam tratados, pois são cruciais para a etiologia dos comportamentos de alto risco que levam à infecção pelo VHC e outras doenças da alma partida.

Devemos supor, então, que o surgimento do VHC entre os americanos brancos é uma manifestação de alma partida e, em caso afirmativo, o que a partiu? Será que seu "trauma histórico e pessoal" poderia ser uma percepção crescente de que sua hegemonia racial nos Estados Unidos está em declínio? Enquanto isso, a situação dos negros americanos melhorou dramaticamente: de acordo com o gráfico no artigo do *NEJM*, sua taxa de infecção pelo VHC no ano 2000 era pelo menos o dobro da dos brancos, mas em 2015 era pouco mais de um quarto. Outras fontes, entretanto, sugerem que a situação dos negros em relação aos brancos no que diz respeito ao VHC pode não ter melhorado.

A população branca dos Estados Unidos é, obviamente, muito grande, suscetível à desagregação de acordo com outros critérios que não a raça. E, mesmo nas parcelas da população em que a taxa de infecção é alta relativamente falando, ainda é baixa em termos absolutos. Novos casos de VHC entre indígenas americanos, que têm a taxa mais alta de qualquer grupo, chegam a 1,8 por 100 mil por ano, e entre brancos, a 0,9 por 100 mil por ano. Se, como é plausível, as pessoas adotam "comportamentos de alto risco" por causa de traumas históricos, elas os adotam de forma muito desigual em termos individuais. A maioria das pessoas não os aceita, mesmo nas circunstâncias mais desfavoráveis.

Como costuma acontecer hoje em dia, há certa untuosidade que perpassa o artigo do *NEJM*, ou pelo menos eu acho. A substituição da palavra *abuso* por *uso* em conexão com o uso ilícito de heroína, por exemplo, não surge da crença de que usar heroína por razões não médicas não é (como se pensava anteriormente) uma coisa ruim a se fazer, mas do desejo de evitar ser visto como iliberal e censor. Ao mesmo tempo, a pessoa que o chama de *uso* em vez de *abuso* irá, pelo mesmo motivo, subscrever a ortodoxia moderna de que o vício em heroína é uma doença como qualquer outra. Essas contorções mentais são um sintoma de um desejo de ser considerado bom, em uma sociedade em que ser bom é cada vez mais uma questão de ter as opiniões certas e usar uma linguagem "correta".

O artigo termina com uma opinião impecavelmente correta sobre as "disparidades" no tratamento da infecção pelo VHC:

> O governo dos EUA tem uma responsabilidade especial para com os indígenas americanos e veteranos. Os veteranos serviram ao seu país. As nações indígenas, depois de uma longa luta, têm tratados ratificados pelo governo que ditam relações soberanas de nação a nação e uma responsabilidade federal de manter os acordos do tratado. As disparidades atuais em recursos de VHC e mortalidade dão a aparência de negligência na melhor das hipóteses – e racismo institucional na pior. As nações indígenas americanas merecem a mesma qualidade de atendimento e o mesmo nível de recursos que os veteranos.

Mas eles têm? Por que motivo o merecimento de todos é igual? Os veteranos serviram ao seu país; os indígenas têm tratados. Os relacionamentos soberanos de nação para nação geralmente não incluem a responsabilidade pelos atendimentos médicos de uma das partes do relacionamento; na verdade, a soberania mais ou menos exclui tal responsabilidade. Ser soberano significa ser responsável pelo que se passa em determinado território. A assistência pode ser solicitada de fora pelo poder soberano, mas é concedida por uma questão de discrição, não de direito. Se os Estados Unidos têm o dever de cuidar dos indígenas – como certamente a maioria das pessoas diria que têm –, então os tratados não são pactos soberanos de nação para nação, mas algo mais.

A doença pelo VHC é a consequência de um comportamento de alto risco que deve, pelo menos em uma extensão considerável, estar sob o controle do indivíduo. Não vejo equidade em fazer outras pessoas pagarem pelas consequências deletérias da conduta voluntária; mas é pelo menos discutível que os veteranos, que serviram ao seu país, fizeram algo a mais para *merecer* o cuidado que receberam depois.

"Então", ouço pessoas dizerem em minha mente: "você acha que é uma coisa boa que os indígenas americanos morram de uma doença essencialmente curável?" Claro que não; estou preocupado apenas em apontar que os argumentos empregados nesse artigo me parecem falsos. Se alguém deseja fazer algo a respeito do VHC entre os índios americanos, é por caridade, não por merecimento. Mas isso sem dúvida seria considerado paternalista, e o paternalismo deve ser evitado (para aqueles que desejam se manter na casta de uma certa espécie da qual eles acreditam ser membros), assim como a palavra *abuso* para descrever o hábito de injetar-se com heroína sem receita médica.

Não finjo ter a solução para a admitida tragédia do índio americano (ou do aborígene australiano); mas acho que Pascal estava certo quando disse:

> Toda a nossa dignidade consiste no pensamento. É por ele que devemos nos elevar [...] Trabalhemos, portanto, para pensar bem: pois tal é o princípio da moralidade.

6 de setembro de 2017

Embora a maioria dos sistemas de saúde no mundo desenvolvido faça a maior parte do que deveria fazer, a ansiedade em relação a eles é, se não totalmente universal, pelo menos muito comum. Em nenhum lugar isso é mais sério do que nos Estados Unidos, que gasta muito mais *per capita* com saúde do que qualquer outro país do mundo, mas não parece obter os melhores resultados.

O primeiro artigo dessa semana é intitulado "Do Último ao Primeiro – o Sistema de Saúde dos EUA Poderia se Tornar o Melhor do Mundo?". O título implica que o sistema de saúde americano, tal como constituído atualmente, é o pior do mundo – a palavra *mundo* é usada aqui em um sentido técnico e não literal, pois nem mesmo seu crítico mais feroz diria que era pior do que o sistema de saúde de, digamos, Burkina Faso ou da República Centro-Africana.

As deficiências do sistema americano são consideráveis. Meio socializado e meio privado – a parte privada, mesmo assim, usando um método de pagamento de terceiros – é muito burocrático. A ausência de médicos de família leva à duplicação de esforços (e despesas), investigação excessiva, falta de coordenação no atendimento, polifarmácia desnecessária e muitas vezes prejudicial e assim por diante.

Os autores do artigo são do Commonwealth Fund, cuja missão (fiquem atentos com as organizações que apresentam declarações de missão) é:

promover um sistema de saúde de alto desempenho que alcance melhor acesso, melhor qualidade e maior eficiência, especialmente para os mais vulneráveis da sociedade, incluindo pessoas de baixa renda, não assegurados, minorias americanas, crianças e adultos idosos.

Há muito que vale a pena nessa missão. Afinal, quem seria a favor de um sistema de saúde com baixo desempenho ou com pior acesso, menor qualidade e menor eficiência? Mas intentar o bem é fácil, ao passo que fazer o bem é difícil.

O valor do artigo foi para mim em grande parte viciado por uma tabela baseada em uma pesquisa de sistemas de saúde, classificando-os em ordem de mérito. Os países pesquisados foram Austrália, Canadá, França, Alemanha, Holanda, Nova Zelândia, Noruega, Suécia, Suíça, Reino Unido e Estados Unidos. Na maioria das medidas – classificação geral, processo de atendimento, acesso, eficiência administrativa, equidade e resultados de atendimento à saúde –, os Estados Unidos vêm por último ou quase último, e o Reino Unido vem em primeiro lugar.

Uma olhada nessa tabela, entretanto, deve fazer as pessoas rirem. O Reino Unido está em primeiro lugar na classificação geral, em primeiro lugar em processo de atendimento e em equidade, em terceiro em acesso e em eficiência administrativa, mas próximo do último (apenas os Estados Unidos são piores) em resultados de atendimento médico. Em outras palavras, o Reino Unido administra de forma equitativa e eficiente quase os piores resultados de atendimentos médicos entre os medidos.

Certamente o assunto requer uma visão de burocrata para se classificar o sistema britânico em primeiro lugar na tabela geral. A partir de uma visão sem dúvida simplista, ingênua e superficial de um cidadão mediano, que não entende que o processo administrativo é muito mais importante do que o resultado, todo o propósito de um sistema de saúde é produzir os melhores resultados possíveis. Essa não é claramente a visão mais sofisticada do Commonwealth Fund.

Tomemos apenas o critério da equidade. Quase com certeza, equidade, assim como o Fund entende, significa igualdade, pois, de outra forma, a justiça é muito difícil de mensurar. É justo que alguém que se entregou voluntariamente a hábitos prejudiciais à sua saúde imponha os custos disso aos outros? A justiça na alocação de fundos públicos para a saúde exige uma medida do grau em que um indivíduo é o autor de sua própria queda? Esse é um negócio muito complexo, que inevitavelmente levaria a disputas e litígios intermináveis.[1] Mas, se a equidade for considerada igualdade, uma ausência completa de atendimentos médicos seria equitativa, e atendimentos médicos excelentes para metade da população, mas nenhum para a outra metade, seriam grosseiramente injustos – embora, exceto para os egoístas igualitários, seriam um avanço em um sistema que não atendia ninguém.

Mas, mesmo na questão da igualdade no sistema de saúde britânico, o Commonwealth Fund está errado. Por quarenta anos antes da instituição do famoso (ou infame) Serviço Nacional de Saúde (SNS), o diferencial de saúde entre os mais ricos e os mais pobres era constante – os ricos, é claro, eram mais saudáveis do que os pobres. Assim que o SNS foi instituído, o diferencial começou a aumentar, muito lentamente no início, mas rapidamente uma vez que o financiamento do serviço foi muito aumentado. É claro que o diferencial pode não ter sido *causado* pelo SNS, mas no mínimo é impossível dizer que o SNS diminuiu a desigualdade, embora fosse sua justificativa e intenção subjacente.

E o acesso aos atendimentos médicos? Em teoria, é igual no SNS, mas teoria não é prática.[2] Deixe-me relatar uma pequena anedota para ilustrar isso.

---

[1] É um alcoólatra, por exemplo, total, parcialmente ou nada responsável pelas consequências deletérias para a saúde de seu consumo excessivo de álcool? Há evidências de uma predisposição genética para beber muito, mas também muitas evidências de que as pessoas podem parar se quiserem. Há mais evidências de que o preço do álcool, fixado pelo governo, afeta o nível de consumo de uma população: quanto mais barato, mais pesadamente as pessoas beberão. E beber, é claro, é apenas um determinante da saúde. Um jogador de futebol deve ser responsabilizado não por sua própria perna quebrada, mas por jogar futebol? Até que ponto a equidade exige que façamos esses cálculos?

[2] Houve um item interessante no *British Medical Journal* de 3 de março de 2018. As mortes em hospitais na Inglaterra e no País de Gales entre 1997 e 2017

Pediram-me que preparasse um relatório sobre um homem de 72 anos. Ele me contou como, pouco tempo antes, experimentara um inchaço súbito, dolorido e avermelhado na panturrilha, sintomas que um estudante de medicina do primeiro ano deveria reconhecer como de importância perigosa. O homem, um trabalhador manual aposentado tímido e de boas maneiras, foi ao consultório médico, onde a recepcionista lhe disse que o médico estava muito ocupado para vê-lo. Ele então foi a uma farmácia para comprar alguns analgésicos. Felizmente, o farmacêutico perguntou por que ele precisava deles e ele descreveu seus sintomas. O farmacêutico telefonou para o médico e disse-lhe que era melhor ele ver aquele homem. Só então o homem recebeu atendimento e tratamento adequados (o que pode ter salvado sua vida). A questão é, entretanto, que nenhuma pessoa escolarizada de classe média teria tolerado ser mandada embora nessas circunstâncias pela recepcionista, nem, provavelmente, a recepcionista sequer teria tentado fazê-lo.

Embora o acesso aos atendimentos médicos seja *de jure* igual, *de facto* está longe de sê-lo. Isso não é inteiramente culpa do sistema, no entanto. Por exemplo, lembre-se de que os prisioneiros na Grã-Bretanha têm melhores chances de sobrevivência na prisão do que em liberdade, de acordo com taxas de mortalidade padronizadas. Uma das razões para isso (embora não a única) é que a prisão é o único lugar onde procuram atendimento médico, embora esteja disponível gratuitamente para eles em liberdade: cada pessoa na Grã-Bretanha tem um médico disponível por direito.

Curiosamente, também nunca ouvi nenhum europeu ocidental falar do serviço de saúde da Grã-Bretanha com outra coisa senão medo ou repulsa, apesar de o Commonwealth Fund classificá-lo em primeiro lugar. Ninguém na Europa Ocidental diz, quando está doente: "Ah, se eu estivesse na Grã-Bretanha!". Em vez disso, se estão doentes na Grã-Bretanha, fazem de tudo para serem repatriados, se possível. Eles encaram a perspectiva de serem tratados pelo SNS com terror. E, curiosamente, o Commonwealth

---

caíram consideravelmente mais do que na Escócia durante o mesmo período. Na Escócia, as autoridades se concentraram em melhorar o acesso e a igualdade no atendimento; na Inglaterra e no País de Gales, a qualidade do atendimento.

Fund classifica o sistema de saúde da França como o penúltimo na classificação geral, o pior em eficiência administrativa e o penúltimo em equidade. Isso é realmente curioso, uma vez que todos com quem falei na França estão satisfeitos com os atendimentos médicos em seu país (que também tem uma reputação muito boa em outros lugares), por mais insatisfeitos que possam estar com todo o resto.

Parece, então, que os membros do Commonwealth Fund vivem em um mundo além do espelho, onde as coisas são uma imagem refletida da realidade. Mas não é bem esse o caso, pois o fato é que o sistema de saúde dos EUA é caro e muitas vezes ineficiente.

14 de setembro de 2017

Nem é preciso dizer (quase) que todos nós queremos o melhor tratamento médico para nós e nossos entes queridos – com o corolário não reconhecido de que queremos menos do que o melhor para as outras pessoas, supondo que sempre haverá uma variação entre o melhor, o médio e o pior tratamento médico. Deixo para os filósofos morais decidir se esse desejo de nossa parte é moralmente benéfico, repreensivelmente egoísta ou simplesmente natural.[1]

Mas como encontrar o melhor tratamento? Com que base devemos julgar? Felizmente para o médico e o paciente, as pessoas muitas vezes estão convencidas de que estão recebendo tratamento da melhor pessoa na área: e, na medida em que a fé no tratamento é um determinante importante de seu sucesso, talvez seja mais importante *acreditar* que se está recebendo o melhor tratamento do que realmente receber o melhor tratamento. Isso só poderia ser verdade, é claro, se a diferença entre o melhor tratamento e o resto não fosse muito grande.

Um artigo no *Journal* dessa semana, intitulado "Risco de Reinternação – Isolando os Efeitos do Hospital dos Efeitos do Paciente", tenta separar as ovelhas do hospital das cabras do hospital. Isso é importante não apenas

---

[1] Acho, embora possa estar cometendo uma injustiça com ele, que o professor Peter Singer, de Princeton, acharia esse desejo moralmente ilegítimo.

por si só, mas também porque o governo americano deseja fornecer incentivos monetários (incluindo retenção de fundos) para os hospitais melhorarem seu desempenho.

Não é fácil, entretanto, comparar o desempenho hospitalar devido a fatores confusos. Alguns hospitais, por estarem em áreas mais pobres, terão pacientes mais enfermos e pacientes com menos apoio social quando saírem do hospital. É uma descoberta comparativamente tardia na medicina que semelhante deve ser comparado com semelhante para que qualquer conclusão válida seja tirada de uma comparação. Isso pode ser óbvio para nós agora, mas nem sempre foi óbvio, a autoevidência sendo um fenômeno dependente do tempo.

Os autores desse artigo, que é de natureza puramente estatística, tomaram as 6.910.341 altas hospitalares sob o Medicare para o ano de 2014-15 e as dividiram em duas amostras aleatórias. Eles pegaram a primeira amostra de 3.455.171 altas e classificaram os hospitais dos quais os pacientes receberam alta em quartis de acordo com suas taxas de reinternação de pacientes para a mesma condição em trinta dias após a primeira alta. (Como havia 4.272 hospitais, cada quartil deveria ter 1.068 hospitais, mas por alguma razão inexplicada havia 1.101, 1.009, 1.021 e 1.141 hospitais nos quartis.)

As 3.455.170 altas restantes foram peneiradas para uma amostra de estudo de 37.508 pacientes que tiveram duas internações por diagnósticos semelhantes entre um e doze meses de intervalo, em hospitais diferentes, em quartis de desempenho diferentes. Os pesquisadores usaram esses pacientes com dupla internação para comparar os pares de quartil (1 vs. 2, 3 vs. 4, etc.) nas taxas de reinternações de trinta dias após as internações iniciais dos mesmos pacientes. Dessa forma, o estudo controlou as características dos pacientes que podem afetar os resultados, de forma que as diferenças nas taxas de reinternação pudessem ser atribuídas à qualidade do atendimento.

Comparando os quartis do hospital em pares, os pesquisadores encontraram uma diferença estatisticamente significativa nas taxas de reinternação em trinta dias apenas entre o melhor e o pior quartil quando os mesmos pacientes foram internados em hospitais em ambos os quartis.

Essa diferença era de 2%: havia uma reinternação adicional nos piores hospitais para cada cinquenta reinternações nos melhores. Surge, então, a questão de saber se essa diferença estatisticamente significativa é significativa em qualquer outro sentido mais importante. Afinal, os médicos tratam os pacientes, não as estatísticas, mesmo que cada vez mais os pacientes sejam levados a pensar que, aos olhos do médico, eles são estatísticas e não pessoas; e significado para os pacientes significa "Vou me sentir melhor?" ou "Vou viver mais?". Não significa "Existe uma diferença ligeira, mas reproduzível em uma escala analógica de uma medida ou outra?".

De acordo com os autores: "Este resultado pode tranquilizar o público, legisladores e profissionais de saúde de que o sinal de qualidade da medida de reinternação em todos os hospitais é válido e pode ser usado como um meio para avaliar o desempenho". Essas palavras me parecem um pouco ambíguas. A *garantia* que o público, os legisladores e os profissionais de saúde *podem* obter dos resultados pode ser a garantia que eles *devem* obter, ou a garantia que eles possivelmente *obterão*, sejam os resultados equivocados ou não. A mesma ambiguidade está associada ao uso da palavra *poder*: que pode significar *deve*, ou *são capazes de*.

Os autores parecem favorecer o sentido mais forte, pois continuam (e terminam): "Além disso, pode haver oportunidades para hospitais com pior desempenho de melhorarem seus atendimentos e evitar reinternações potencialmente evitáveis". Essa é uma conclusão bastante estranha, a menos que seja independentemente mostrado que as taxas de reinternação são uma medida substituta boa e suficiente para alguma medida mais importante (do ponto de vista dos pacientes), como taxas de mortalidade. Talvez isso já tenha sido feito, mas os autores não fazem referência a isso e nem parecem notar que seja necessário. Em outras palavras, a mente deles se tornou tão burocrática (embora sejam todos doutores em medicina) que parecem acreditar que o objetivo do tratamento hospitalar é prevenir a reinternação, e não a morte. Afinal, é possível que a reinternação seja uma manifestação de algo diferente do tratamento inicial insatisfatório, embora possa ser isso.

Os autores admitem que não calcularam se a diferença de 2% nas taxas de reinternação supostamente causada pela diferença na qualidade do atendimento é de pequena significância em comparação com outros fatores que afetam as taxas de reinternação, como o tamanho do hospital. De todos os hospitais examinados, 69,8% tinham entre 1 e 199 leitos (quantos tinham um leito particular?), mas apenas 55,8% dos piores desempenhos, medidos pelas taxas de reinternação, eram dessa faixa. Em contraste, 6,6% de todos os hospitais tinham mais de 500 leitos, mas 11,4% dos piores desempenhos eram dessa faixa.

Também há variações regionais: enquanto 38,7% dos hospitais estavam no sul, por exemplo, 42,4% dos piores desempenhos estavam naquela região e apenas 35,5% dos melhores.

Isso significa que uma pessoa de 77,5 anos no sul deve se internar em um hospital com menos de duzentos leitos no oeste ou centro-oeste, onde a proporção de hospitais no melhor quartil é maior? Na suposição razoável de que ela está muito doente e frágil, isso pode ser bastante difícil. Existem monopólios naturais, ou pelo menos duopólios, em muitos lugares, então, na verdade, o paciente dificilmente está em posição de se preocupar com o fato de se o hospital para o qual vai está no melhor ou no pior quartil em relação à reinternação, o que, em qualquer caso, é uma preocupação relativamente menor.

Existem outros problemas com essa forma de avaliar o desempenho dos hospitais, é claro. Todos os pacientes se enquadravam em uma das cinco categorias: cirúrgicas e ginecológicas, cardiovasculares, cardiorrespiratórias, neurológicas e "motivos médicos" (uma categoria um tanto misteriosa, pois seria de esperar que a maioria das internações fosse por motivos médicos). Partindo do pressuposto de que os pacientes se enquadravam mais ou menos igualmente nessas categorias, um desempenho excepcionalmente ruim em uma delas poderia facilmente ser responsável por uma diferença de 2% no desempenho geral. O desempenho nas outras quatro categorias pode ser médio ou até acima da média. No hospital em que trabalhei, os gastroenterologistas eram excepcionalmente bons, mas eu não teria enviado um cão aos dermatologistas.

Os autores sem dúvida responderiam que o objetivo de sua medida não é informar os pacientes individualmente sobre a qualidade do hospital para o qual eles devem ir se quiserem o melhor tratamento, mas sim como um sinal, como eles chamam, para os administradores do sistema hospitalar como um todo. Uma maré crescente de qualidade é mais importante do que a busca pelo melhor hospital, uma vez que nem todos podem ser tratados no melhor hospital, mas uma melhoria geral no desempenho beneficiará a todos, mesmo aqueles que têm que ir ao pior hospital. Isso, parece-me, está correto, embora seja duvidoso que um conserto burocrático nas margens produza uma melhoria geral. Afinal, o uso de anestésicos em cirurgia se espalhou muito rapidamente sem a intervenção dos administradores do hospital, exceto para adquirir os produtos químicos necessários. Por outro lado, a maior parte do progresso médico hoje em dia é incremental em vez de dramática, não por um salto gigantesco, mas por pequenos passos. A implementação de tais etapas pode não ser evidentemente desejável, como o era o uso de anestésicos.[2] Se esse artigo representa até mesmo um pequeno passo – bem, é difícil dizer. Mais estudos são necessários.

---

[2] É quase um mito que a princípio a anestesia no parto foi criticada porque ia contra o ensino bíblico de que as mulheres deveriam dar à luz com dor e sofrimento. O mito foi espalhado assiduamente pelo vanglorioso descobridor do clorofórmio, *sir* James Young Simpson.

21 de setembro de 2017

Minhas memórias mais vívidas de revistas médicas datam de mais de um terço de século, quando li pela primeira vez artigos no *Lancet* propondo, e depois provando, que a úlcera péptica era principalmente uma doença infecciosa. Fiquei profundamente cético no início, em parte porque ia contra tudo o que me ensinaram e em parte porque meu pai sofria de úlceras por décadas e tentara várias dietas, comprimidos e operações para aliviar seu sofrimento. A ideia de que ele havia tido décadas de dores fortes que poderiam ter terminado com um simples tratamento com drogas já existentes era difícil de acreditar. Mas assim foi.

Alguns anos depois, trabalhei em um hospital no qual um dos dois principais cardiologistas achava que a doença arterial coronariana também era infecciosa. Talvez ele estivesse atrás de um Prêmio Nobel. Se bem me lembro, a *Chlamydia* foi o organismo que ele mais favoreceu como candidato. Ele também argumentou que o aumento e a queda na incidência de doença arterial coronariana eram mais característicos de uma causa infecciosa do que qualquer outra coisa. Não rejeitei seus argumentos de imediato, como poderia ter feito antes de a úlcera péptica se mostrar infecciosa.

No *Journal* dessa semana, há um artigo interessante que me fez lembrar sua teoria de uma forma proustiana. Os autores do estudo queriam ver se um medicamento (um anticorpo monoclonal) projetado para reduzir a inflamação nas artérias melhoraria o prognóstico daqueles que já haviam sofrido um ataque cardíaco e, portanto, estavam sujeitos a outro, ou a um derrame. De fato, descobriu-se que a inflamação acompanha a trombose coronária, embora os autores não afirmem se como causa ou consequência.

Eles inscreveram 10.061 pacientes que tiveram ataques cardíacos, mas nenhuma outra causa óbvia de inflamação, e os dividiram em quatro grupos, um recebendo placebo e os outros recebendo doses variáveis do tratamento em estudo, que foi chamado de canacinumabe, por injeção a cada três meses. Os pesquisadores acompanharam os pacientes por até quatro anos e descobriram que tanto o marcador biológico da inflamação (uma substância no sangue chamada proteína C reativa) quanto os incidentes como ataque cardíaco ou derrame, fatais ou não, diminuíram de frequência.

Até aí, tudo bem: o tratamento funcionou, naquele momento. Mas é claro que há mais na avaliação do valor de um tratamento do que mostrar que ele funcionou de forma estatisticamente significativa. Também deve ser demonstrado que funcionou de maneira clinicamente significativa, o que é uma medida mais importante, mas não facilmente definível. Nem isso é suficiente. É possível prolongar uma vida, mas tornando-a insuportável; também é possível salvar uma vida de uma doença apenas para extingui-la por outra. Na prática, portanto, o juízo de valores é sempre necessário e, como Hipócrates nos informou há muito tempo, ele é falível.

Os autores do estudo nos informam que, na dose de canacinumabe que eles acharam ser a melhor (entre a maior e a menor que administraram), houve uma redução de 0,64 evento (acidente vascular cerebral ou ataque cardíaco) por cem pessoas/ano. Supondo que os pacientes em que tentaram o tratamento tivessem uma expectativa de vida de dez anos, para cada 160 pessoas tratadas por um período de dez anos, uma delas seria poupada de um ataque cardíaco ou derrame que, de outra forma, teria ocorrido. No momento, não há como saber quais dos 160 pacientes realmente se beneficiarão com o medicamento.

Além do mais, a taxa geral de mortalidade nos grupos tratados e não tratados foi aproximadamente a mesma; pelo menos não foi diferente no sentido estatisticamente significativo, embora fosse um pouco menor no grupo tratado. Pode ser que a diferença na taxa de mortalidade fosse realmente atribuível ao canacinumabe, porque a insignificância estatística não refuta a significância clínica mais do que a significância estatística a prova. Em qualquer caso, a diferença era pequena.

A razão pela qual não houve melhora estatisticamente significativa na sobrevida dos grupos tratados foi que o tratamento provavelmente causou imunossupressão, levando a infecções fatais. Em outras palavras, o tratamento pode ter salvado os pacientes da morte por ataque cardíaco ou derrame apenas para matá-los por doenças infecciosas.

Há alguns trechos, profundamente enterrados no artigo, que a maioria dos médicos ocupados poderia não notar, que me causaram uma pausa momentânea. Na seção intitulada "Análise Estatística", lemos:

> O estudo foi projetado para acumular um total de 1.400 eventos de desfecho primário [ataques cardíacos e derrames] em todos os grupos. [...] Os pesquisadores inicialmente procuraram inscrever 17.200 pacientes para acumular 1.400 eventos em um período de cinco anos. Em dezembro de 2013, a pedido do patrocinador, o tamanho da amostra foi reduzido para 10 mil pacientes. O acompanhamento planejado foi estendido por um ano para manter o número de eventos almejado.

O patrocinador do estudo foi a Novartis, fabricante do medicamento; e enquanto a admissão de que houve uma mudança em seu protocolo sugere que não havia nada de sinistro em sua solicitação para diminuir o número de pacientes (caso contrário, por que mencioná-lo?), os motivos da mudança poderiam ter valido a pena mencionar, em uma época em que há tanta suspeita sobre a corrupção comercial da integridade intelectual e científica.

O segundo trecho que me chamou a atenção foi este:

> Seis casos confirmados de tuberculose ocorreram durante o estudo, com taxas semelhantes no grupo de canacinumabe combinado e no grupo de placebo; cinco casos ocorreram na Índia e um em Taiwan.

Essa é a primeira vez que ouvimos falar da localização geográfica do estudo. Será que a maioria dos pacientes era indiana? As empresas farmacêuticas foram acusadas no passado de usar populações vulneráveis para seus estudos, porque é mais barato e há menos barulho quando as coisas dão errado, como às vezes acontece. Pequenos incentivos à participação podem ser atraentes para as pessoas pobres. Os perigos do litígio são menores, os acordos são mais baratos e a capacidade de varrer as coisas para debaixo do tapete é maior. Não digo que essas considerações fossem importantes nesse estudo, e nem mesmo estou absolutamente certo de que seria moralmente errado se fossem. Mesmo assim, fiquei um pouco surpreso.

Para ser justo, não se esperava que o estudo produzisse resultados clínicos imediatamente aplicáveis. Foi o que se denomina estudo de *prova de conceito*, uma tentativa de mostrar que a teoria na qual foi baseado não é totalmente insustentável. E foi isso que o estudo fez. Aumentou a probabilidade de que a inflamação esteja causalmente relacionada à doença arterial coronariana. Um editorial criterioso que acompanha o artigo destaca a importância e os limites das descobertas. Termina dizendo:

> [Este estudo] ajudou a hipótese inflamatória da doença arterial coronariana a avançar cientificamente. No entanto, o modesto benefício clínico absoluto do canacinumabe não pode justificar seu uso rotineiro em pacientes com infarto do miocárdio prévio [ataque cardíaco] até que entendamos mais sobre as vantagens e desvantagens de eficácia e segurança e a menos que uma reestruturação de preço e uma avaliação de custo-efetividade formal apoiem.

* * *

Outro artigo chama a atenção para os problemas de eliminação da tuberculose nos Estados Unidos. Em 1953, havia 52,5 casos por 100 mil habitantes, e em 2016 apenas 2,9 casos por 100 mil habitantes. É um grande sucesso, é claro, e ainda mais porque a taxa já havia caído drasticamente em 1953.

Mas sempre é possível, com um pouco de determinação, extrair más notícias de boas. Um gráfico no artigo mostra que, em 1993, estrangeiros nos Estados Unidos tinham uma taxa de tuberculose cinco vezes maior que a dos nativos. Em 2016, os estrangeiros tinham uma taxa de tuberculose catorze vezes maior que a dos nativos. Nos 25 anos que se seguiram, então, a desigualdade aumentou consideravelmente a esse respeito. A taxa *absoluta* de tuberculose entre os estrangeiros caiu pela metade durante o mesmo período, mas isso não seria motivo de regozijo entre os igualitários estritos, que prezam a igualdade como um fim em si. Para eles, tudo pode melhorar, mesmo quando tudo piora; e, inversamente, tudo pode piorar enquanto tudo melhora. Se igualdade é o que você deseja, as coisas eram substancialmente melhores em 1993 do que em 2016, quando as taxas de tuberculose eram substancialmente mais altas tanto para os nativos quanto para os estrangeiros, mas pelo menos estavam mais próximas.

28 de setembro de 2017

Por estranha coincidência, li uma forte crítica implícita a um dos autores do primeiro artigo de pesquisa no *Journal* dessa semana, intitulado "Efeitos do Anacetrapibe em Pacientes com Doença Vascular Aterosclerótica". O homem criticado era o professor Rory Collins, diretor da Unidade de Serviço de Estudos Clínicos da Universidade de Oxford. A crítica implícita era de que Collins e sua unidade estavam no bolso da empresa farmacêutica Merck.

O autor do livro *Too Many Pills* observa que "verificar os resultados em dezenas de milhares de participantes em [...] estudos clínicos é uma tarefa formidável". Também é caro. Sobre um estudo de drogas para baixar o colesterol, ele escreve:

> Quão caro não é conhecido, já que o apoio da empresa farmacêutica [...] nunca foi declarado – embora [a] organização mãe, a Unidade de Serviço de Estudos Clínicos da Universidade de Oxford, tenha recebido £ 268 milhões nos últimos vinte anos, £ 218 milhões de contribuição por parte de apenas uma empresa, a Merck.[1]

Como resultado de suas pesquisas, o professor Collins passou a defender a prescrição de medicamentos para baixar o colesterol para mais

---
[1] James Le Fanu, *Too Many Pills: How Too Much Medicine Is Endangering Our Health and What We Can Do about It*. London: Little, Brown, 2018, p. 110.

5 milhões de pessoas apenas na Grã-Bretanha, e com efeito para dezenas de milhões em todo o mundo. Por feliz coincidência, o medicamento mais comumente usado para reduzir o colesterol era fabricado pela Merck.

O estudo discutido no artigo NEJM era de uma substância chamada anacetrapibe, feita pela Merck. A empresa pagou algumas das despesas do estudo. Além disso, lemos: "A Merck forneceu comentários sobre o rascunho do manuscrito, mas não teve nenhum papel na preparação do manuscrito ou na decisão de submetê-lo para publicação". Nada disso é prova de delito de ninguém, mas devo admitir que, quando li o resumo das conclusões desse estudo, certa suspeita se apoderou de mim. O resumo, ou *abstract*, é o seguinte:

> Entre os pacientes com doença vascular aterosclerótica que estavam recebendo terapia intensiva com estatinas, o uso de anacetrapibe resultou em uma incidência menor de eventos coronarianos maiores do que o uso de placebo.

Isso não é uma mentira, mas é consideravelmente menos do que toda a verdade; e, para os muitos médicos ocupados que leem apenas resumos de artigos, isso cria uma impressão claramente enganosa. Ficamos tentados a acrescentar que foi projetado para isso.

Não há dúvida sobre o admirável esforço de organização relatado nesse artigo. Infelizmente, esforços de organização não significam necessariamente avanço científico.

Os autores conseguiram que hospitais em todo o mundo conduzissem um estudo duplo-cego de anacetrapibe em 30.449 pacientes com doença vascular aterosclerótica comprovada que também estavam recebendo terapia com estatinas. (Em essência, eles visavam um grande número de pacientes porque sabiam de antemão, ou esperavam, que o efeito do medicamento sob investigação fosse pequeno. Ninguém precisava de um estudo de 30 mil pacientes para saber se a penicilina funcionava ou não.) Metade dos pacientes recebeu anacetrapibe em uma dose de 100 miligramas uma vez ao dia, e a outra metade um placebo. A droga foi projetada para (e realmente o fez) produzir um aumento no colesterol da lipoproteína de alta densidade junto com uma redução no colesterol da lipoproteína de baixa densidade. Uma alta concentração do primeiro junto com uma baixa concentração do segundo está associada a uma frequência relativamente baixa de ataques cardíacos; na verdade, muitos acreditam que essa associação seja causal. Consequentemente, aumentar essas concentrações pode resultar na redução dos ataques cardíacos.

Depois de quatro anos, 1.640 dos 15.225 pacientes que tomaram anacetrapibe e 1.803 dos 15.224 pacientes que tomaram placebo sofreram um "evento" coronário importante, como um ataque cardíaco ou a necessidade de revascularização por *stent* ou enxerto de *bypass* da artéria coronária. Isso significa que, de 15.225 pessoas que tomam um comprimido todos os dias por um período de quatro anos, 163 delas evitarão um ataque cardíaco ou outro "evento" coronário grave que de outra forma teriam.

A diferença foi estatisticamente significativa, mas foi significativa de alguma outra forma? A taxa geral de mortalidade, de causas cardíacas e não cardíacas, foi a mesma em ambos os grupos: houve mais de 1.100 mortes em cada um. É certo que havia uma tendência a aumentar com o tempo a vantagem de tomar o medicamento, de modo que, se o estudo tivesse durado mais tempo, poderia ter produzido melhores resultados. Mesmo assim, os resultados não foram impressionantes; e deve-se lembrar também que a adesão ao tratamento é consideravelmente maior durante a participação em estudos do que em situações da "vida real", quando a prescrição se torna parte do tratamento normal.

Se um paciente perguntasse, com base nesse estudo, se ele deveria ou não tomar anacetrapibe, o que o médico deveria dizer a ele? O médico poderia dizer que, se ele tomar por quatro anos, isso reduzirá suas chances de ataque cardíaco ou necessidade de revascularização, embora não de morrer, em 9% (1 em 1); ou ele poderia dizer ao paciente que isso reduzirá suas chances de ataque cardíaco ou necessidade de revascularização em cerca de 1%. Ambas as suposições são verdadeiras, mas suspeito de que a primeira seja mais provável de induzir alguém a tomar a droga. Como o médico a colocará dependerá, em parte, de ele querer ou não que o paciente tome o medicamento. Confesso que, ao ler o artigo, me perguntando se ele poderia revelar um grande avanço na terapêutica, não pude deixar de pensar nas falas de "*A Morsa e o Carpinteiro*" a respeito da areia da praia.

> "Se sete moças com sete esfregões a esfregassem por meio ano,
> Você acha", disse a Morsa, "que elas conseguiriam removê-la?"
> "Duvido", disse o Carpinteiro, e derramou uma lágrima amarga.

A propósito, não houve menção no artigo ao custo do anacetrapibe, nem qualquer menção a um estudo contra algum outro medicamento conhecido ou suposto por reduzir a ocorrência de eventos cardíacos significativos. A empresa farmacêutica não teria gostado disso.

* * *

Os médicos, mais do que a maioria, gostam de acreditar que agem de modo racional, especialmente em nome de seus pacientes. Com frequência, fazem coisas que são razoáveis e, portanto, consideram que devem ser feitas. Limpar a pele com um antibacteriano antes de tirar sangue com agulha e seringa é uma dessas práticas. Lembro-me de ter lido com horror que essa prática não tem nenhum propósito útil, e até o final da minha carreira eu me sentia desconfortável por não limpar a pele ao tirar sangue.

Outra coisa a esse respeito é o fornecimento de oxigênio suplementar às pessoas quando há suspeita de ataque cardíaco. Afinal, a insuficiência de oxigênio é o que causa os danos ao músculo cardíaco em ataques cardíacos e, portanto, faz sentido que as pessoas suspeitas de ter tido um ataque recebam oxigênio para respirar. Há mais de cem anos que se acredita nisso. A suplementação de oxigênio tem sido o tratamento padrão e ainda é recomendada nas diretrizes de tratamento.

Um artigo da Suécia no *Journal* dessa semana contraria essa tradição venerável. Os autores dividiram os pacientes com suspeita de ataque cardíaco e que não sofriam de deficiência mensurável de oxigênio em dois grupos: em um, os pacientes receberam oxigênio suplementar por até doze horas; os outros respiraram ar normal. Os pacientes foram acompanhados por um ano para verificar se havia diferença na taxa de mortalidade ou recorrência de ataque cardíaco.

O estudo foi grande, com mais de 3.300 pacientes em cada grupo. Não houve diferença entre os grupos acerca de morte por qualquer causa em 30 dias ou 365 dias após a suspeita de ataque cardíaco, ou na reinternação por novo ataque cardíaco em 30 ou 365 dias após a suspeita de ataque cardíaco. Nos dois grupos, 5% e 5,1% dos pacientes, respectivamente, morreram no primeiro ano, uma diferença pequena demais para ser considerada significativa.

É verdade que o estudo não foi duplo-cego ou controlado por placebo: ar comprimido comum não estava disponível para ser administrado aos pacientes por máscara, nem eles poderiam receber uma máscara sem esse ar comprimido porque poderiam ter sofrido de retenção de dióxido de carbono se estivessem com máscara. No entanto, os resultados parecem definitivos, na medida em que podem ser quaisquer resultados em pesquisas médicas. O estudo demonstrou que a prática milenar não serviu para nenhum propósito útil.

Ou talvez essa seja uma conclusão muito abrangente. Devo admitir que, mesmo depois de ler esse artigo, preferiria ter uma máscara de oxigênio se tivesse um ataque cardíaco. Seria como meu ursinho de pelúcia quando eu era jovem, o ursinho pelo qual ainda sinto uma afeição dois terços de século depois.

5 de outubro de 2017

> Quando meu amor jura que é feita de verdade,
> Acredito nela embora saiba que esteja mentindo,
> Que possa achar que sou algum jovem ignorante,
> Sem instrução nas falsas sutilezas do mundo.
> — William Shakespeare, *Soneto 138*

Se solicitadas a citar os maiores avanços médicos da segunda metade do século XX, poucas pessoas, imagino, incluiriam o desenvolvimento e a utilização cada vez maior do estudo controlado para a avaliação do valor de medicamentos e procedimentos médicos. No entanto, esta constitui uma das mudanças mais importantes que já ocorreram na história da medicina. Até então, a evidência em que os médicos baseavam seu tratamento era ou sua própria experiência direta ("Eu descobri que o oxigênio borbulhado através do conhaque é útil na pneumonia", um exemplo real), ou na mera autoridade de outros, ela mesma baseada em dados duvidosos. A cirurgia era mais bem fundamentada do que a medicina interna, embora sua história seja repleta de operações desnecessárias ou perigosas, seja para doenças inexistentes, como rim flutuante, seja para doenças que não curaram.[1]

---

[1] O eminente cirurgião *sir* Arbuthnot Lane (1856-1943) foi um grande eviscerador para limpar o "sistema" de toxinas produzidas pelo intestino grosso que

Outra grande mudança ocorrida na medicina, principalmente no último quarto do século, foi que os médicos passaram a tratar as pessoas não apenas por doenças que elas tinham, mas por aquelas que estavam em risco de desenvolver no futuro. A medicina tornou-se menos curativa e mais preventiva. A imunização evitou doenças que eram consideradas inevitáveis mesmo durante a minha própria infância, como uma parte normal do crescimento. Por meio da prevenção, a varíola foi eliminada e a ideia da prevenção espalhou-se gradativamente para as doenças não infecciosas. Sendo a hipertensão um fator causador tanto de ataque cardíaco quanto de derrame, dois dos grandes assassinos nas sociedades avançadas, pensava-se que a redução da pressão arterial na população suscetível reduziria a incidência de ambos. Para provar isso, no entanto, foi necessário realizar estudos em grande escala; e quanto menor o benefício antecipado, maior deveria ser o estudo. Você não poderia provar que tomar medicamentos para baixar a pressão arterial era benéfico para aqueles com pressão arterial apenas moderadamente elevada, comparando alguns pacientes que tomaram tais medicamentos com alguns que não o fizeram.

Mas, como dois artigos do *NEJM* essa semana informam ao leitor, a interpretação correta dos estudos está longe de ser uma questão direta. Na verdade, esses estudos agora contam com uma sofisticação estatística tão grande que a maioria dos médicos não entende a base sobre a qual recomendam os tratamentos. Eles próprios estão sujeitos a um novo tipo de autoridade. Frequentemente, a reanálise dos resultados do estudo usando diferentes métodos estatísticos produz conclusões diferentes.

Um artigo intitulado "Análises por Protocolo de Estudos Pragmáticos" talvez não faça o coração disparar de excitação e, para mim, um analfabeto estatístico, não foi uma leitura fácil – mas certamente valeu a pena. Isso me fez considerar coisas que realmente não havia considerado antes, embora eu devesse tê-lo feito.

Os resultados da maioria dos estudos são analisados com base no que é chamado de *intenção de tratar*: um grupo de pacientes é alocado para

---

supostamente causavam todos os tipos de problemas – especialmente para aqueles que podiam pagar pelas operações.

um tratamento e o resultado é expresso como uma proporção de todo o grupo, independentemente se todos os membros do grupo realmente tomaram o tratamento. Por exemplo, se cem pessoas com a condição X recebem o tratamento Y, que vinte delas, por qualquer motivo, não tomam, ou pelo menos não durante todo o estudo, e três quartos dos oitenta restantes são curados por ele, a taxa de cura do tratamento é de 60%. Um médico que confia nessa conclusão, quando perguntado por um paciente sobre a eficácia de seu tratamento proposto, dirá que ele cura 60% dos pacientes.

Usando uma análise dos resultados *por protocolo*, no entanto, o médico diria que o tratamento era curativo em 75% dos casos. A diferença é importante, pois pode afetar a decisão do paciente de fazer ou não o tratamento. Embora a análise por protocolo possa parecer uma medida mais precisa da eficácia do tratamento, também precisamos saber as razões pelas quais 20% dos pacientes no estudo desistiram. Talvez fosse por causa de efeitos colaterais intoleráveis, mas talvez fosse porque eles simplesmente não quiseram continuar. A diferença entre essas duas explicações é muito importante.

Existem situações em que uma análise por protocolo é a mais apropriada. O artigo dá o exemplo de uma mulher perguntando a um médico qual o efeito de determinado método de contracepção. Nenhum método anticoncepcional funciona se não for usado corretamente, mas é claro que a mulher que faz a pergunta pelo menos *pretende* usá-lo corretamente. Nesse caso, portanto, o médico deve responder usando uma análise por protocolo, com base no número de pessoas que aderiram ao tratamento.

Mas uma análise bruta por protocolo dos resultados do estudo não é a resposta para todos os dilemas do tratamento. Os autores dão o exemplo de um estudo de estatinas. Certos pacientes desistem dos estudos devido a fortes dores musculares ou mesmo rabdomiólise (um tipo de dissolução dos músculos). Esperar que eles concluam o estudo seria irracional e antiético, e omiti-los da análise seria enganoso. (Já vi mortes, possivelmente causadas pelo tratamento, excluídas da análise dos resultados.)

Uma análise por protocolo é particularmente apropriada quando o tratamento é um procedimento simples, em vez de um consumo de drogas a longo prazo. Os autores criticam uma análise de intenção de tratar dos resultados da triagem de colonoscopia para câncer de cólon na Noruega, porque subestimou o efeito protetor ao incluir todos aqueles que foram ofertados a colonoscopia mas a recusaram (cerca de 30%). Obviamente, nenhum procedimento de triagem pode funcionar para aqueles que não o fazem, e sua escolha não tem influência em sua eficácia *per se*.

Mas aqui os autores parecem ter perdido algo. Se os resultados de um procedimento de triagem devem ser analisados por protocolo ou métodos de intenção de tratar, pode depender de quem está fazendo a pergunta. A resposta adequada para um indivíduo pode ser diferente da resposta mais útil para uma pessoa da saúde pública que deseja saber se a triagem de toda a população é uma boa ideia. Mas é ainda mais complicado do que isso, pois a proporção de pessoas que recusam a triagem pode ser (provavelmente é) dependente do benefício esperado para si mesmas. As análises de intenção de tratar, ao diminuir os benefícios esperados da triagem, podem, portanto, se transformar em profecias autorrealizáveis sobre a ineficácia da triagem. É claro que tanto os danos quanto os benefícios podem ser subestimados. O preço da precisão é a vigilância eterna.

Achei que eu (um completo amador nesses assuntos) havia detectado um erro no raciocínio do artigo em um ponto específico. Os autores se referiram a um estudo no qual o risco de morte naqueles que aderiram ao placebo foi estatisticamente significativo 10% menor do que naqueles que pararam de tomá-lo. Esse é um resultado muito intrigante. Para se concluir qualquer coisa, é claro, é preciso saber que a única diferença entre quem aderiu e quem não aderiu ao tratamento foi a adesão ou não adesão. Quando os resultados foram reanalisados usando novos métodos estatísticos, entretanto, a diferença entre os aderentes e não aderentes reduziu para 2,5%. De acordo com os autores, "a validade desses métodos é facilmente verificável na reanálise porque esperamos que o resultado não seja afetado pela adesão ao placebo". Se não me engano, isso significa: decida o resultado, depois escolha o método. Como sabemos que a adesão ou não ao placebo pode não ter um efeito real, portanto, um método estatístico que produza esse resultado deve ser o correto.

Eu não esgotei as questões que esse artigo interessante gera, nem aquelas geradas por um artigo irmão, "Desafios no Projeto e Interpretação de Estudos de não Inferioridade".² Fazer isso levaria um livro inteiro, que eu não tenho nem a capacidade nem a energia para escrever. Mas, na verdade, nenhuma análise estatística responderá a todas as perguntas que temos. Afinal, o velho Hipócrates tinha razão: o tempo é curto, a arte é longa, a ocasião passageira e o juízo de valores difícil.

---

² São estudos nos quais se tenta mostrar que um novo tratamento não é inferior a um antigo que já funcionou. O novo tratamento, embora não seja superior em eficácia, pode ser ainda mais seguro ou mais conveniente para o paciente e, portanto, de fato, superior.

12 de outubro de 2017

Os intelectuais modernos estão divididos em dois campos: aqueles (a maioria) que pensam que não há diferença essencial entre o homem e o resto do mundo vivo, e para os quais o homem nada mais é do que um inseto ou bactéria glorificada; e aqueles (a minoria) que pensam que o nível de autoconsciência do homem introduz algo inteiramente novo no universo – de acordo com o que sabemos. Eu pertenço à minoria.[1]

Dentre as diferenças entre o homem e os animais está que o homem é capaz de contemplar a própria extinção total e, até mesmo, ultimamente, de gozar dessa contemplação. Ocorrerá por um asteroide, por uma guerra nuclear ou pelo surgimento de um novo agente infeccioso, muito provavelmente um vírus. A epidemia do vírus ebola na África Ocidental e

---

[1] A visão da maioria pode surgir em momentos estranhos e em contextos estranhos. Quando escrevi isso, estava na França e tinha comprado o jornal de intelectuais burgueses de esquerda, *Libération* (24 mai. 2018). Nele estava um artigo sobre uma nova exposição acerca das últimas pesquisas sobre o homem de Neandertal. Aqui está um pensamento proeminente e supostamente exibido com orgulho para atrair leitores: "A antropofagia tem sido a linha divisória entre o 'selvagem' e o 'civilizado'. Mas, vendo imagens de como os animais são mortos em matadouros, ainda existe uma linha divisória entre carnívoros e canibais [...]?". Assim, comer a carne de animais e humanos é equiparado.

Central reanimou o espectro de uma nova peste negra – às vezes, com um *frisson* não totalmente desagradável entre os comentaristas.

O *Journal* dessa semana tem vários artigos sobre essa doença terminal, que não tem nada de romântico. Pelo contrário, é notavelmente horrível e aterrorizante. Como forma de morrer, o ebola está entre os piores.

O primeiro artigo trata da persistência de frações (pelo menos) do vírus ebola no sêmen de homens que se recuperaram da doença. Não há nada muito reconfortante nas descobertas. Os autores testaram o sêmen de 210 homens em Serra Leoa que se recuperaram da doença, que tem uma taxa de mortalidade que varia entre 23% e 70%. Três meses após a recuperação, todos os homens testaram positivo para o RNA do ebola em seu sêmen; em 4 a 6 meses, 62% dos homens testaram positivo; de 7 a 9 meses, 25% testaram positivo; em 10 a 12 meses, 15% testaram positivo; entre 13 e 15 meses, 11% testaram positivo; e em 16 a 18 meses, 4% testaram positivo. É certo que os números em cada uma das categorias eram pequenos e não se pode saber quão representativos eram de seus respectivos grupos, mas duas coisas sobre esses resultados causam desconforto. A primeira é que o ebola é conhecido por ser transmissível pela relação sexual; e segundo, a recomendação atual para o período em que os sobreviventes da doença devem tomar precauções contra a transmissão sexual é de três meses.

No entanto, existem algumas ressalvas. A primeira é que não se sabe com que frequência, ou em que proporção de casos, a via de transmissão é sexual. A segunda é que não se sabe se ou até que ponto a presença do RNA do ebola no sêmen significa que a pessoa é infecciosa para outras pessoas.

Tão terrível e catastrófica é a doença, no entanto, que esses resultados podem semear o pânico em países onde a doença agora é endêmica. O medo de outra epidemia é compreensivelmente grande; e um artigo anexo indica que os sobreviventes da doença já foram discriminados, expulsos de suas casas, demitidos de seus empregos, colocados em quarentena e, em Serra Leoa, até mesmo presos. Se os únicos resultados da doença pelo vírus ebola forem morte ou ostracismo social, as pessoas com a doença, ou seus parentes, não revelarão que o têm, e a reticência não só prejudica as Medidas de Saúde Pública para controlar a doença, mas aumenta a taxa de mortalidade na medida em que o tratamento pode reduzi-la. A notícia dos resultados da pesquisa sobre a persistência do vírus no sêmen dos convalescentes deve chegar aos países afetados mais cedo ou mais tarde, e uma interpretação simplista (os sobreviventes permanecem perigosos por muito tempo) é provável que predomine. Não é apenas no mundo ocidental moderno que o princípio da precaução é levado a sério. O trabalho científico sério e necessário pode, portanto, ter um efeito deletério, pelo menos por algum tempo. A verdade não o libertará necessariamente.

Outro artigo relata os resultados de estudos controlados de duas vacinas contra o vírus ebola. Ambos evocaram com sucesso uma resposta imunológica que durou pelo menos doze meses. Isso é encorajador, mas não definitivo; é preciso saber se as vacinas, na prática, realmente ajudam a não contrair a doença. Não é uma resposta imune em si que é desejada.

A dificuldade de realizar estudos definitivos em meio a uma epidemia como a do ebola é assunto de outro artigo. Isso se aplica a agentes supostamente terapêuticos, bem como a vacinas. Em meio a uma epidemia catastrófica e aterrorizante, seria eticamente permissível negar agentes que possivelmente salvam vidas de qualquer pessoa? E mesmo que fosse ético, alguém concordaria, nessas circunstâncias, em entrar em um estudo envolvendo o uso de placebo?

Em teoria, seria possível conduzir estudos usando resultados anteriores da doença – taxas de mortalidade anteriores – como um controle. Mas isso é muito mais difícil do que pode parecer à primeira vista, porque essas próprias taxas de mortalidade variam consideravelmente, em parte porque foi descoberto que os métodos médicos de suporte comuns, quando disponíveis, como infusão intravenosa, reduzem a taxa de mortalidade. O tratamento da malária concomitante, muito comum nas áreas em que o ebola se espalha, afeta as taxas de mortalidade, e até mesmo a combinação de medicamentos usados para tratar a malária as afeta. Em outras palavras, os estudos são conduzidos contra um alvo móvel.

Embora o artigo sobre as dificuldades de conduzir estudos no meio de uma epidemia seja intitulado "Podemos Fazer Melhor" (algum artigo com o título "Fizemos o Melhor Possível" seria publicado?), considero o trabalho já feito impressionante. Afinal, as pessoas arriscaram a própria vida para que pudesse ser feito.

* * *

Um cão que não ladrou à noite em um artigo intitulado "Romosozumabe ou Alendronato para Prevenção de Fraturas em Mulheres com Osteoporose". Trata-se de um estudo com dois medicamentos que mostrou que as mulheres com alto risco de fratura que tomaram romosozumabe tiveram uma taxa substancialmente mais baixa de fratura do que aquelas que tomaram alendronato. O estudo presumiu que o alendronato, um tratamento agora padrão, era ele próprio benéfico na prevenção de fratura.[2] Em um acompanhamento de dois anos, o romosozumabe evitou que 5,7% das mulheres sofressem uma fratura vertebral e 3,3% delas tivessem qualquer fratura. A porcentagem de mulheres que sofrem de fratura do quadril, o tipo de fratura mais perigoso em uma população tão suscetível, foi reduzida de 3,2% para 2,0%.

Esses são resultados excelentes – desde que, é claro, não sejam obtidos à custa de efeitos adversos que superam os benefícios. Aqui, parece-me, as coisas se tornam mais ambíguas e até sinistras. Eu cito:

> Foi observado um desequilíbrio nos eventos adversos cardiovasculares considerados graves [...] com 50 pacientes (2,5%) no grupo do romosozumabe e 38 (1,9%) no grupo do alendronato relatando esses eventos. [...] Um total de 16 pacientes (0,8%) no grupo do romosozumabe e 6 (0,3%) no grupo de alendronato relataram eventos isquêmicos cardíacos e 16 pacientes (0,8%) no grupo de romosozumabe e 7 (0,3%) no grupo de alendronato relataram eventos cerebrovasculares. [...]

Essas diferenças não são estatisticamente significativas, o que não significa necessariamente que não sejam reais. Curiosamente (pelo menos

---

[2] Para uma crítica ao uso rotineiro do alendronato, ver Le Fanu, *Too Many Pills*, p. 217-23.

para mim), a taxa de mortalidade no grupo do romosozumabe era mais de 40% maior do que no grupo do alendronato, um fato que nem mesmo foi mencionado no artigo e que, se real, significaria quatro mortes extras em cada mil pessoas que tomam romosozumabe em comparação com as que tomam alendronato.

É verdade que essa diferença nas taxas de mortalidade pode não ser real; e os autores se abstêm de testar se é estatisticamente significativa. Mas também é verdade que eles acreditam que a diferença – ou *desequilíbrio*, como o chamam delicadamente – em eventos cardiovasculares, o que significa derrames e ataques cardíacos, é real. Por que tanta timidez em relação à morte?

Isso poderia ter alguma coisa a ver com o fato de que o estudo foi financiado pelas empresas que fizeram o romosozumabe, que dois dos três redatores do artigo eram funcionários dessas empresas, que o artigo foi escrito "com assistência de redação médica financiada pelas" empresas, e que "os investigadores do estudo assinaram acordos de confidencialidade dos dados com os patrocinadores"?

Não pensemos nisso.

Ainda no assunto do eufemismo, me pergunto por que os autores do artigo sobre a persistência do RNA do ebola no sêmen acharam necessário dizer que seus participantes foram *compensados financeiramente* em vez de remunerados. Rimos dos vitorianos, mas não de nós mesmos.

19 de outubro de 2017

Uma das queixas dos médicos em todo o mundo é a crescente burocratização de sua profissão. Eles estudam por anos e acabam gastando metade do tempo preenchendo formulários que não trazem nenhum benefício imediato aos pacientes. Não foi por isso que escolheram a profissão e logo se desiludiram e até se tornaram cínicos por causa disso. Com frequências, eles sentem, adicionalmente, que estão sendo controlados por pessoas inferiores a eles, moral e intelectualmente. E isso ocorre independentemente de como os atendimentos médicos são organizados, do sistema em vigor e das opiniões ou pontos de vista variados dos médicos sobre outros assuntos.

Membros de outras profissões também reclamam do aumento da burocracia, então talvez haja algo no *zeitgeist* propício a isso. Mas, no caso da medicina, há três fatores que a tornam quase inevitável. Em primeiro lugar, existe a sofisticação tecnológica cada vez maior e, portanto, o custo da medicina. Em segundo lugar, há uma invasão cada vez maior da tecnologia da informação em nosso mundo; e se as informações puderem ser coletadas, elas serão coletadas. Terceiro, existe a proporção cada vez menor da população que pode pagar diretamente por seus atendimentos médicos. Intermediários, como seguradoras e governos, sentem-se obrigados a obter o melhor custo-benefício possível. Mas qual é a melhor relação custo-benefício e como deve ser medida? Se diferentes desideratos são incomensuráveis, se mesmo em princípio não há uma única unidade de medida à qual todos possam ser reduzidos, a tarefa é fundamentalmente impossível, embora deva ser empreendida. O desperdício é provavelmente mais fácil de detectar do que avaliar.

Um artigo no *Journal* dessa semana analisa se algum benefício seria gerado pela expansão do Programa de Redução de Reinternações em Hospitais nos Estados Unidos. O HRRP atualmente impõe penalidades financeiras aos hospitais com taxas de reinternação acima da média para cinco causas específicas de internação, e os autores começaram a estimar os resultados de estendê-las para cobrir as taxas de reinternação para praticamente todas as causas. A pena vem na forma de reduções no reembolso de hospitais para pacientes tratados neles sob o Medicare e Medicaid. Não há recompensa financeira positiva para um desempenho melhor do que a média.

Uma cenoura funcionaria melhor do que uma vara? Na Grã-Bretanha, um sistema de remuneração de clínicos gerais (médicos de família) se eles atingirem metas específicas – como uma proporção de seus pacientes em certas categorias tratadas de acordo com um protocolo decidido pelo governo – alterou fundamentalmente a natureza das consultas médicas, de modo que (em geral, sem o conhecimento dos pacientes) o que o médico faz com eles não é o que *ele* considera ser melhor para os pacientes, mas o que o governo, na verdade, o subornou para fazer. A prescrição em massa tem sido incentivada, muitas vezes com base em evidências marginais, como tem ocorrido, pois a informação coletada é tratada como se devesse ser verdadeira, e é fácil falsificar registros. A escala da falsificação é desconhecida e talvez por enquanto permaneça relativamente pequena; mas não é sensato confiar no capital moral e esperar honestidade quando os fornecedores de informações estão se tornando cada vez mais cínicos ou desiludidos.

De acordo com o HRRP, que faz parte do *Affordable Care Act* (cujo próprio título presume que *resultará* no que foi projetado para produzir), os hospitais podem receber até 3% menos dinheiro para tratar cinco categorias de pacientes internados no Medicare ou Medicaid se sua taxa de readmissão for considerada maior do que deveria ser. As categorias são infarto do miocárdio (ataque cardíaco), pneumonia, insuficiência cardíaca, próteses de quadril ou joelho e doença obstrutiva crônica das vias aéreas.

Para que tal sistema seja justo, os semelhantes devem ser comparados com os semelhantes. Os hospitais com altas proporções de pacientes do Medicare e do Medicaid, que os autores chamam de *hospitais "rede de segurança"*, estavam provavelmente em áreas relativamente empobrecidas, onde os prognósticos são geralmente mais negativos do que nas áreas ricas, independentemente do tratamento recebido. Os pobres, por exemplo, agora fumam mais do que os ricos – apesar da alta taxação dos cigarros – e, claro, fumar é um dos fatores mais importantes para um mau prognóstico. Portanto, ajustes complexos devem ser feitos na avaliação do desempenho, mesmo na medida simples das taxas de reinternação. Além disso, apenas hospitais com certo nível de atividade dentro das categorias são elegíveis (se for essa a palavra) a penalidades; caso contrário, os números seriam muito pequenos para se tirar conclusões adequadas.

O HRRP parece ter funcionado na medida em que as taxas de reinternação hospitalar para as categorias nas quais as penalidades se aplicam caíram, particularmente em hospitais rede de segurança. Talvez isso não seja surpreendente, uma vez que esses são os hospitais em que as penalidades são potencialmente mais onerosas. Presume-se uma relação causal entre penalidades financeiras e taxas de reinternação decrescentes, porque essas taxas diminuíram mais para condições específicas do que para outras, embora isso não seja em si uma prova decisiva dessa relação. E as cinco categorias-alvo, retiradas do nada por médicos-burocratas, cobrem apenas uma pequena proporção da atividade de um hospital. Por que não incluir a taxa total de reinternação ao hospital nos cálculos dos incentivos financeiros? Isso não reduziria ainda mais as taxas de reinternação – na verdade, muito mais?

Prima facie, as taxas de reinternação em todo o hospital seriam um alvo melhor do que as taxas em cinco categorias selecionadas, por duas razões principais. Em primeiro lugar, se você selecionar apenas certas condições como base para impor uma penalidade financeira, um hospital pode canalizar recursos desproporcionalmente para tratar essas condições específicas, em detrimento de outros tipos de paciente. Em segundo lugar, como os números são muito maiores para reinternações em todo o hospital, eles podem ser uma medida confiável em um período mais curto e, portanto, as penalidades podem ser aplicadas muito mais cedo. É claro que as punições são mais eficazes quanto mais perto estão da conduta que as ocasionou.

Os autores do artigo estimam o que aconteceria se o HRRP fosse aplicado a praticamente todas (93%) as reinternações agudas no hospital. Para começar, seus dados revelaram uma diferença surpreendentemente pequena entre hospitais rede de segurança e outros hospitais nas taxas atuais de reinternação para todas as internações agudas: 15,8% contra 15,2%. Isso sugere que as diferenças no tratamento são bastante pequenas e que o principal determinante da assistência médica é a natureza da condição tratada – que é como deveria ser. No entanto, uma diferença de 0,6% entre milhões de internações hospitalares significa números absolutos substanciais de pacientes: 6 mil por milhão.

Os autores chegaram à conclusão de que, se o programa fosse estendido para cobrir todas, ou quase todas, as internações hospitalares agudas, haveria apenas um pequeno aumento no número de hospitais que seriam penalizados, embora as penalidades para hospitais rede de segurança aumentassem substancialmente (de cerca de $ 133 mil a $ 551 mil).

O que os autores não consideram é se alguma atividade burocrática envolvida no programa realmente beneficia os pacientes. Sem dúvida, essa não era a pergunta que eles se propuseram a responder, mas é aquela para a qual médicos e pacientes gostariam de uma resposta: pois, se a resposta for não, todos os cálculos e ajustes complexos do mundo não são interessantes ou importantes.

À primeira vista, pode parecer óbvio que uma menor taxa de reinternação é benéfica, na medida em que implica um melhor tratamento inicial. Mas, na melhor das hipóteses, é apenas uma medida indireta dessa melhoria e pode até ser um sinal de deterioração no atendimento geral. Isso porque a decisão de reinternar um paciente é determinada não apenas por seu estado médico imediato, mas também por suas circunstâncias: seu acesso a bons atendimentos médicos primários, por exemplo, ou seu isolamento social. Um declínio na taxa de reinternações pode, portanto, ser tanto um sinal de aumento da insensibilidade ou falha em levar em consideração a situação geral do paciente, quanto uma indicação de melhora no atendimento – ainda mais quando há um incentivo financeiro envolvido. O incentivo pode encorajar a insensibilidade tanto quanto o bom atendimento médico; pois, quando os burocratas definem uma meta, é a meta que é almejada, não aquilo que supostamente deveria representar. Aqueles que passam o dia estudando estatísticas raramente pensam no sofrimento humano individual.

Não estou dizendo que *seja* esse o caso: talvez seja, talvez não. Mas não há nenhum sinal de consciência das possibilidades no próprio artigo. A propósito, a morte diminui a taxa de reinternação de forma mais eficaz.

26 de outubro de 2017

"Com uma milícia bem regulamentada sendo necessária à segurança de um Estado livre, o direito do povo de possuir e portar armas não deve ser violado." Talvez nenhuma frase isolada, pelo menos em um inglês relativamente claro, tenha despertado mais controvérsia interpretativa ou confusão do que a Segunda Emenda da Constituição dos Estados Unidos. Certamente nenhuma desperta mais paixão nos Estados Unidos de hoje.

Um editorial do *Journal* medita sobre o tiroteio em massa ocorrido em Las Vegas em 1º de outubro, que foi então o mais recente e pior ultraje da história americana, embora destinado a não ser o último (e esse provavelmente não seria o último editorial do *NEJM* sobre o assunto, também). O que quer que as pessoas possam supor que a Segunda Emenda significou na mente daqueles que a estruturaram, não poderia significar o direito de um homem atirar em um grande número de pessoas em um festival de música com rifles automáticos a quatrocentos metros de distância, matando 59 e ferindo 500.[1]

O que os médicos têm a dizer sobre o assunto como médicos, e não apenas como cidadãos? Na minha opinião, não muito. Os redatores, sabendo o quanto os americanos são apaixonados pelo assunto, conseguem

---

[1] Anders Breivik, na Noruega, matou mais, mas feriu menos.

dizer muito pouco que uma pessoa razoavelmente inteligente não poderia ter descoberto por si mesma. Apontando que "nossa atual liderança política [democrata e republicana] aparentemente não está disposta a promover a prevenção da violência armada de qualquer tipo", eles acrescentam, com uma emoção surpreendente: "E mesmo assim ninguém na América quer mais fuzilamentos em massa" – exceto, presumivelmente, aqueles poucos que os perpetram, alguns dos quais, pelo menos, parecem ter a intenção de bater o recorde do número de vítimas.

Mas o que evitará assassinatos em massa? Os autores recorrem em parte ao velho favorito da medicina, mais pesquisas são necessárias: "Uma área para consenso potencial é sobre a necessidade de mais pesquisas sobre como reduzir as mortes por violência relacionada a armas de fogo e como prevenir tiroteios em massa". Anteriormente, eles sugeriram que verificações mais rigorosas de antecedentes sobre aqueles que se candidatam a licenças de porte de armas "podem manter as armas de guerra longe das mãos daqueles que são conhecidos por serem mentalmente instáveis". Pode até ser verdade, mas o problema é que as pessoas mentalmente instáveis representam apenas uma proporção muito pequena daqueles que perpetram tais tiroteios e, no caso do autor do último ultraje, "esse homem de 64 anos não tinha razão política, racial ou religiosa conhecida, e não havia histórico de doença mental ou comportamento criminoso conhecido".

Há coisas que o editorial não ousa dizer, embora eu suspeite de que os autores (editores da revista, não estudiosos do assunto) gostariam de dizê-las. A Segunda Emenda foi elaborada em um momento em que ninguém, nem mesmo o governo, tinha armas que poderiam ter feito o que foi feito em Las Vegas, e provavelmente ninguém na época sequer previu a possibilidade de tais armas. Além disso, o objetivo do direito de portar armas era provavelmente duplo, possivelmente triplo: os dois objetivos mais importantes, dado o preâmbulo sobre uma milícia bem-ordenada ser essencial, etc., eram, primeiro, defender o país e, segundo, impedir um governo central prepotente tirano ou ter meios para derrubá-lo, caso surja. O terceiro propósito poderia ser a autodefesa, mas uma sociedade em que armas extremamente potentes, capazes de matar pessoas a grandes distâncias fossem necessárias para autodefesa, seria tão horrível que não valeria a pena defendê-la.

Os Estados Unidos não estão protegidos de inimigos externos pela prevalência da posse de armas, mas por suas forças armadas, cujo poder a Segunda Emenda pretendia tornar desnecessário; e a disparidade entre o poder do governo e o dos cidadãos armados que poderiam tentar derrubá-lo pela insurreição seria como caçar o *Tiranossaurus rex* com um estilingue. Adicionalmente, o governo americano, assim como todos os outros governos democráticos modernos, é muito mais intrusivo na vida de seus cidadãos do que o governo colonial jamais foi, por razões puramente técnicas. O reconhecimento dessa maior intrusão induziu indivíduos ou pequenos grupos de *enragés* a tentarem viver na autarquia, como os homens da fronteira poderiam ter vivido há dois séculos, mas eles são uma minoria minúscula, geralmente considerados loucos no sentido amplo.

Finalmente, a Segunda Emenda foi proposta em um momento em que não era nem mesmo certo quem constituía *o povo* cujo direito não deveria ser violado (os Estados Unidos tinham, então, uma franquia mais estreita do que a Grã-Bretanha). Agora, a emenda está completamente obsoleta, pelo menos se suas intenções originais são o que determina sua relevância atual. Mas sugerir isso seria quase como sugerir a um muçulmano que Deus não existe e que Maomé não era seu profeta.

No entanto, mesmo que a Segunda Emenda fosse revogada por motivo de obsolescência (uma impossibilidade política), ainda haveria a questão de se isso serviria a algum propósito, pelo menos do ponto de vista de evitar fuzilamentos em massa. Afinal, armas automáticas são amplamente proibidas de qualquer maneira, mas parece que as pessoas – isto é, assassinos em massa – têm pouca dificuldade em obtê-las. No que diz respeito ao controle de armas nos Estados Unidos, é semelhante a fechar a porta do estábulo depois que o cavalo fugiu. Existem tantas armas em propriedade privada quanto pessoas no país, embora sua propriedade não seja uniformemente distribuída. É inconcebível que uma pessoa determinada a ser um assassino em massa encontrasse muitas dificuldades em obter os meios para realizar sua ambição. Nenhuma tentativa de reduzir o número de armas provavelmente teria um efeito substancial na frequência do que ainda são eventos raros.

A fragilidade da conclusão do editorial é compreensível: "Mesmo em nosso sistema político perigosamente polarizado, deve haver uma maneira de pessoas boas se unirem em um terreno comum e agirem". Por que tem que haver? Por que alguém gostaria que houvesse? Porque está inscrito na natureza humana?

* * *

Um pequeno item, em forma de carta, chamou minha atenção por dois motivos, um pessoal e outro científico. "O sucesso dos destros canhotos no beisebol" foi uma resposta a uma carta publicada no *Journal* em 1982 (35 anos atrás!) que chamou a atenção para o sucesso relativo dos canhotos no beisebol profissional.

Eu mesmo sou canhoto, e os canhotos são menos lateralizados na função cerebral do que os destros; em outras palavras, as funções dos hemisférios direito e esquerdo do cérebro são menos diferenciadas. Os autores da carta de 1982 afirmaram que isso deu aos jogadores canhotos que rebatiam e arremessavam com a mão esquerda uma vantagem sobre aqueles que rebatiam com a esquerda, mas arremessavam com a direita, que por sua vez tinham um registro de desempenho melhor do que aqueles que rebatiam e arremessavam com a direita.

Os autores da nova carta, que surpreendentemente eram de países (Holanda, Alemanha, Grã-Bretanha) onde o beisebol não é jogado, reanalisaram os dados originais fornecidos na primeira carta e chegaram a uma conclusão muito diferente. Eles descobriram que a vantagem (na rebatida) era maior para aqueles que rebatiam com a esquerda, mas arremessavam com a direita, e que essa vantagem era maior do que a encontrada na pesquisa anterior para todos os rebatedores canhotos. A hipótese explicativa dos autores é mais biomecânica do que neurológica. O braço com o qual as pessoas arremessam, especialmente se elas praticam, geralmente é mais forte do que o outro. Portanto, o braço direito mais forte em rebatedores canhotos que arremessam com a direita é mantido mais abaixo no bastão, e isso lhes dá uma alavanca mais longa para acertar a bola.

Minha própria lateralização está claramente incompleta. Escrevo com a mão esquerda e chuto com a perna esquerda, mas se quero arremessar algo longe uso o braço direito. Se eu quiser arremessar algo a uma curta distância, mas com muita precisão, no entanto, eu uso meu braço esquerdo. Apresso-me em acrescentar que minha carreira no esporte não teve nada de especial, mas a biomecânica não teve nada a ver com isso. Eu nunca poderia levar o esporte a sério como uma atividade humana.

Há também uma lição mais geral a tirar desse pequeno item, uma lição importante e talvez não inteiramente tranquilizadora. A reanálise de dados – nesse caso, dados relativamente simples – pode produzir uma conclusão muito diferente daquela originalmente extraída, e a reanálise pode demorar muitos anos. Nesse ínterim, os médicos têm agido de acordo com a análise que mais tarde se revelou defeituosa. Então, novamente, uma reanálise da reanálise pode mostrar que ela também tem defeito.

O que é verdade, disse Pilatos brincando, e não quis ficar para responder.

2 de novembro de 2017

Confusão entre desigualdade e iniquidade agora é crônica. Não são a mesma coisa, pois é perfeitamente óbvio que a equidade pode resultar em desigualdade e, de fato, pode resultar necessariamente. Uma igualdade imposta seria injusta, pois não levaria em consideração o esforço ou mérito individual. Por outro lado, a desigualdade pode resultar da iniquidade, e frequentemente o tem feito. A desigualdade é fácil de mensurar; a iniquidade é difícil de avaliar.

A confusão é mais uma vez claramente ilustrada em um artigo no *Journal* dessa semana – se é que a confusão pode ser considerada clara. O artigo é intitulado "Um Foco Renovado na Saúde Materna nos Estados Unidos". Ele chama a atenção para o fato desconcertante e possivelmente escandaloso de que a taxa de mortalidade materna (definida como o número de mortes ocorridas em 100 mil mulheres grávidas ou mulheres que deram à luz nos últimos 42 dias) nos Estados Unidos agora é mais do que o dobro, e quase três vezes a do Canadá. Além disso, ao contrário da tendência em outros países desenvolvidos, ela tem aumentado acentuadamente nos últimos tempos. Em 1995, era 11 por 100 mil, semelhante à taxa do Canadá hoje. Em 2013 (a última data citada no artigo) era de 28 por 100 mil.

Naturalmente, existem desigualdades nos Estados Unidos entre diferentes segmentos da população, mas em quase todas as ocasiões elas são chamadas no artigo de iniquidades. Se as desigualdades são injustas, isso depende de como elas surgem. Alguém diria que a super-representação bruta de negros nos times de futebol europeus (o que quase lhes garante o *status* de milionários), em comparação com o número de negros na população em geral, é uma iniquidade? Uma desigualdade de resultados entre grupos, seja para o bem, seja para o mal dos grupos, por si só não prova que uma injustiça foi cometida.

Como é que os Estados Unidos têm uma taxa de mortalidade materna tão alta (para um país desenvolvido, claro) e, além disso, que está aumentando? Parte do motivo, sugerem os autores, é uma mudança na forma como as mortes são registradas. Os autores declaram:

> As melhorias na coleta de dados (por exemplo, o acréscimo de uma pergunta sobre gravidez e uma caixa de seleção nas certidões de óbito e nos códigos de diagnóstico da *Classificação Internacional de Doenças*) aumentaram a detecção de mortes maternas e podem ter levado a um relato exagerado em alguns casos.

É uma melhoria estranha na coleta de dados que leva à imprecisão, mas deixemos isso de lado. Além disso, os autores não abordam a questão de saber se as mesmas mudanças na coleta de dados ocorreram em outros países, então ficamos imaginando se essa mudança poderia ou não explicar pelo menos algumas das divergências dos Estados Unidos em relação ao resto do mundo desenvolvido.

Os autores consideram outros fatores que podem ser responsáveis pelo aumento da taxa de mortalidade materna, principalmente o aumento da obesidade, hipertensão e diabetes em mulheres jovens, que estão claramente associados à pobreza. A doença cardiovascular é hoje a causa mais comum de morte materna. O aumento das taxas de cesariana (por qualquer motivo, bom ou ruim) também eleva as taxas de mortalidade materna. Novamente, os autores não questionam se essas mudanças ocorreram em outros países onde não houve aumentos semelhantes nas taxas de mortalidade materna.

Eles escrevem: "Tão profundamente preocupantes quanto o aumento geral da mortalidade materna são as iniquidades nos resultados maternos nos Estados Unidos". De acordo com uma análise das estatísticas em

27 estados, a taxa de mortalidade materna de mulheres negras é quase três vezes maior que a de mulheres brancas (56,3 *versus* 20,3 por 100 mil). Tendo se referido a esses dados, os autores continuam:

> As razões para essas disparidades são mal compreendidas e, sem dúvida, complexas; elas incluem determinantes sociais de saúde e preconceitos na prestação de atendimentos. Mas essas iniquidades indicam que podemos fazer muito melhor pelas mulheres mais desfavorecidas.

Aqui, as disparidades transformam-se em iniquidades por meio de "determinantes sociais", embora se esses determinantes sociais são eles próprios iníquos não é questionado, muito menos provado.[1] Além disso, se a desigualdade no resultado fosse o que importa, então a equidade no sentido indicado no artigo poderia ser alcançada aumentando a taxa de mortalidade materna de mulheres brancas e negando-lhes o cuidado pré-natal até atingir os níveis que as mulheres negras têm. Suponho que ninguém sugeriria tal procedimento em nome da equidade.

Isso significa que devemos ser como os três macacos – um que não ouve, um que não vê e um que não fala – diante dessas estatísticas desconcertantes? Que somos compelidos a uma calma de Buda? Não acho que esse seja o caso, nem um pouco. O motivo de as estatísticas serem desconcertantes não é porque indicam desigualdade ou iniquidade, mas porque indicam sofrimento (pois, por trás de cada morte, há uma tragédia); e, além disso, é o sofrimento que pode ser aliviado ou evitado por completo. Parece-me altamente provável que muitas das mortes poderiam ter sido evitadas por atendimentos médicos adequados, e, onde quer que tais mortes possam ser evitadas, elas deveriam (dentro dos limites da razão) ser evitadas – não para produzir igualdade de resultados, mas para reduzir o sofrimento. Nesse artigo, curiosamente, não há uma única referência a sofrimento desnecessário ou evitável.

---

[1] Assim, o que é mal compreendido torna-se um sintoma de iniquidade. Essa é uma ilustração da determinação moderna de encontrar a desigualdade em praticamente tudo, como sendo a pedra fundamental da filosofia moral.

Se o alvo é o sofrimento e não a desigualdade, isso significa que nenhum esforço especial deve ser feito para garantir que as mulheres negras recebam atendimentos médicos adequados? De novo, não mesmo. Como regra geral, é mais fácil e barato melhorar a saúde das pessoas começando do início do que melhorar a saúde das pessoas que já são saudáveis. Em resumo, não sou um utilitarista absoluto: acho que existem alguns princípios deontológicos de moralidade. Não se mata todas as pessoas sem as quais o mundo seria melhor com o objetivo de maximizar a utilidade. Mas duvido de que alguém possa escapar completamente dos cálculos utilitaristas ao tentar decidir o que fazer; e, se o empreendimento da medicina como um todo tem pelo menos algo a ver com a redução de tanto sofrimento e o prolongamento de tanta vida quanto possível, o que eu acho impossível de negar, faria sentido direcionar um esforço extra para as mulheres negras, mesmo que pelo menos parte de seu sofrimento e morte prematura seja a consequência previsível de suas próprias escolhas.

* * *

O artigo seguinte do NEJM sugere que as considerações de equidade, no sentido pretendido pelos autores anteriores, não são, em certas circunstâncias, eticamente importantes. O artigo, "Sonhos Adiados – as Consequências para a Saúde Pública da Rescisão do DACA", refere-se ao programa Deferred Action for Childhood Arrivals, introduzido por ordem executiva durante o primeiro mandato do presidente Obama.[2]

De acordo com o DACA, os imigrantes que foram trazidos para os Estados Unidos antes dos dezesseis anos estão imunes à deportação e podem receber visto de trabalho, desde que estejam na escola, tenham um diploma do ensino médio ou tenham servido o exército e não tenham registro criminal significativo. Acho que essas disposições são razoáveis e humanas,

---

[2] Os autores não consideram a questão de saber se tal arranjo – seja bom, seja ruim, mas que toca em uma questão de importância para o povo americano – deve ser introduzido por decreto presidencial. Parece que se é a favor do autoritarismo se a autoridade faz coisas que se aprova.

e só seriam prejudiciais se a economia fosse um bolo de tamanho fixo, de forma que um emprego para um beneficiário do DACA implique um emprego a menos para um americano nativo. Os autores do artigo relatam os benefícios de "saúde mental" que o DACA traz para seus beneficiários, como a redução de seus níveis de ansiedade. (Claro, os ladrões sentiriam muito menos ansiedade se não houvesse polícia.)

Mas o DACA também é altamente discriminatório e se baseia no pressuposto de que qualidades como obediência à lei e atenção à educação são desejáveis e estão sob controle voluntário. Já se foi a ideia de que a equidade requer um resultado igual para todos, independentemente da conduta, e que todos deveriam receber os mesmos direitos legais, independentemente de como se comportassem. O objetivo do DACA, eu presumo, é encorajar o bom comportamento e impedir o mau, e encorajar e recompensar o esforço. É, portanto, iníquo no sentido do artigo anterior, mas é equitativo no meu.[3]

---

[3] Desde que os beneficiários não o utilizem como argumento para o reagrupamento familiar.

9 de novembro de 2017

Idealmente, mudanças na prática médica devem proceder de evidências. Isso pode parecer tão óbvio que não vale a pena dizer, mas para a maior parte da história médica, as mudanças na prática não foram o resultado de nada que deveríamos hoje reconhecer como evidência. Fatores estranhos foram mais importantes, por exemplo, a capacidade de persuasão ou o carisma do médico que propôs a mudança. A convicção tinha peso.

Entre 1996 e 2013, pelo menos na Califórnia, uma proporção cada vez maior de válvulas cardíacas usadas na substituição cirúrgica de válvulas defeituosas eram de origem biológica e não mecânica, aumentando de 11,5 para 51,6% para a válvula aórtica e de 16,8% para 53,7% para a válvula mitral. Essa mudança foi justificada pelos resultados superiores das válvulas de origem biológica?

Um artigo no *Journal* dessa semana tenta responder a essa pergunta. À primeira vista, pode parecer fácil fazê-lo, mas, na verdade, é muito complexo, porque existem muitas variáveis a serem levadas em consideração. A questão é importante porque, com o envelhecimento da população, as valvopatias (especialmente a aórtica) estão se tornando mais prevalentes e os pacientes estão cada vez mais curiosos sobre o que é melhor para eles. Em geral, eles querem uma resposta simples e agradável.

Os autores examinaram os resultados das substituições da válvula aórtica ou mitral em 142 hospitais na Califórnia, desde o início de 1996 até o final de 2013. Eles estavam principalmente interessados no que chamaram de "desfecho primário", que era a "mortalidade". É, de fato, um ponto final bastante importante – o ponto final de todos nós; embora em alguns estudos no *Journal* pareça ser um tanto esquecido. Os autores foram induzidos a realizar seu estudo pelo fato de que estudos anteriores do mesmo tipo afirmavam que não havia diferenças nas taxas de mortalidade entre aquelas que receberam válvulas biológicas e aquelas que receberam válvulas de substituição mecânicas, mas obviamente eles não acreditavam muito nisso. Esses estudos eram muito limitados para detectar diferenças pequenas, mas estatisticamente significativas, na mortalidade. Os autores do estudo também tiveram desfechos secundários: taxas de sangramento, acidente vascular cerebral, mortalidade perioperatória e reoperação. Como as válvulas mecânicas requerem tratamento vitalício com anticoagulantes, o que as válvulas biológicas não requerem, já se sabe, e não há controvérsia, que hemorragia e acidente vascular cerebral são mais comuns com válvulas mecânicas.

O número de pessoas submetidas a tais operações pode surpreendê-lo. Havia 43.639 pessoas que foram submetidas à troca da válvula aórtica e 38.431 que foram submetidas à troca da válvula mitral durante o período de estudo nesses 142 hospitais. Na análise subsequente dos resultados, no entanto, a maioria desses pacientes foi excluída, ou porque não eram residentes da Califórnia (não consigo ver a relevância imediata disso), ou porque haviam feito uma cirurgia cardíaca anterior, incluindo cirurgia de válvula cardíaca, ou cirurgia da aorta torácica. As exclusões reduziram o número de pacientes para apenas 9.942 no caso de troca valvar aórtica e 15.503 no caso de troca valvar mitral. Curiosamente, os autores não mencionam essa alta taxa de exclusão em sua discussão dos resultados, ou a limitação que ela coloca em sua utilidade ou generalização. É uma das regras cardinais de comparação válida que semelhante deve ser comparado com semelhante, portanto, os resultados discutidos aqui se aplicam apenas a pacientes semelhantes aos incluídos no estudo. Estritamente falando, esse artigo pode ajudar a informar decisões apenas com uma minoria de pacientes elegíveis para cirurgia de substituição de válvula.[1]

---

[1] Os estudos já estabeleceram o valor dessa cirurgia. Isso não é o mesmo, porém, que dizer que a cirurgia realmente realizada é benéfica. À medida que os

Os pesquisadores dividiram seus pacientes em grupos de idade, pois foi sugerido que os resultados da cirurgia em longo prazo diferem de acordo com a idade. A taxa de mortalidade para pacientes entre 45 e 54 anos de idade que receberam válvulas aórticas biológicas foi maior do que a daqueles que receberam válvulas mecânicas: 30,6% *versus* 26,4%.[2] Isso é estatisticamente significativo e quer dizer que os pacientes viveram quase seis meses a mais. A diferença desapareceu para os pacientes com mais de 55 anos.

A diferença era consideravelmente maior quando se tratava de válvulas mitrais. Aqui, para pacientes de 44 a 49 anos de idade, a taxa de mortalidade para aqueles que receberam válvulas biológicas foi quase o dobro daqueles que receberam válvulas mecânicas: 44,1% contra 27,1%. Entre as idades de 50 e 69 anos, a diferença era menor, 50% contra 45,3%, mas ainda estatisticamente significativa, equivalendo a mais de 190 dias de vida por paciente. Quando os pacientes tinham 70 anos ou mais, a diferença desaparecia.

A reoperação foi mais frequentemente necessária para aqueles que tinham válvulas biológicas, mas tanto hemorragia quanto acidente vascular cerebral foram, como esperado, mais comuns entre aqueles que receberam válvulas mecânicas. De forma bastante frustrante, a versão em papel do *Journal* omite o fato de nos dizer quão comum é, embora os números possam ser encontrados na versão eletrônica. Não é apenas o número de derrames que precisamos, mas também sua gravidade e densidade. Qual probabilidade extra de um derrame, e quanto tempo durou em suas consequências, equivalem a seis meses de vida extra? Essa questão provavelmente não é suscetível de uma resposta conclusiva.

Parece-me provável, entretanto, que as válvulas mecânicas sejam superiores pelo menos para os pacientes mais jovens, o que está em contradição

---

critérios para qualquer tratamento se distendem, os resultados dos estudos que definem o valor desse tratamento se tornam cada vez menos aplicáveis. A prática médica é um assunto complexo.

[2] O período de acompanhamento variou muito, é claro, de acordo com a época em que as operações foram realizadas no período de 1996 a 2013.

com a tendência às válvulas biológicas. Mas pesquisas adicionais podem produzir um resultado diferente; e, como essa análise cobre um período prolongado, é possível que a situação evolua. O objetivo – o melhor conselho possível para os pacientes – é comovente, e os cirurgiões continuarão a ser guiados por sua própria experiência e predileções, bem como por artigos como esse.

* * *

Semanalmente, o *Journal* publica fotografias, tanto clínicas quanto artísticas, por assim dizer. Estas últimas, tiradas por médicos, são geralmente de natureza lírica, ilustrando a magnificência ou belezas da natureza. Suponho que os aspectos da natureza com os quais os médicos habitualmente lidam são feios ou perturbadores, metaforicamente selvagens de dentes e garras e, portanto, eles se refugiam em fotografar suas belezas para se lembrar de que há mais na natureza do que patologia. Nessa semana há uma foto da grande migração do gnu, eu suspeito (embora o local não seja mencionado) no Serengeti, no Quênia, ou na Tanzânia. Essa migração anual é uma maravilha de se ver e restaura a fé na beneficência da existência.

Na página ao lado, porém, está um quadro clínico, ou melhor, três quadros clínicos, que são menos agradáveis esteticamente. Eles mostram uma condição chamada síndrome compartimental, que ocorre quando o sangue penetra no espaço entre os músculos devido a uma lesão por esmagamento ou pressão prolongada e imobilidade. Esse acúmulo de sangue interfere no suprimento de sangue aos músculos e nervos e, a menos que seja liberado, os músculos gangrenam e os nervos efetivamente morrem.

O caso ilustrado nas fotos era de um jovem com síndrome compartimental no antebraço esquerdo. Ele foi ao hospital em Dublin com uma mão esquerda inchada e dolorida, e o movimento em seu antebraço estava impedido por dor tanto no movimento ativo quanto passivo. Seu pulso radial – sentido no pulso – não era palpável. Ele foi submetido a uma cirurgia de emergência para descomprimir o braço, e havia fotos de seu braço quando ele chegou, e da musculatura de seu antebraço antes e depois da operação, quando a circulação havia sido restaurada.

Foram os poucos detalhes do caso (além das próprias fotos) que me chamaram a atenção. Aqui estava a causa de sua síndrome compartimental: "Ele ficou deitado no chão por mais de 13 horas após usar drogas ilícitas". Uma segunda operação foi realizada 48 horas depois para fechar a ferida aberta produzida pela primeira com um enxerto de pele dividida. "O paciente não participou da terapia de mão recomendada e a rigidez e a parestesia das mãos [formigamento] persistiram. Posteriormente não retornou mais ao acompanhamento."

Pode-se levar um paciente ao tratamento, mas não se pode obrigá-lo a aceitá-lo. Embora, nesse caso, a falta de cooperação do paciente irrite qualquer médico, no entanto, a liberdade do paciente de fazer a coisa errada e de não seguir bons conselhos me garante que nós, humanos, não somos meras máquinas que invariavelmente estimam o que é melhor fazer de acordo com um cálculo felicífico.

16 de novembro de 2017

O esporte é geralmente considerado uma atividade saudável e benéfica, especialmente nos dias atuais com o alargamento das cinturas e o aumento da síndrome metabólica. Na minha juventude, o esporte também era considerado benéfico à construção do caráter, especialmente quando envolvia desconforto físico. Não havia nada como raspar os joelhos em um solo duro e congelado para injetar ferro virtuoso em sua alma.

Nunca acreditei realmente nisso e, embora não fosse de forma alguma incompetente no esporte, não conseguia levar a sério o suficiente para treinar ou praticar conscienciosamente. Nunca notei que aqueles que eram muito bons, ou treinavam muito, tinham um caráter superior ao dos outros. Na verdade, parecia-me haver uma relação inversa entre decência e proezas esportivas. O esporte dava licença aos valentões.

No mundo moderno, o esporte é um aspecto importante do regime do pão e circo. A empolgação que as pessoas extraem do esporte costuma ser proporcional ao tédio de suas vidas e tem uma qualidade quase histérica ou simulada. O comportamento da multidão é frequentemente pouco atraente, e as mortes em tumultos ocasionados por uma partida de algum tipo estão longe de serem desconhecidas. O esporte inflama as paixões nacionalistas do tipo mais cruel. Desperdícios de gastos públicos em extravagâncias esportivas internacionais ocorrem com frequência, deixando um legado de dívidas e edifícios de escassa utilidade, mas de manutenção cara. O esporte competitivo também é um presente para regimes ideológicos ou totalitários, que usam a vitória esportiva como prova de superioridade filosófica sobre seus inimigos.

E isso não é tudo. O esporte é uma das causas de lesões mais importantes do mundo. Em uma pesquisa com adolescentes participantes de esportes competitivos, 65% estavam feridos ou já haviam se ferido no passado. Que outra atividade seria permitida com uma taxa tão alta de causar danos aos jovens? Deve haver algum preconceito muito forte agindo em favor de sua continuação e encorajamento diante de tantos danos causados.

Um artigo do Canadá no *Journal* dessa semana examina a questão da morte cardíaca súbita em jovens (definidos como sendo de 12 a 45 anos) enquanto se entregam a atividades esportivas, competitivas ou não. Anteriormente, a incidência de morte súbita cardíaca durante a atividade esportiva foi relatada como 0,46 por 100 mil por ano, cerca de metade do risco de ser assassinado em um país como a Grã-Bretanha ou a França. O exame de saúde cardíaca dos participantes pode reduzir o risco de tais mortes?

Os autores examinaram todos os casos de parada cardíaca em pessoas entre 12 e 45 anos de idade que ocorreram fora do hospital em uma área de Ontário com uma população de 6,6 milhões de habitantes, dos quais 3,09 milhões estavam nessa faixa etária. Uma parada cardíaca ocasionada durante uma atividade esportiva foi definida como aquela que ocorreu no decorrer da atividade ou em uma hora após seu término.

Fiquei surpreso com a quantidade de paradas cardíacas fora do hospital: 3.825, ou mais de uma em mil. Destas, 2.144 ocorreram em um espaço público e 2.070 não foram relacionadas ao esporte. Isso deixou 74 paradas cardíacas que ocorreram durante ou dentro de uma hora de participação no esporte. Destes, 16 ocorreram durante esportes competitivos e 58 durante atividades esportivas não competitivas, como corrida. Das 74 paradas cardíacas, 41 foram fatais.

A proporção da população jovem que praticava esportes competitivos organizados ou supervisionados por algum tipo de organização oficial era de 11,4%. De 352.499 pessoas, um terço (116.390) jogava hóquei no gelo. Apenas duas das paradas cardíacas ocorreram entre eles, em comparação com quatro entre os 11.265 que jogavam futebol. Deixo para os estatísticos descobrir se isso significa alguma coisa, ou de fato pode significar qualquer coisa na ausência de controle de fatores como idade, classe social, etc.

O fato de as paradas cardíacas ocorrerem durante ou logo após as atividades esportivas não significa que tenham sido causadas por essas atividades, é claro: elas poderiam ter ocorrido de qualquer maneira. Estranhamente, esse é um ponto que os autores omitem. Em outros estudos, a taxa de parada cardíaca na população geral de pessoas entre 12 e 45 anos foi estimada em 4,84 por 100 mil por ano, o que significa que, mesmo se a atividade esportiva fosse a causa das paradas cardíacas, elas causariam apenas entre um sexto e um sétimo delas nessa faixa etária. Por outro lado, o esporte não é a única forma de exercício físico vigoroso conhecido pelo homem, e o artigo não nos diz que proporção das 4,84 paradas cardíacas por 100 mil por ano ocorrem no meio ou logo após exercício vigoroso. Assim, não podemos exonerar o esforço físico como causa de parada cardíaca.

Os autores naturalmente queriam estimar qual proporção das mortes poderia ter sido evitada se os exames médicos tivessem sido realizados nos atletas antes de praticarem seu esporte. (Nem todo atleta é atlético, é claro.) Em certo sentido, essa investigação era inerentemente improvável de produzir qualquer resultado prático, mesmo se todas as 16 paradas cardíacas (9 delas fatais) entre os 352.499 participantes de esportes fossem causadas por anomalias cardíacas detectáveis, procedimentos de triagem em quase 40 mil pessoas iriam, em média, prevenir apenas uma única morte. Na verdade, as chances de sucesso na triagem são ainda mais baixas, uma vez que a maioria das paradas cardíacas ocorreu em pessoas que não tinham nenhuma doença ou lesão identificável de antemão. Os autores estimam que a triagem de 146 mil ou mais atletas evitaria apenas uma parada cardíaca durante a atividade esportiva, e que a triagem de 260 mil evitaria apenas uma morte.[1]

---

[1] Isso pressupõe que a atividade esportiva e as paradas cardíacas estão causalmente relacionadas, o que parece provável.

Se o esporte fosse uma pílula, os médicos o recomendariam? Eu acho que não. Sabemos que causa muitos ferimentos, e a parada cardíaca não é a única forma de morte no esporte. Condições crônicas, como osteoartrite e demência, também são causadas pelo esporte. Quaisquer benefícios à saúde que o esporte possa conferir podem ser obtidos por meio de exercícios menos vigorosos. Que o esporte dá prazer a milhões não convence aos médicos de inclinação epidemiológica (como todos somos obrigados a ser hoje em dia); fumar também dá prazer, e nunca vi qualquer referência a esse prazer em qualquer literatura médica sobre fumar que se refira apenas a danos tangíveis e mensuráveis.

Não, em um mundo governado por médicos, não haveria esporte.

* * *

Uma das possíveis causas de parada cardíaca no esporte é a cardiomiopatia, uma deterioração progressiva e inexorável do músculo cardíaco que, na ausência de um transplante cardíaco, leva à morte. Alguns tipos de cardiomiopatia são de origem genética, e recentemente houve progresso na chamada edição de genes, na qual a substituição do gene causador defeituoso por um gene mais saudável será possível. Dado o ritmo do desenvolvimento tecnológico, isso levanta o espectro de bebês projetados, de pais escolhendo as características positivas de seus filhos e não apenas eliminando defeitos genéticos.

Outro artigo dessa semana, no entanto, chama a atenção para as dificuldades éticas de natureza mais mundana, mas muito próxima. Quando os genes nos espermatozoides ou oócitos são editados, não são os pais que serão afetados, mas seus descendentes e os descendentes de seus descendentes; e não se pode simplesmente presumir que a edição de genes produzirá apenas os efeitos desejados e nenhum outro. Os efeitos de longo prazo da edição de genes não podem ser conhecidos com antecedência e, portanto, terão de haver estudos de acompanhamento de longo prazo sobre aqueles que nasceram com edição de genes, por assim dizer. Mas, para que esses estudos sejam conduzidos, o consentimento dos sujeitos terá que ser obtido, o que pode não acontecer.

Como os autores apontam, os potenciais efeitos adversos da edição de genes são desastrosos, "mesmo com um pequeno número de edições fora do alvo". Os sujeitos do experimento não participaram da decisão inicial de participar e não tiveram escolha. Acho que posso ouvir em minha mente a réplica de certo tipo de bioética a essa preocupação: Afinal, ele diria, nenhum de nós pediu para nascer, e ainda assim nós nascemos. Nossos pais nos envolveram em uma espécie de experimento natural ao nos conceber. Onde, então, está a diferença ou problema ético? É verdade que os resultados da edição de genes não podem ser conhecidos com antecedência; mas não foi esse o caso da concepção natural por milhares de anos?

Que resposta nós daremos?

23 de novembro de 2017

Os *smartphones* são uma bênção ou uma maldição? Quando você está em um restaurante e observa quatro pessoas em volta de uma mesa sem falar umas com as outras, com os olhos grudados nas telinhas, você acha que os telefones são uma maldição, destruidores da verdadeira vida social e do contato humano real. Na verdade, escolas em todo o mundo estão tentando reduzir seus efeitos de distração, proibindo seu uso durante o dia escolar.

Mas essa não é toda a história, é claro, e no *Journal* dessa semana é possível ler sobre um uso engenhoso, inesperado e inequivocamente benéfico de *smartphones*. Especificamente, eles estão provando ser uma ferramenta altamente útil e eficiente na campanha para erradicar a oncocercose na África. Primeiro, é necessário um pouco de conhecimento.

A oncocercose, ou cegueira dos rios, é causada por um verme parasita que atende pelo charmoso nome de *Onchocerca volvulus*. Ele se espalha pela picada de pequenas moscas pretas, uma das quais atende pelo nome igualmente grandiloquente de *Simulium damnosum*. As moscas se reproduzem em águas de fluxo rápido.

Uma fêmea adulta fertilizada com o verme *Onchocerca*, que vive até quinze anos em seu hospedeiro humano, produz filhotes minúsculos, mil por dia, chamados microfilárias. Estas infectam a mosca *Simulium* quando ele – ou melhor, ela (o macho da espécie sendo vegetariano) – morde uma pessoa infectada com o parasita. As microfilárias desenvolvem-se na mosca e acabam encontrando caminho para sua saliva, pela qual são transmitidas de volta a um hospedeiro humano, onde migram da corrente sanguínea para o tecido da pele, amadurecendo como vermes adultos e todo o processo começa novamente. De certa forma, é um artifício admirável, embora se desejasse que tudo pudesse ter um propósito melhor.

A maioria das microfilárias não está envolvida na reinfecção (a natureza desperdiça sua progênie) e morre no hospedeiro humano, iniciando uma reação inflamatória na pele. Se ocorrer no olho, causa cegueira. A oncocercose não mata, mas cega; é a segunda cegueira infecciosa mais comum no mundo, agora quase totalmente confinada à África.

Tem havido esforços contínuos para erradicar a oncocercose há mais de quarenta anos, e nem mesmo o mais místico dos modernos pagãos adoradores da natureza se opõe à tentativa de eliminar o *Onchocerca volvulus* como espécie.[1] A erradicação da doença pode ser feita de duas maneiras: através da mosca ou do verme. As moscas são mais irreprimíveis do que os vermes, no entanto, e, embora os esforços iniciais focados na *Simulium damnosum* parecessem bem-sucedidos, a mosca logo retornou. Felizmente, foi descoberta uma droga que mata as microfilárias por cerca de um ano após a ingestão; é chamada de ivermectina, e os descobridores receberam o Prêmio Nobel em 2015. A ivermectina não mata, infelizmente, o verme adulto que produz as microfilárias, mas, se todos em uma área endêmica fossem tratados uma vez por ano com ivermectina por quinze anos – a vida útil máxima do verme –, a transmissão do *Onchocerca* seria interrompida de uma vez por todas e a doença eliminada.

Tentativas de tratamento em massa com ivermectina foram iniciadas, mas infelizmente houve... quase disse uma mosca na sopa. Em algumas áreas, as pessoas foram infectadas não apenas com *Onchocerca*, mas com

---

[1] Há uma página da *web* muito divertida satirizando o culto moderno da natureza ou o misticismo, http://www.deadlysins.com/guinea-worm, administrada pela sombria Save the Guinea Worm Foundation, que se dedica a combater a erradicação de outro parasita repelente de humanos que em breve será levado à extinção. A existência de tais parasitas é outro exemplo do mal natural que a teodiceia pretende explicar ou (dependendo de sua perspectiva) compreender.

outro tipo de verme filarial chamado *Loa loa*, que na forma adulta pode viver ainda mais no hospedeiro humano, dezessete anos. *Loa loa* é espalhado por outro gênero de moscas, incluindo a *Chrysops silacea*. O verme causa uma reação inflamatória na pele e pode levar a inchaços muito fortes; os vermes adultos se movem e têm predileção pelos olhos. As pessoas infectadas às vezes veem um verme se movendo em seu campo de visão e, se ficar preso lá, será necessário removê-lo cirurgicamente. A propósito, *Loa loa* não parece ter nenhum hospedeiro além de humanos, então o verme e seu ciclo de vida devem ter evoluído com o homem. Se alguém lhe disser que o homem não é diferente dos outros animais, você pode responder: "Ah, sim, ele é, ele é suscetível à parasitação por *Loa loa*".

Quando a ivermectina é administrada a pessoas infectadas com *Loa loa*, uma proporção delas sofre reações graves e até morre. *Loa loa* produz um número muito maior de microfilárias do que *Onchocerca*, e a ivermectina devidamente as mata; mas onde são extremamente numerosos, mais de 30 mil por milímetro cúbico de sangue, sua morte pode desencadear uma reação inflamatória severa e às vezes fatal em todo o cérebro. Em uma campanha massiva de tratamento com ivermectina em 1999 em uma área dos Camarões, quinhentas pessoas sofreram de encefalite, das quais sessenta morreram. Compreensivelmente, a ivermectina não foi usada lá novamente até 2015, mas então com uma nova estratégia.

O artigo no *Journal* dessa semana relata como médicos e pesquisadores voltaram à mesma área dos Camarões para realizar uma nova campanha em massa com ivermectina. Desta vez, antes de dá-la a qualquer pessoa, eles verificaram a contagem filarial de *Loa loa* em seu sangue e se abstiveram de receitar a droga a qualquer pessoa com uma contagem superior a 26 mil por milímetro cúbico.

A participação na campanha foi impressionante, dada a memória persistente da anterior: 16.259 das 22.842 pessoas que vivem na área (71,2%) concordaram em participar. Todos os que participaram foram tratados, exceto aqueles que tinham uma contagem filarial muito alta, ou estavam em mau estado de saúde, ou estavam grávidas ou embriagadas (que imagem humanizadora essa única palavra no meio de um artigo científico evoca!). Ao todo, 737 pessoas (4,4% da população pesquisada) foram excluídas e, das 15.552 pessoas restantes, 22% tinham oncocercose. Nenhuma pessoa tratada teve uma reação grave à droga como na campanha anterior, e nenhuma morreu.

O que realmente me surpreendeu, entretanto, foi a maneira como as contagens de microfilárias Loa loa no sangue foram estabelecidas. É aqui que os smartphones entram na história:

> O LoaScope, um videomicroscópio baseado em telefone celular [...] foi desenvolvido. Com o uso de um smartphone acoplado a um dispositivo ótico simples, o LoaScope conta automaticamente as microfilárias de Loa loa no sangue periférico coletado em tubos capilares retangulares descartáveis, sem a necessidade de processamento de amostra.

Quão admirável – mais do que admirável – a engenhosidade, e desta vez com que fim digno! As pessoas que usaram o LoaScope foram treinadas em seu uso em uma hora. Isso significa que deveria ser possível, em teoria, reduzir a prevalência de oncocercose a níveis muito baixos e talvez, com a adição de controle de Simulium, eliminá-la totalmente. Obviamente, o preço da eliminação da oncocercose é, se não exatamente a vigilância eterna, a vigilância por quinze anos.

Mesmo a África rural agora tem redes telefônicas. (Quando eu estava na África, telefonar para qualquer pessoa a mais de algumas centenas de metros de distância era um trabalho de Hércules, e muitas vezes impossível, especialmente na estação das chuvas.) E apesar do suposto legado do colonialismo tão carinhosamente enfatizado em milhares de publicações acadêmicas, a população da região deve ter depositado um grau considerável de confiança nos intrusos que vieram ajudá-los.

* * *

Como acabamos de ver, nem todas as obras da natureza são benignas do ponto de vista humano. Muitos de nós não gostam de lesmas – muito menos jardineiros; e, enquanto para alguns de nós uma rosa pode ser uma rosa, para a maioria de nós definitivamente uma lesma é uma lesma.

Recentemente, porém, comprei um livro de um entusiasta de lesmas na esperança de reparar minha lamentável ignorância sobre essas criaturas. Enquanto a maioria dos livros sobre lesmas ensina como matá-las, esse ensina como preservá-las. Eu ainda não fui tão longe.

As lesmas são de interesse médico? O artigo dessa semana na série "Implicações Clínicas da Pesquisa Médica" do NEJM discute a cola multicomponente à base de muco que a lesma arion escura (*Arion subfuscus*) secreta quando está sob ameaça. A secreção torna difícil para os predadores desalojarem a lesma.

Olhando para a composição dessa cola, os pesquisadores desenvolveram uma cola semelhante que eles esperam que possa servir como um adesivo em operações cirúrgicas, em que suturas e clipes de metal têm muitas desvantagens. Tudo isso me parece admiravelmente inteligente: primeiro a observação da secreção, depois o salto da imaginação para pensar que ela poderia ter alguma aplicação útil, a seguir a elucidação de sua estrutura e, finalmente, o desenvolvimento de um análogo sintético. Que maravilha é o homem – e uma lesma, convenhamos.

30 de novembro de 2017

A atual epidemia de overdose de opioides nos Estados Unidos não reflete bem pelo menos uma parte da profissão médica, cujos hábitos de prescrição desleixados, irrefletidos e, em alguns casos, corruptos contribuíram consideravelmente para seu desenvolvimento. Mesmo agora, se meus conhecidos servirem de referência, os médicos estão dispostos a prescrever opioides para pacientes no pós-operatório que não precisam deles, e em quantidades que viciam ou até matam uma aldeia. Como meus conhecidos são sensatos e decentes, eles jogam os comprimidos no banheiro em vez de ingeri-los ou vendê-los, mas é como se os médicos que os prescreviam não tivessem ouvido a notícia nos últimos dois anos.[1]

É provável que o papel dos médicos em causar a epidemia tenha diminuído, e a tocha, por assim dizer, tenha sido tomada por empresas privadas na forma de traficantes e vendedores de drogas, que aproveitaram a oportunidade para expandir seus negócios (para usar a linguagem deselegante dos livros de gestão vendidos nas bancas do aeroporto).

Um relato de caso na série "Registros de Casos do Hospital Geral de Massachusetts" no NEJM conta a história de um homem de 36 anos que

---

[1] Tanto a imprensa noticiosa americana quanto a classe médica demoraram lamentavelmente para reagir a uma situação que obviamente vinha se desenvolvendo ao longo de quase duas décadas.

foi encontrado profundamente inconsciente em um parque em uma tarde de inverno. Os sinais e sintomas eram sugestivos de overdose de opioides. Ele foi encontrado por um amigo que administrou naloxona, o antídoto para overdose de opioides, e ligou para o pronto-socorro, que o levou ao hospital. Lá, ele recebeu mais naloxona e, como estava com edema pulmonar, também recebeu diuréticos e oxigênio. Ele teve uma recuperação sem intercorrências e negou ter qualquer intenção de overdose. Em outras palavras, ele supôs que estava tomando apenas uma dose "normal" (ou seja, *sua* dose normal) de opioides. Certamente, seu amigo devia estar ciente das complicações do uso de drogas.

O exame químico de sua urina não revelou nenhum opioide, mas foi realizado um tanto tarde, quando os metabólitos testados teriam desaparecido e os exames também não teriam detectado a presença de fentanil, o opioide sintético, muito mais forte do que a morfina ou heroína, que é cada vez mais usado para "cortar" essas drogas. O grau em que isso é feito com suprimentos ilícitos varia, de modo que o usuário não sabe o que está tomando. Uma overdose severa pode resultar de tomar o que ele erroneamente supõe ser sua dose "normal", que é o que parece ter acontecido nesse caso.

O artigo é menos detalhado em seu relato do que seria de esperar. De acordo com o histórico médico fornecido aqui, o paciente fazia uso de opioides há quatro anos antes deste episódio:

> Aproximadamente quatro anos antes dessa avaliação, o paciente havia sido submetido a uma cirurgia de mão não especificada. Imediatamente após o procedimento foi administrada hidromorfona. Depois que o paciente teve alta e foi para casa, ele inicialmente procurou mais opioides prescritos e depois mudou para heroína intravenosa, porque descobriu que era mais barata e mais facilmente obtida. Durante os três anos seguintes, ele injetou 1 a 2 gramas de heroína todos os dias.

Esse relato é um tanto esquemático, para dizer o mínimo. Primeiro, não somos informados de sua fonte. No entanto, o fato de que a cirurgia de mão que supostamente iniciou seu declínio no vício foi "não especificada" sugere que o relato foi tirado do paciente, e não de qualquer registro contemporâneo, pois nenhum registro diria apenas "cirurgia de mão – não especificada". Também não somos informados de quanto tempo ele ficou hospitalizado, ou por quanto tempo a hidromorfona "foi administrada". É improvável que ele tenha passado mais de um ou dois dias no hospital, dada a ansiedade (às vezes, inconveniente) com que os pacientes recebem alta hoje em dia. Ele não poderia ter desenvolvido o vício em hidromorfona enquanto estava lá. Ele "procurou mais opioides prescritos" após a alta, o que sugere que seus cirurgiões não achavam que sua dor pós-operatória seria muito forte. Também sugere que seu vício foi o resultado do que ele fez, e não do que outros fizeram com ele ou algo que simplesmente saltou nele como um assaltante à noite. Quanto à sua "mudança para heroína intravenosa", também foi mais ativa do que passiva. Como todos esses usuários, ele tinha muito a aprender, se é que ainda não sabia: onde conseguir heroína, como prepará-la, onde conseguir agulhas e seringas, como injetar a droga, como superar a inibição normal de enfiar uma agulha em si mesmo. Ao contrário da crença popular, o vício em opioides não é instantâneo, nem implica um destino inexorável quando acontece ou é alcançado.

A discussão desse caso é ingênua, ou talvez dê a impressão de ingenuidade por causa de seu apego a noções *bien pensant*. O homem disse ter sofrido de *distúrbio de uso de opioides*; não pode mais ser chamado de *abuso*. (Mas, se é apenas uso e não abuso, por que deveria ser chamado de distúrbio?) A evidência implícita nos diz que esse homem causou seu vício, mas essa visão do vício é hoje em dia castigada como estigmatizante. Há uma suposição subjacente de que, se ele causasse o próprio problema, não mereceria ajuda. Já que queremos ajudá-lo, no entanto, ele não poderia ter causado isso sobre si mesmo. Mas, se negássemos assistência a todos aqueles que causam problemas para si mesmos, deveríamos ajudar apenas uma parte muito restrita da humanidade.

Os autores desse caso lamentam a ausência de instituições para ajudar homens como esse, embora forneçam evidências de que ele várias vezes recusou assistência. Quando finalmente aceitou, relatou que havia conseguido não usar heroína por seis meses.² Isso, aliás, ilustra como é difícil estabelecer se qualquer "tratamento" para esse vício realmente funciona. No momento em que um usuário está pronto para cooperar, ele já mudou de ideia. O fato de os viciados muitas vezes abandonarem as drogas após uma conversão religiosa sugere que o "tratamento" não é diretamente farmacológico ou fisiológico – exceto, talvez, para teóricos estritos da identidade mente-cérebro.

* * *

As diretivas antecipadas de fim de vida são muitas vezes consideradas uma coisa boa, e os médicos gostam de citar as falas de Arthur Hugh Clough em "O Último Decálogo" precisamente no sentido oposto ao que ele pretendia:

> Você não deve matar, mas não precisa se esforçar
> Oficiosamente para manter vivo.

Que os médicos erram precisamente é óbvio em todos os outros dísticos, como:

> Não roubarás; uma façanha vazia
> Quando é tão lucrativo trapacear.

Uma carta no *Journal* dessa semana descreve um caso em que um paciente de setenta anos com diabetes, bronquite crônica ou enfisema e fibrilação atrial chegou inconsciente ao hospital. Em seu peito estavam tatuadas as palavras NÃO RESSUSCITE. Os médicos deveriam tentar salvar sua vida ou não? Sua condição sugeria uma vida que não havia sido vivida de maneira saudável. Ele tinha um alto nível de álcool no sangue e sua condição pulmonar implicava, em parte, uma vida inteira fumando em bares.³

---

² Os autores creditaram seu relato, o que pode ou não ser verdadeiro.

³ A maioria das pessoas que chegam bêbadas em hospitais bebem muito, se já não são alcoólatras.

Os médicos pediram uma consulta urgente com especialistas em ética. (A própria existência de tais "consultores de ética" parece-me uma tentativa de dividir a responsabilidade por tomar decisões difíceis de forma que ninguém seja responsável por elas, assim como os pelotões de fuzilamento têm pelo menos um entre eles que recebe uma bala de festim.) Os eticistas, como eu teria previsto, achavam que a tatuagem deveria ser considerada *au sérieux*, e não como algo feito em um estado de embriaguez.

Os médicos não fizeram nenhuma tentativa de salvar o homem, e ele morreu devidamente. De forma bastante assustadora, os autores dizem:

> Posteriormente, o departamento de serviço social obteve uma cópia de sua ordem de não ressuscitar feita "fora do hospital" do Departamento de Saúde da Flórida, que era consistente com a tatuagem.

Os autores, eu suspeito, sofreram de certo grau de desconforto, pois na primeira leitura de sua carta não está totalmente claro se *subsequentemente* significa subsequente ao conselho dos especialistas em ética, mas antes que o paciente fosse autorizado a morrer, ou após sua morte. Quase com certeza, significa a segunda hipótese.

Quanto a mim, só posso esperar que, pouco antes de minha morte, caia nas mãos de médicos humanos e de bom senso – seu próprio bom senso, quero dizer.

7 de dezembro de 2017

Por mais que sejamos advertidos de que correlação não é causa, existe algo na mente humana que resiste a esse aviso. Assim que uma correlação estatística é estabelecida, ou pelo menos afirmada, achamos que conhecemos uma causa. Quando, há alguns anos, foi divulgado um estudo que mostrava correlação entre baixos níveis de selênio e ataques cardíacos, houve uma corrida por castanhas-do-pará nos supermercados a ponto de logo não serem encontradas nas lojas, já que têm alto teor de selênio. A crescente prevalência de estudos epidemiológicos nos encoraja a ir de correlação em correlação, como as abelhas vão de flor em flor, em nossos esforços para destilar delas o mel de uma vida saudável e, portanto, da longevidade, senão da imortalidade.

O fundador dos estudos epidemiológicos, Austin Bradford Hill, em 1965, estabeleceu alguns princípios — agora frequentemente ignorados na prática — para estimar se uma correlação implicava ou não a causa. Esses princípios são regras básicas em vez de leis obrigatórias, e seu *status* epistemológico preciso é ambíguo. Eles são os seguintes:

1. Quanto mais alta a correlação, mais provável é que indique causalidade, embora uma correlação fraca não signifique automaticamente que a relação não é causal.
2. A correlação deve ser reproduzível.

3. Quanto mais específica a população e suas circunstâncias, mais provável é que qualquer correlação dentro dela seja causal.
4. O efeito deve ocorrer após a causa, embora o atraso não exclua a causa.
5. Deve haver uma relação dose-resposta entre a suposta causa e o efeito, de forma que uma menor exposição à causa resulte em uma incidência menor.
6. A relação entre causa e efeito proposta deve ser biologicamente plausível, embora, é claro, o estado atual de ignorância possa fazer uma relação causal parecer implausível.
7. Deve haver acordo entre as evidências epidemiológicas e outras formas de evidência.
8. Idealmente, a evidência experimental deve apoiar uma relação causal.
9. A analogia com outras instâncias semelhantes é sugestiva, embora não probatória.

Com esses princípios em mente, li um artigo epidemiológico no *Journal* desda semana intitulado "Contracepção Hormonal Contemporânea e o Risco de Câncer de Mama". Os autores abordam a espinhosa questão de saber se as mulheres que usam, ou já usaram, anticoncepcionais hormonais têm maior risco de câncer de mama do que aquelas que não os tomaram. Alguns estudos mostraram que não há risco aumentado, mas outros mostraram o contrário. Suponho que todo investigador deseja a última palavra sobre uma questão controversa, para resolvê-la de uma vez por todas.

O artigo vem da Dinamarca e, mais uma vez, fica-se dividido entre a admiração por um sistema que permite o acesso ao registro de saúde de cada pessoa no país e uma leve sensação de desconforto por não haver como escapar da benevolência do Estado – ou malevolência, se as coisas forem para esse lado. Seja como for, é surpreendente que um país com uma população tão pequena em relação a outros seja capaz de realizar estudos epidemiológicos em uma escala difícil ou impossível em outros países muito maiores. O Registro Nacional de Estatísticas de Produtos Medicinais tinha dados completos sobre todas as prescrições na Dinamarca em 1º de janeiro de 1995, de modo que foi usado como a data de início do período de estudo.

Os autores examinaram – eletronicamente, é claro – os prontuários médicos de todas as mulheres na Dinamarca que tinham entre 15 e 49 anos naquela data, e adicionalmente aquelas que completaram 15 anos em 31 de dezembro de 2012: um total de 1.837.297 mulheres. Após relativamente poucas exclusões por doenças intercorrentes que teriam interferido nos resultados, os registros de 1.797.932 mulheres (em um período de quase 11 anos em média) foram examinados quanto ao uso de anticoncepcionais hormonais e desenvolvimento de câncer. Mais uma vez, é surpreendente que os autores, graças ao sistema dinamarquês, tenham conseguido triar todas as receitas de anticoncepcionais hormonais que foram prescritas no país entre 1995 e 2012.

Basicamente, o que eles descobriram foi que mulheres que usaram anticoncepcionais hormonais tiveram uma taxa 20% maior de câncer de mama do que aquelas que nunca usaram. Isso significa que há um caso extra de câncer de mama para cada 9.690 mulheres que usam anticoncepcional por um ano.[1]

Isso é certamente lamentável para a única mulher em 9.690, mas vale a pena se preocupar com o risco geral? Um amigo meu, um distinto professor, diz que não dá atenção a um risco tão pequeno; que, até que a probabilidade chegue a dois – quando o risco no grupo experimental é o dobro do controle –, é essencialmente uma forma de ruído epidemiológico. Acho que isso é um pouco brusco ou muito resumido; mas deixemos a questão de lado por um momento e examinemos outra: a relação observada é causativa?

Os autores encontraram um claro gradiente entre a duração da exposição a anticoncepcionais hormonais e o risco adicional. Isso por si só não prova a causalidade, uma vez que algum outro fator, agindo simultaneamente, também poderia ter causado o aumento do risco. Mesmo assim, cumpre um dos critérios de Austin Bradford Hill.

---

[1] Ou, supondo que a relação entre o tempo de exposição e o risco seja linear (o que não é), 1 em 969 para aquelas que usam anticoncepcionais hormonais por dez anos.

As mulheres no estudo usaram anticoncepcionais hormonais não apenas por diferentes períodos, mas também em diferentes preparações, contendo diferentes hormônios. Os autores não conseguiram encontrar diferenças de acordo com as preparações utilizadas, o que considero um pouco desconcertante, pelo menos na hipótese de uma relação causal. É provável que *todas* as preparações fossem igualmente cancerígenas? Por outro lado, embora a amostra fosse grande, talvez não fosse grande o suficiente para detectar diferenças estatisticamente significativas entre os riscos associados ao uso de diferentes preparações.

Outra descoberta que está possivelmente de acordo com uma relação causal é que, embora um risco aumentado persista por cinco anos após a interrupção do tratamento, ele diminui posteriormente (assim como os riscos associados ao tabagismo diminuem, embora não desapareçam após a cessação). Por outro lado, os autores não controlaram – não puderam controlar – outros possíveis fatores importantes, como o número de filhos que as mulheres tiveram ou obesidade. Eles descartam esses fatores de maneira um tanto leviana, alegando que eles teriam que ser muito fortes para fazer a correlação entre a contracepção hormonal e o câncer desaparecer; mas é claro que pode haver vários deles, adicionando seu tempero ao caldeirão da causalidade.

O estudo é reproduzível? Em sua forma exata, provavelmente não; e um dos problemas desse tipo de trabalho é que frequentemente produz resultados diferentes. Como dizem os autores: "Estudos de risco de câncer de mama entre mulheres que recebem anticoncepcionais hormonais mostram resultados inconsistentes – de nenhuma elevação no risco a um aumento de 20% a 30% no risco".

De modo geral, embora eu não seja um especialista, o artigo me parece menos do que convincente, mas um editorial que o acompanha comenta: "esses dados sugerem que a busca por um anticoncepcional oral que não eleve o risco de câncer de mama deve continuar". O autor do editorial aceita, portanto, que a relação é causal; que a correlação, nesse caso, *é* a causa.

Uma das omissões marcantes nesse artigo é a exclusão das taxas de mortalidade, tanto por câncer como por todas as causas, de sua análise.

Essa seria uma informação útil, uma vez que diagnósticos falso-positivos de câncer de mama são comuns. Como a contracepção hormonal costuma ser suspeita de ser a causa do câncer de mama, as pessoas que fazem esse tipo de contracepção podem ser examinadas com mais frequência para o câncer de mama: procure e você encontrará, embora seja sabido que parte do que foi encontrado é falsa.

Como o mundo é complicado!

* * *

Austin Bradford Hill também foi um dos fundadores do estudo controlado como meio de obter conhecimento médico verdadeiro. Mas os estudos controlados não são tudo e é possível obter avanços sem eles. Em um artigo surpreendente e inspirador sobre hemofilia B, aprendemos que dez pacientes receberam terapia única com um gene para a produção de uma forma eficaz do fator de coagulação que não apresentavam, uma deficiência que resulta em episódios de sangramento perigosos e dolorosos. Durante um período de acompanhamento de um ano, descobriu-se que a infusão desse gene reduziu seus episódios de sangramento e, na maioria dos casos, os eliminou por completo. Eles não precisaram mais de infusões do fator de coagulação a cada poucos dias ou quando começavam a sangrar.

Esse é um triunfo notável da medicina científica. O que quero dizer aqui, entretanto, é que os resultados desse estudo foram impressionantes, embora o estudo não atendesse aos cânones modernos do experimento controlado. Não houve controles, exceto na medida em que os pacientes eram os próprios controles. Antes do tratamento, sintomas horríveis; após o tratamento, sem sintomas horríveis. É quase inconcebível que outra coisa senão o tratamento pudesse ter produzido esse resultado.

As evidências devem ser de um tipo apropriado ao assunto sob investigação. Isso é óbvio, mas às vezes é esquecido.

14 de dezembro de 2017

Já vimos que constantes admoestações de que correlação não deve ser confundida com causalidade não parecem ter muito efeito, e da mesma forma advertências contra nossa propensão natural de buscar a culpa quando as coisas dão errado são ignoradas. O fato é que atribuir culpas é agradável de uma forma que simplesmente encontrar as causas não é. Isso nos garante que tudo o que acontece está sob controle humano. Além disso, assim como a correlação às vezes *é* uma indicação de causa, também em alguns casos a culpa é justificada. Não precisamos ir tão longe quanto aos azande do Sudão, que – conforme descrito pelo antropólogo social E. E. Evans-Pritchard – acreditavam que todas as mortes eram causadas pela magia maligna dos inimigos dos mortos, mas *podemos* reconhecer que algumas mortes são censuráveis (razão pela qual a negligência médica toma o lugar da magia maligna na mente de algumas pessoas).

O problema é que a culpabilidade costuma ser difusa, em vez de atribuível a um bode expiatório facilmente identificado. Em tais circunstâncias, entretanto, um princípio geral pode ser discernido: processar o culpado com mais dinheiro. Não faz sentido processar um indigente, por mais culpado que ele possa ser.

Um dos dois artigos do *Journal* dessa semana, que trata da epidemia de morte por overdose de opioides nos Estados Unidos, parece mais um exemplo de como apontar a culpa para onde está o dinheiro. (O NEJM não foi muito rápido em reconhecer a escala do problema – agora cerca de 300 mil mortes desde a virada do milênio –, mas não pode mais ser acusado de Negligenciar a Questão.) Em "Responsabilidade das Companhias Farmacêuticas na Epidemia de Opioides", os dois autores, ambos advogados por formação,[1] mais ou menos partem da premissa de que as empresas farmacêuticas que fabricaram os opioides semissintéticos mais recentes, como hidromorfona e oxicodona, são legal e moralmente responsáveis e devem ser processadas o máximo possível.

Não tenho nenhuma simpatia particular pelas empresas farmacêuticas: está além de qualquer dúvida razoável que elas usaram táticas de alta pressão e vendas desonestas para induzir os médicos a prescreverem seus produtos de forma inadequada. Mas, vinte anos após o início da epidemia, certamente é muito frágil culpá-las, exceto no sentido de que Eva foi responsável por todos os infortúnios subsequentes da humanidade.

O artigo aponta que as primeiras tentativas de processar as empresas por danos pessoais enfrentaram obstáculos consideráveis. Se, por exemplo, as empresas falharam em fornecer advertências adequadas nas informações de seus produtos, o que dizer da agência de licenciamento, a FDA, que licenciou os produtos tal *como eles eram de fato comercializados*? Além disso, como apontam os autores, "os júris podem resistir a atribuir a responsabilidade legal ao fabricante quando as decisões do prescritor e o comportamento do paciente contribuíram para o dano".

A fim de "superar" qualquer inclinação dos jurados de pensar que os indivíduos podem ter alguma responsabilidade por seu comportamento, os autores recomendam a "estratégia processual" de entrar com uma ação coletiva:

> Nesses processos, a relação causal entre o modelo de negócios das empresas e o dano é avaliada no nível do grupo, com foco nas associações estatísticas entre o uso do produto e o dano. O uso de ações coletivas foi fundamental para superar as defesas das empresas de tabaco com base na conduta dos fumantes.

---

[1] Os interesses adquiridos de todos são fáceis de discernir, exceto os próprios.

Quão encantador para os advogados, mas quão sinistro do ponto de vista da justiça natural! Isso significaria que a culpabilidade de um indivíduo por um delito diminui à medida que aumenta o número de pessoas que cometem o mesmo delito. Quanto maior a multidão, menor o pecado.

Esse não é o lugar para criticar em detalhes esse tipo de litígio moral, intelectual e financeiramente corrupto. Basta dizer que os principais beneficiários do litígio sobre o tabaco foram os advogados que o instauraram (que, é claro, não queriam levar as empresas à falência, pois queriam processá-las continuamente); e que os principais beneficiários, sem comparação, das vendas de tabaco são há muito os governos, que têm o poder de restringir ou mesmo proibir as vendas, mas não o utilizam.

O que aconteceria se os governos fossem as partes prejudicadas e propusessem processos judiciais? Os autores propõem esta estratégia com respeito aos opioides:

> Talvez o desenvolvimento mais promissor no litígio de opioides tenha sido o advento de ações movidas contra fabricantes e distribuidores de drogas pelo governo federal e dezenas de estados. [...] Uma vez que o próprio governo está reivindicando danos e buscando restituição para que possa reparar sistemas sociais debilitados pela dependência de opioides, esses processos evitam defesas que culpam os consumidores ou prescritores de opioides. Eles também ganham publicidade substancial.

Novamente, não há espaço suficiente para comentar sobre isso com os detalhes que merece. Consideremos apenas algumas das premissas não examinadas: a) que o dinheiro obtido pelo governo será usado para "reparar sistemas sociais debilitados pela dependência de opioides"; b) que o governo pode identificar e isolar "sistemas sociais" e depois "repará-los"; e c) que a dependência de opioides era uma causa da debilitação dos sistemas sociais, e não uma manifestação dela.[2] Mas, o mais importante, esse litígio torna uma causa distante, ou causa alegada, mais responsável do que

---
[2] Na verdade, é provável que a relação tenha sido dialética, para empregar uma palavra frequentemente banalizada.

uma próxima, puramente (suponho) pelo motivo de que a causa distante pode ser litigada com mais proveito do que a próxima.

Além disso, esse artigo é uma reminiscência do tipo de justiça da Rainha Vermelha: sentença primeiro, veredicto depois. Percorrendo o artigo está a suposição de que as defesas das empresas farmacêuticas não são realmente defesas, mas apenas obstáculos sofísticos a serem superados. O fim (a "reparação dos sistemas sociais") justifica os meios. Os autores, note-se, ensinam em instituições de prestígio. Embora eu despreze o que a principal empresa envolvida realmente fez, acho isso inquietante.

* * *

Um segundo artigo sobre a crise de opioides trata das tentativas de mudar os hábitos de prescrição dos médicos (uma admissão tácita de que eles têm algo a ver com a causa da epidemia). Em Massachusetts, um dos estados mais afetados pela epidemia, o governo estadual enviou avisos aos médicos informando se eles prescreviam mais ou menos medicamentos opioides do que seus pares. Uma vez armados com essas informações, seus hábitos de prescrição (em conjunto) quase não mudaram.

Havia mais de uma razão possível para isso, que os autores do artigo não mencionam. A primeira é que os médicos não leram de fato as informações que lhes foram fornecidas. Certamente deve haver alguma lei de declínio do efeito marginal da informação fornecida aos médicos (e outros, é claro) em circulares. Certamente, quando eu estava na prática, eu tendia a perder o foco muito rapidamente quando recebia circulares, em geral escritas em um estilo que era para a prosa o que a goma de mascar úmida é para a sola dos sapatos. As circulares raramente eram um prazer de ler.

A segunda razão possível (não mencionada) é que os médicos gostam de imaginar que sua prática é impecável, que o que fazem é o auge do bom senso, da prudência e da benevolência. Em teoria, e algumas vezes relutantemente na prática, estamos abertos à correção. Mas a noção de que os outros fazem as coisas de uma maneira melhor do que nós encontra resistência e nos provoca uma reação do tipo "eles verão!". Se mudarmos nossa prática, será uma admissão virtual de que estamos fazendo coisas erradas, o que não é fácil de fazer, especialmente se nossas ações podem ter resultado em morte.

Os autores sugerem que a informação fornecida pode ter agido como um estímulo para os que prescreviam pouco para prescrever mais, tanto quanto para os que prescreviam muito para prescrever menos. Se tivesse os dois efeitos, eles se cancelariam e o agregado permaneceria o mesmo (como permaneceu). Lembrei-me de um curso de reeducação que fui incentivado a fazer – por ab-rogação da punição – após ter sido pego em alta velocidade. O policial que deu o curso apontou que os limites de velocidade eram limites, não alvos. Estranhamente, nunca havia pensado nisso antes: sempre pensei neles como alvos, a serem superados, se possível.

Os autores, que parecem ter feito da política e gerenciamento de saúde, em vez do cuidado clínico, o foco de suas carreiras, afirmam que "há um perigo real de que políticas agressivas de prescrição de opioides possam [...] forçar os pacientes a viver com dor tratada de forma inadequada". Acho que isso demonstra que os autores não compreenderam a verdadeira dimensão ou natureza do escândalo, a saber, que os medicamentos opioides pelos quais tantas pessoas morreram foram sempre ineficazes no alívio da dor para a qual foram prescritos e nunca deveriam ter sido prescritos em primeiro lugar. Esse é um episódio inglório na história da medicina.

21 de dezembro de 2017

Uma das experiências formativas de meu desenvolvimento intelectual foi ouvir uma palestra do professor Thomas McKeown e, posteriormente, ler um livro dele, *The Role of Medicine: Dream, Mirage or Nemesis?* (1976). McKeown foi um professor de medicina social que ajudou a penetrar no profundo amor-próprio da profissão médica e substituí-lo por uma modéstia mais cética.

Na época em que ouvi McKeown falar, uma das maiores conquistas históricas da medicina foi a descoberta da causa da tuberculose e, posteriormente, de um tratamento eficaz para ela: estreptomicina, que foi lançada no mercado dos EUA em 1946 e tornou-se disponível na Grã-Bretanha logo depois. (Se George Orwell não tivesse uma alergia intratável à estreptomicina, ele poderia muito bem ter vivido até a década de 1980 ou mesmo depois.)

Os médicos acreditavam fácil e inquestionavelmente que o declínio abrupto na incidência da tuberculose se devia a seus esforços, uma crença lisonjeira para sua autoestima. Mas McKeown mostrou que o declínio na taxa de mortalidade por tuberculose, desde seu pico em meados do século XIX, foi precipitado antes mesmo que a causa bacteriológica ou qualquer terapia genuína fosse encontrada. O gradiente suave do declínio mostrou uma linha ininterrupta por qualquer descoberta médica em qualquer ponto de 1850 a 1950 e, portanto, algo diferente do progresso médico tinha que explicá-lo. A explicação que McKeown ofereceu foi a de melhores condições sociais, incluindo nutrição e habitação.

Na verdade, Rudolf Virchow (1821-1902), o fundador da patologia celular, alertou contra a visão monocausal simplista da tuberculose. No auge do comando da tuberculose como Capitã dos Homens da Morte, praticamente todas as pessoas estavam expostas ao germe que a causa; mas, mesmo assim, apenas uma minoria de pessoas desenvolveu a doença. Em outras palavras, o bacilo tuberculoso era uma causa necessária, mas não suficiente, para a doença. Virchow, embora principalmente um patologista, foi um forte defensor da reforma sanitária.

Mas a verdade é ainda mais complexa do que a equação: *más condições sociais + bacilo tuberculoso = a tuberculose*. Ainda há variação individual, e descobri em algumas ilhas do Pacífico onde trabalhei um índice excepcionalmente alto de tuberculose, não só dos pulmões, mas da coluna, abdômen, glândulas cervicais, pericárdio e rins. É verdade que as ilhas eram pobres em renda monetária, mas ofereciam uma economia de subsistência generosa e, graças a um clima uniforme e quase invariável, um estilo de vida saudável ao ar livre, de um tipo que normalmente não seria considerado propício para a tuberculose. E ainda assim a tuberculose era galopante lá.

Por quê? A explicação mais óbvia era que a população ainda não havia sido peneirada pelos duros métodos de classificação da evolução. A tuberculose era desconhecida nas ilhas antes da chegada dos europeus e, portanto, a população não teve gerações para selecionar os tipos mais resistentes a ela. Na medida em que há suscetibilidade genética à doença, os ilhéus eram os mais suscetíveis.

Em parte, em resposta ao excesso de confiança na promessa da ciência genética de resolver problemas médicos, um artigo no *Journal* dessa semana aborda o assunto antigo e controverso de se a medicina e os médicos tratam doenças ou pessoas ou sociedades inteiras. Sob o título "Recompondo o Paciente – Medicina Social, Medicina em Rede e os Limites do Reducionismo", os autores apresentam uma história esquemática da medicina moderna, segundo a qual sua primeira fase foi a classificação das doenças em tipos naturais válidos como um pré-requisito para a construção de uma base racional para a terapêutica. Na segunda, fase, a patologia macroscópica (o estudo da patologia em escala macroscópica) foi desenvolvida. Na terceira, a patologia ficou microscópica. Em seguida, veio a teoria microbiana da doença,[1] seguida pelas fases bioquímica e genômica.

Os autores dizem que os benefícios potenciais do Projeto Genoma Humano foram grosseiramente exagerados, e talvez isso devesse ser conhecido com antecedência. Em certo sentido, a hipérbole representava uma regressão ao pensamento pré-virchowiano, a ideia de que a doença é um fenômeno monocausal – a única causa agora sendo um gene defeituoso. Na verdade, entretanto, mesmo quando as doenças são causadas por mutações em um único gene, sua expressão na doença clínica é variável, de imperceptível a extremamente grave e com risco de vida. Mesmo aqui, a doença nem sempre tem uma única causa suficiente, e outras causas contribuintes devem ser encontradas.

Contra essa história, o artigo é mais um apelo para os médicos tratarem dessa entidade evasiva, a pessoa inteira. Ela não é uma criatura isolada, uma partícula em movimento browniano, mas sim um ser social cujo ambiente, tanto físico quanto social, afeta profundamente sua saúde. Sabe-se que pessoas solitárias, por exemplo, são mais suscetíveis a vários tipos de doenças. Também foi proposto que a atual epidemia de obesidade é causada pela emulação social: as pessoas engordam por estarem perto de pessoas gordas.[2] O médico, então, deve tratar mais do que as causas necessárias da doença, mas a pessoa inteira.

Em certo sentido, esse é outro exemplo do clichê superior. Todo médico sensato e experiente sempre soube que a doença muitas vezes não é simplesmente uma questão de uma única causa excitante. E, ainda assim, não há dúvida de que os médicos depositaram esperanças extravagantes e irrealistas no Projeto Genoma Humano. Como diz o artigo:

---

[1] Luminares como George Bernard Shaw nunca aceitaram a teoria dos germes, considerando-a uma farsa ou fraude.

[2] Outra possível interpretação do agrupamento social da gordura é que aqueles do mesmo tipo formam grupos.

A hipérbole em torno do Projeto Genoma Humano encorajou a comunidade científica e o público a acreditar que o simples conhecimento da variação genômica iria – de uma forma linear e reducionista – nos informar sobre a suscetibilidade a doenças e levar a tratamentos individuais.[3] Tanto a imprensa quanto os líderes em genômica perpetuaram esse mito, o último catalogando variantes genômicas associadas a fenótipos de doenças complexas, como se essas listas formassem uma Pedra de Roseta da causa da doença.

O próprio fato de os apelos para tratar a pessoa inteira serem frequentemente recorrentes me faz pensar no que os funcionários coloniais espanhóis costumavam dizer ao receber instruções reais da metrópole: *Obedezco pero no cumplo*, "Obedeço, mas não cumpro". Esses apelos são frequentemente expressos em fraseologia encantatória exagerada, por falta de qualquer proposta concreta. A conclusão deste artigo é um exemplo:

> A tarefa de recompor o paciente será complexa, árdua e demorada, mas promete uma nova articulação das ciências biológicas e sociais que estão inextricavelmente ligadas e são essenciais para o avanço da medicina.

Consultemos agora o último registro de caso do Hospital Geral de Massachusetts publicado no *Journal* para ver como o desejo piedoso expresso é atendido. O caso é de uma mulher de 41 anos que apresentava dores no peito recorrentes. Sua situação social foi avaliada apenas na medida em que pudesse revelar fatores de risco para certas doenças que podem ter causado sua dor no peito: ela fumava, por exemplo, ou usava cocaína? Mas, fora isso, a avaliação era puramente biomecânica. Ela foi submetida a uma série de exames sofisticados, principalmente para avaliar as condições de seu coração, em especial nas artérias coronárias. Foi descoberto eventualmente que ela teve o que é chamado de dissecção da artéria coronária: as

---

[3] Isso tem acontecido, mas raramente, e certamente não a ponto de mudar muito as condições da existência humana para a maioria de nós.

camadas interna e externa da artéria se separam depois que uma ruptura da camada interna permite que o sangue flua entre elas.

Nesse caso, a mulher tinha parentes com síndrome de Ehlers-Danlos, uma síndrome do tecido conjuntivo que predispõe à dissecção de artérias. Ela então se submeteu a um teste genético para discernir se tinha essa condição ou outra semelhante. Se o tivesse, qualquer outro filho que pudesse gerar teria 50% de chance de herdar a doença. (Ela já tinha uma filha de onze anos, que era saudável.) Os exames mostraram que a mulher não tinha a síndrome.

Ela não precisava de muito tratamento. Além de algumas perguntas iniciais sobre seus hábitos e modo de vida, seu caso foi tratado como um problema puramente biomecânico. Não havia necessidade de uma abordagem de pessoa inteira e, a esse respeito, o caso era perfeitamente direto. Teria sido muito diferente se, por exemplo, o paciente tivesse sofrido um espasmo da artéria coronária provocado pelo abuso de cocaína. Um tratamento mais holístico poderia então ser apropriado, embora se o tratamento teria sido um sucesso seja outra questão.

28 de dezembro de 2017

Consideramos a segurança de nossos medicamentos garantida, pelo menos no sentido de que eles não conterão impurezas grosseiras; os efeitos colaterais são outra coisa. Presumimos que os medicamentos são o que dizem na embalagem. Esquecemos que nem sempre foi assim, nem é o caso em muitos lugares do mundo hoje. Na Nigéria, por exemplo, até 50% dos medicamentos vendidos são falsificados e algumas das falsificações mostram sofisticação considerável, dignas de um objeto melhor. No hospital em que trabalhava, às vezes os pacientes eram tratados por envenenamento por chumbo ou arsênico, que contaminava medicamentos ayurvédicos. Sem dúvida, às vezes acontecem acidentes no processo de fabricação e até mesmo os psicopatas contaminam as linhas de produção de drogas com a intenção de envenenar o maior número possível de pessoas; mas a pureza de nosso suprimento de remédios é certamente uma conquista não celebrada. O progresso é dado como certo no momento em que é feito, e as pessoas esquecem que as coisas já foram diferentes.

No entanto, houve algumas exceções a essa conquista nos últimos anos, e o problema surge principalmente quando os medicamentos precisam de uma composição (preparação) extra para que as pessoas possam tomá-los. Pode ser que o número de pessoas que requerem uma preparação especial de um medicamento, como uma formulação líquida devido a dificuldades de deglutição, não seja grande o suficiente para que valha a pena às empresas farmacêuticas fazê-lo dessa forma. A droga então tem que ser enviada a um centro de manipulação para ser liquefeita.

Em 2012, como relata um artigo no *Journal* dessa semana, o New England Compounding Center (uma instalação privada) enviou um lote de injeções de metilprednisolona contaminada para todo o país. Como resultado, 750 pessoas sofreram de meningite fúngica e 64 morreram. O artigo não menciona que tanto o proprietário quanto o farmacêutico-chefe da empresa infratora foram condenados a nove anos de prisão. Tampouco menciona um dos aspectos mais trágicos do episódio: que há poucas evidências da eficácia do medicamento como injeção para tratar a dor lombar, para a qual estava sendo usado.

O artigo foi escrito por funcionários da Food and Drug Administration e, talvez não surpreendentemente, omite o fato de que, na época, a FDA foi culpada por (o que não é exatamente o mesmo que dizer que era culpada de) não ter evitado o surto, uma vez que as violações dos procedimentos de segurança pela empresa foram repetidas e de longa data. Em sua defesa, a FDA argumentou que sua jurisdição no caso não era clara na época e, portanto, foi inibida em suas ações.

Os poderes da FDA foram então esclarecidos e fortalecidos – um caso de fechar a porta do estábulo depois que o cavalo fugiu, o que é um processo inevitável nos assuntos humanos, pois muitas vezes aprendemos com o desastre. Mais tarde, houve outros casos de má composição de medicamentos, nenhum com essas consequências catastróficas, embora alguns suficientemente ruins. De 425 inspeções de instalações de composição desde 2012, a FDA encontrou "condições problemáticas" na maioria:

> Exemplos de observações incluem insetos mortos em áreas de composição designadas para composição estéril, mofo visível em telhas do teto em salas de composição e camas e pelos de cachorro nas proximidades de áreas de composição.

O preço da pureza é a vigilância eterna, mas a vigilância aumenta os preços.

* * *

O efeito da concorrência no preço dos medicamentos genéricos é examinado em uma carta ao *Journal*. Os autores compararam os preços desses medicamentos com os preços dos medicamentos de marca e, em seguida, plotaram os preços relativos do genérico à marca, em porcentagens, em associação ao número de fabricantes que produziam versões genéricas do medicamento. Os resultados foram claros, pelo menos graficamente (embora seu significado seja outra coisa).

Quando havia apenas uma empresa que fabricava uma versão genérica de um medicamento, o preço era semelhante ao da versão de marca, embora, é claro, um pouco mais baixo (87%) para fornecer incentivo suficiente aos compradores. Quanto mais fabricantes atuam, menor é o preço: se houvesse dois fabricantes, o preço cairia para 77% do preço da marca; se houvesse cinco fabricantes, o preço cairia para 46%; e, com dez ou mais fabricantes, o preço seria de 21%. O efeito da competição parece bastante claro.

Mas é realmente tão simples assim? O que determina o número de fabricantes em primeiro lugar? Sem dúvida deve depender consideravelmente do tamanho do mercado para o medicamento, dos custos e da dificuldade de manufatura, e assim por diante; e esses fatores complicariam a relação entre o número de fabricantes e o preço. (Os autores da carta intitularam-na, com cautela e sabedoria, "Preços de medicamentos genéricos associados a um número de fabricantes", em vez de afirmar uma relação de causa e efeito entre essas variáveis.)

Quando se trata de política farmacêutica, se assim posso chamá-la, temos pelo menos dois desideratos que são incompatíveis. O primeiro é que deve haver tanta inovação quanto possível; o segundo é que tudo o que é produzido deve ser perfeitamente seguro. Mas as considerações de segurança aumentam os custos de inovação e ingresso no mercado. Na prática, escolhemos segurança em vez de inovação – ou melhor, "nós" como sociedade assim escolhemos, uma vez que temos pouco a fazer individualmente com a escolha. Isso é adequado para os reguladores, é claro, pois não só lhes dá emprego, mas também simplifica seu trabalho. Quanto às gigantes farmacêuticas, isso lhes convém muito bem, pois é mais confortável trabalhar em um ambiente cartelizado do que em um ambiente verdadeiramente competitivo.

* * *

Essa edição do *Journal* contém um artigo sobre o tratamento de pacientes com hemofilia A por transferência gênica, que pode ser considerado mais importante do que o publicado há três edições sobre terapia gênica para hemofilia B. Isso ocorre porque a hemofilia A é cinco ou seis vezes mais comum do que a hemofilia B e era, até então, considerada inerentemente a mais difícil de tratar por terapia genética (por razões que não entendo totalmente, mas que se relacionam com o tamanho do gene que deve ser substituído).

Sete pessoas foram tratadas e os resultados foram semelhantes aos publicados para hemofilia B. Um ano após uma única infusão do gene substituto, episódios de sangramento e a necessidade de infusão do fator sanguíneo ausente na hemofilia A foram enormemente reduzidos em todos os pacientes. Esses resultados geram a esperança de uma existência normal para aqueles que sofrem da doença. É difícil não ficar profundamente impressionado com esse trabalho.

Mas então um pensamento horrível passou pela minha mente, como um verme em uma flor. Esse trabalho é extremamente injusto. O custo do experimento (conduzido em Londres) foi quase certamente enorme. Essa despesa provavelmente impede que o trabalho seja aplicado a um grande número de pessoas com muita rapidez. É verdade, claro, que há uma tendência de o custo de qualquer tratamento diminuir à medida que se torna rotina, mas isso inevitavelmente leva algum tempo. Em um futuro previsível, a terapia genética que teve um efeito benéfico tão dramático na vida das sete pessoas tratadas até agora não estará disponível para a maioria das pessoas que sofrem de hemofilia A. Onde está a justiça nisso? Por quais critérios uma pequena elite de pacientes poderia ser escolhida? Em um sistema comercial, seria pela capacidade de pagamento; em qualquer outro sistema, seria arbitrário, por local de residência, com base na ordem de chegada ou talvez por uma estimativa do aumento no número de "anos de vida ajustados pela qualidade" que qualquer indivíduo em sofrimento pode esperar como um resultado do tratamento. O certo, porém, é que o tratamento por enquanto só pode aumentar as desigualdades na experiência de vida dos hemofílicos, as quais se distribuem arbitrariamente e são, portanto, injustas. Na verdade, mesmo que todos os hemofílicos em qualquer país pudessem ser tratados da mesma forma, isso ainda não reduziria a injustiça associada ao tratamento, pelo menos até que todos os hemofílicos do mundo tivessem igual acesso ao tratamento.

Em nome da justiça, portanto, é imperativo que todas as pesquisas que possam beneficiar os pacientes de forma diferenciada – ou seja, *todas as pesquisas* – cessem imediatamente.

4 de janeiro de 2018

O princípio da precaução é o que agora governa o mundo, incluindo aquela pequena parcela dele que é a prática da medicina. Provavelmente, mais prescrições são emitidas em todo o mundo com base no princípio da precaução do que para tratar doenças reais que são conhecidas dos pacientes pelos sintomas que vivenciam atualmente. Por exemplo, muitos milhões de pessoas recebem medicamentos para hipertensão, uma doença assintomática (exceto em sua forma mais maligna, que é rara). A maioria das pessoas que tomam esse medicamento provavelmente têm o equívoco de que isso lhes fará bem, quando na verdade é muito improvável que lhes faça bem e é mais provável que lhes faça mal. Esse dano provavelmente será leve, em efeitos colaterais, enquanto o bem que pode causar (com talvez uma chance em cem em cinco anos) é considerável: prevenir um ataque cardíaco ou um derrame. Um distinto farmacologista clínico, amigo meu, acha que nem uma em cem pessoas que fazem esse tipo de tratamento entende sua finalidade; ele acha que pode ser um em duzentos.[1]

O princípio da precaução é aplicável – ou é aplicado, de qualquer maneira – quando se suspeita da possibilidade de um resultado adverso,

---

[1] Isso levanta uma questão importante sobre o consentimento informado. O que conta é a informação dada pelo médico, ou a informação absorvida, entendida e retida pelo paciente?

mas o grau exato de risco é desconhecido. O resultado adverso, embora ainda puramente imaginário, muitas vezes está mais presente na mente das pessoas do que o dano real feito no presente para evitá-lo. De certa forma, isso se opõe (embora não diametralmente) à distinção, tornada famosa pelo economista liberal francês do século XIX Frédéric Bastiat,[2] entre o que é visto e o que não é visto, em que uma política para corrigir um problema imediato causa imprevistos (mas previsíveis) no futuro.

Pode-se argumentar que foi Pitágoras quem primeiro aplicou o princípio da precaução, quando ordenou a seus seguidores que abjurassem as favas – as favas da planta *Vicia faba* – como se fossem nojentas, de forma a evitá-las como um dever moral. Pitágoras aparece em um artigo de revisão sobre uma condição conhecida como *favismo*, uma forma de anemia hemolítica causada em parte pelo consumo de feijão.[3]

O favismo ocorre em pessoas com deficiência genética de uma enzima chamada glicose-6-fosfato desidrogenase. Essa deficiência torna impossível para os glóbulos vermelhos metabolizarem normalmente dois componentes químicos da fava, divicina e isouramil, o que leva à hemólise. A deficiência de glicose-6-fosfato desidrogenase, da qual existem muitas variantes, é encontrada principalmente em pessoas de origem mediterrânea, mas também na África. E, claro, a fava é particularmente apreciada na culinária mediterrânea. É altamente versátil e nutritiva, contendo 25% de proteína em peso, e é (o que é mais importante para os autores do artigo, que são italianos) deliciosa. O favismo é particularmente grave em crianças pequenas e mais comum em meninos, que podem sofrer uma queda nos níveis de hemoglobina de 50% em 24 horas, com icterícia e urina escurecida. Eles costumam ter febre e dor abdominal.

O artigo começa dizendo que "Pitágoras de Samos, mais um grande matemático do que um médico, pode ter sido o primeiro a afirmar

---

[2] Quero dizer liberal no antiquado sentido econômico europeu, não no sentido progressista autoproclamado americano.

[3] A anemia hemolítica resulta da destruição dos glóbulos vermelhos no corpo, em oposição à produção insuficiente ou deficiente de glóbulos vermelhos, ou à sua perda por hemorragia.

enfaticamente, no século V a.C.,[4] que os feijões de fava podem ser perigosos e até letais para os humanos". Isso me parece um erro. Os pitagóricos foram proibidos de comer feijão, mas o motivo dessa proibição permanece desconhecido.

A epidemiologia do favismo torna muito improvável que Pitágoras tivesse notado algo que ocorre tão raramente, ou que ele teria feito disso a razão para uma lei alimentar se tivesse notado. Na Sardenha, por exemplo, ocorreram 958 casos em uma população de 500 mil pessoas nos anos de 1965 a 1979, o que equivale a um caso por 7.800 habitantes por ano.[5] Toda a população da Grécia na época de Pitágoras teria sido semelhante à da Sardenha nos quinze anos citados e, tanto quanto se sabe, ele não viajou muito pela Grécia. Mesmo que esse número para a Sardenha moderna seja subestimado (porque os casos menores não chamam a atenção), Pitágoras não teria encontrado muitos casos da doença. É improvável que seu conhecimento inevitavelmente tênue de tal condição – mesmo que ele reconhecesse sua causa – tivesse sido a base de uma proibição tão drástica. Seria como proibir as pessoas de irem ao campo para evitar picadas de cobra.

O pitagorismo era um culto ascético e é mais provável que a proibição estivesse relacionada ao deleite do feijão do que ao seu perigo, embora possivelmente sua propensão para induzir flatulência impura possa ter desempenhado seu papel. Ao sugerir que Pitágoras proibia feijão, em essência, por causa da deficiência de glicose-6-fosfato desidrogenase, os autores estão seguindo (conscientemente ou não) as doutrinas de Marvin Harris, um antropólogo social americano de cunho[6] marxista e malthusiano que argumentou que as proibições dietéticas religiosas tinham motivos materiais cotidianos por trás delas, incluindo motivos de saúde. A carne de porco malpassada, por exemplo, pode originar cisticercose e triquinose,

---

[4] Máxima nota para os autores e editores por não usarem o covarde e desprezível A.C.E., Antes da Era Comum.

[5] A taxa foi menor ainda em um relatório recente de Gaza.

[6] Marx insultou Malthus, mas eles pelo menos concordaram quanto à importância dos fatores materiais na história.

ambas desagradáveis e até perigosas, e por isso existe uma causa "racional" subjacente à proibição religiosa da carne de porco.

Esse tipo de argumento se baseia no que foi chamado de hermenêutica da suspeita: a crença de que o significado ou motivo de uma atividade humana não é o que os atores dizem que é, mas é "realmente" algo que apenas observadores especialistas armados com uma verdadeira antropologia filosófica podem discernir. Assim, um homem que evita feijão por causa de sua alma está "realmente" evitando-o por medo do favismo. O objetivo da hermenêutica da suspeita (se me é permitido recorrer a seus métodos) é retratar o homem como sendo totalmente ligado à terra e, em princípio, compreensível: não há nada mais no céu e na terra do que sonha em *sua* filosofia.

Os autores apontam que as informações dietéticas em um *site* de autoajuda proeminente dedicado a ajudar aqueles com deficiência de glicose-6-fosfato desidrogenase são erradas e alarmistas. No entanto, o alarme não é uma sensação totalmente desagradável, certamente não em comparação com o tédio.

* * *

Se nossa era é a idade de ouro de qualquer coisa, devo dizer que é a idade de ouro da sigla. Claro, são apenas às siglas de outras pessoas que nos opomos; as nossas próprias são usadas por razões inteiramente racionais. O problema é que todos têm suas siglas perfeitamente justificáveis e, como todos vivemos em nossos pequenos mundos, proliferam siglas mutuamente incompreensíveis. Às vezes, ao ler um artigo no *Journal*, tenho que ficar me lembrando do que significa uma sigla usada anteriormente. Aqui está uma lista, sem dúvida incompleta, das siglas usadas nesta edição:

ERISA, DAWN, UK, ISSN, TTP, BRCA, DNA, NEJM, JAMA, CBME, ACGME, ABMS, GME, AAMC, UME, EPAC, PBM, HIPAA, IQVIA, H1N1, H3N2, WHO, HA, T160K, CDC, DWI, CTP, CT, NIHSS, MRI, RAPID, SD, CI, NA, UCLA, THRACE, NETT, mRS, EQ-5D, IMS III, DEFUSE 3, EUA, ECR, CMAP, mV, mseg, BOLD, fMRI, CD34 +,

DMARD, SCOT, G-CSF, 800 CgY, FVC, DLco, HAQ-DI, SAS, ESR, SF-36, GRCS, mRSS, ASTIS, US, SLS II, ASSIST, NIAID, HALT-MS, CHART- 1, EMPOWER, CAFS, CD4 + CD25 +, HSCT, UTI, CXXR1, H30, ST131, eGFR, IV, ICU, ED, IDSA, SOFA, APACHE, BJU, G6PD, NADPH, NADP, ROS, IgG, HNE, GERD, HIV, VIPoma, PCR, PET, MEN1, PET-CT, MR CLEAN, DWI, CTP, WAKE-UP, ECASS-4 EXTEND, tPA, DIAS-3, DOI, MSLT II, BRAF, MEK, ANZ, DeCOG-SLT, EORTC 18071, HSC, HSCT, BIM, BMF, BCL-XL, TAT-BCL-XL, HLA, MYC, HACA, ADAMTS13, ADA, CR, PR, T2DM, DELIRIUM, FDA, IPTAS, NY, CARS, CME, AMA, PRA.

Algumas são totalmente familiares a quase todos; outras são mais conhecidas de todo médico; e cada uma será familiar para alguém. Mas o efeito geral é estonteante. Essas abreviaturas são necessárias, mas, se há uma coisa que a medicina ensina, aos médicos e aos pacientes, é que o necessário não é necessariamente agradável.

Envoi

Espero ter mostrado, por este extenso comentário em um ano inteiro do *New England Journal of Medicine*, que há mais em uma revista médica do que a verdade científica objetiva, apenas porque a verdade científica é em si mesma muitas vezes menos objetiva, especialmente porque se aproxima do até então desconhecido. Mas espero também ter mostrado que, na medida em que o *Journal* expressa atitudes sociais, elas são quase todas de certa tendência, que, por falta de expressão melhor, pode ser chamada de *politicamente correta*. Quase nenhum debate sobre essa tendência aparece em suas páginas, como se algum poder de censura estivesse em ação. (Em questões puramente científicas, a situação é muito melhor.) É claro que qualquer publicação tem o direito de promover qualquer ponto de vista de sua preferência e não tem a obrigação legal de imprimir nada de que não goste. Ainda assim, poder-se-ia esperar um debate animado sobre questões socialmente contenciosas em um periódico voltado para um público altamente educado e inteligente, que possivelmente não pode ter todo a mesma opinião sobre essas questões. O NEJM me parece uma manifestação de uma tendência perigosa em nossa sociedade, a do autoencarceramento em um *laager*[1] ideológico.

---

[1] Posicionamento defensivo. (N. E.)

Isso importa muito? Quão importante é o NEJM? É uma das revistas médicas mais influentes do mundo, mas isso não é o mesmo que dizer que é muito importante. Depois de terminar este livro, conversei com um cirurgião e epidemiologista holandês que trabalha na Inglaterra, o qual me disse que, para ele (que era claramente muito inteligente), fontes informais de informação como contato pessoal e conversas telefônicas são, na verdade, muito mais importantes na disseminação do avanço médico do que periódicos. E sua esposa, uma ilustre epidemiologista pediátrica, avisou-me que uma crítica muito severa aos artigos científicos, por exemplo, insistindo em suas omissões, corria o risco de tirá-los do contexto, pois eram principalmente dirigidos a trabalhadores da área, que estariam automaticamente muito mais cientes de suas limitações do que um neófito como eu.

Ao mesmo tempo, não posso deixar de esperar que este livro seja uma contribuição para uma atitude adequadamente crítica para o que pode, tão fácil e perigosamente, passar despercebido. O crítico dos erros dos outros é refém da sorte, pois está fadado a cometer os próprios erros,[2] mas tais são os perigos da vida intelectual.

---

[2] Razão pela qual o perito em estudos é aconselhado a responder "Sim" ou "Não", sem maiores elaborações, sempre que puder.

Agradecimentos

Gostaria de agradecer ao meu amigo e colega, professor R. E. Ferness, por muitas discussões úteis. Ele não concordará com todas as minhas conclusões, mas espero que não se ofenda com elas.

Também gostaria de agradecer à minha editora atenta, Carol Staswick, que me salvou de muitos erros de estilo e conceito.

Todos os erros restantes são, naturalmente, meus.

Índice

A

Aborto, 30, 88, 195
Abuso de opioides, 45-49, 97-101
   como "doença", 182-83
   e modificação comportamental, 36
   história de caso de, 69-73
   mortes de, 45, 97, 100, 134-35, 183, 299
   na China, 182
   responsabilidade das companhias farmacêuticas no, 299-300
   responsabilidade dos médicos por, 99, 302
   soldados, 182
Abuso físico de crianças, 106
Acrotomofilia, 117
Adesivo cirúrgico, 285
AK-47 24 Karat Gold, 26
Álcool, 52, 217
   e "alma partida", 210
   psicologia em, 75-79
Alegações de estupro, 140
Alendronato, 248-49
Alérgenos, 104
AMB-FUBINACA, 25-26
Americanos nativos
   e desconfiança, 94
   e VHC, 209-12
   taxas de mortalidade, 209
Amputação (eletiva), 89, 117-18
Anacetrapibe, 233-35

Anemia
   célula falciforme, 57-60
   hemolítica, 318
Anestésicos, 186, 225
   para crianças, 64-66
Ano de vida ajustado pela qualidade (QALY), 111, 314-15
Apomorfinas, 36-37
Apotemnofilia, 117
Aquecimento global, 103-05
Aristóteles, 54-55
Armas de fogo, 123-24
   e tiroteios em massa, 257-58
Artéria coronária
   dissecção de, 308-09
Arterite de células gigantes, 179
Asma, 104, 121-22
Aspirina, 199-200
Associação Americana de Urologia, 84
AstraZeneca, 191-92
Ataque cardíaco, 145-46, 240, 252-53
   atrasos no atendimento, 92
   e colesterol, 233
   e inflamação, 227-30
   e selênio, 293
   efeitos colaterais, 241
   hipertensão, 317
   suplementação de oxigênio para, 236
   veja também Parada cardíaca
Aterosclerotica, 233-34
Autonomia das mulheres, 192-93

Avaliação do paciente (de médicos), 23-25
Azande, 299

B
Banco Mundial, 20
Bangladesh
    mortalidade infantil em, 20
Bastiat, Frédéric, 318
Beisebol, 260
Bernhardt, Barbara, 193-94
Bioeticistas, 193
Bismarck, Otto von, 54
Breivik, Anders Behring, 257
Butler, Samuel, 35

C
Camarões
    oncocercose em, 283
Canabidiol, 127-28
Canabinoides (sintéticos), 26
Canacinumabe, 228
Canadá, 139
    estudo de parada cardíaca no, 278
    mortalidade materna no, 263
    morte assistida no, 129-30
Câncer
    colorretal, 20-21
    e arsênico, 20
    em ricos *versus* pobres, 137-39
    formas indolentes de, 82, 138
    leucemia mieloide, 67
    mama, 137, 170, 191-92, 294
    próstata, 81-85, 137
    triagem para, 81-85, 138-39
Câncer de mama, 170, 191-92
    e anticoncepcionais, 294-96
    incidência de, 137-38
Câncer de próstata
    forma indolente de, 82, 137-38

    incidência de, 83
    tratamento para câncer de, 82, 84, 171
    triagem para, 81-85
Canhotos, 260-61
Cannabis
    legalização de, 51-55
Cardiomiopatia, 278
Carta de Porter e Jick (1980), 133-34
Cegueira do rio, 281-84
Censura, 123-24
Centros Americanos para Controle de Doenças, 18-19
Cesariana, 65, 264
Cheyne, George, 140
Chicungunha, 105
China
    ascensão econômica na, 162-63
    dependência de opioides na, 182
    doença reumática cardíaca na, 204-05
    poluição do ar na, 155-56
    síntese de drogas na, 26, 45
Ciática, 188
Ciência genética
    edição de genes, 278
    excesso de confiança em, 57, 306-07
Cisticercose, 319
Classificação do sistema de saúde, 215-19
Classificações de sexo, 29-30
Clinton, Hillary, 141
Clough, Arthur Hugh, 290
Cocaína, 308-09
Colégio Americano de Medicina Familiar, 84
Colégio Americano de Medicina Preventiva, 84
Colégio Americano de Médicos, 84
Cólera, 17-19

Colesterol, 234-35
Collins, Rory, 233
Colonoscopia, 20-21, 241-42
Colorado
    maconha no, 54
Commonwealth Fund, 215-16
Complexo de Édipo, 117
Compra hospitalar baseada em valor (HVBP), 145-46
Consentimento informado, 278, 317
    e planejamento de cenário, 173-75
Constituição dos Estados Unidos, 30
    Segunda Emenda, 257-60
Contracepção, 241
    e câncer de mama, 294-97
Coreia de Sydenham, 207
Coreia do Sul, 17
Correlação vs. Causalidade, 157, 293-97
Cromoglicato de sódio, 121
Cuba
    expectativa de vida em, 137
Custo-eficácia, 143-47

D
Dahmer, Jeffrey, 118
Dança de São Vito, 207
Deffered Action for Childhood Arrivals (DACA), 266
Demência, 278
Dengue, 105
Depressão, 76
Derrame, 58, 164-65, 179, 227-29, 240, 249, 271
Diabetes (tipo 2), 36, 94-95, 161
Dinamarca
    estudo de câncer de mama na, 294-95
    parada cardíaca na, 109-13
    bancos de dados nacionais na, 112-13, 294

Distúrbio dissociativo, identidade, 115
Doença
    arterial coronária, 112, 227-31
    cardíaca (infantil), 64-65
    cardíaca reumática, 203-06
    de Crohn, 42
    de Lyme, 105
    de Tay-Sachs, 42
    transmitida por mosquito, 105
Doença falciforme, 42, 57-60
    e negros, 58-59
    e resistência à malária, 59
    terapia genética para, 57
Donne, John, 205
Dor (crônica vs. aguda), 97-100, 133-35, 187
Drogas (medicinais). *Veja* Produtos farmacêuticos
Drogas (narcóticas)
    canabinoides (sintéticos), 25-26
    e esquecimento, 27
    e síndrome compartimental, 272
    e VHC, 209
    heroína, 45-46, 70-72, 133, 182, 211, 288-90
    ilegalidade das, 47, 52-53, 97
    injeção supervisionada de, 69, 72
    legalização da *cannabis*, 51-55
    overdose, 45, 69-72, 97, 13-34
    "uso" vs. "abuso", 45-46, 71, 210-11, 289
    veja também Prescrição de opioides

E
Ebola, 245-47
Efeitos colaterais, 128-29, 141, 243
    cardiovascular 248
    de esteroides, 179-80
    desistir dos estudos, 241

"fora do alvo", 176
tão rapidamente, 186
Egito
   obesidade no, 163
Emenda Hyde, 30
Empreendimento científico (defesa de), 167
Empresas farmacêuticas
   AstraZeneca, 191-92
   e doenças "órfãs", 128
   e overdose de opioides, 97, 299-301
   financiamento de pesquisa por, 33, 181, 191, 233-34, 247
   Merck, 233
   multas para, 187
   Novartis, 67, 229
   Purdue Pharma, 99
   suspeitas sobre, 32-33, 67, 229, 234, 236
Enfisema, 175
Epilepsia, 127
Equidade, 39-44
   e comportamento, 42
   e doenças hereditárias, 42
   e VHC, 209-13
   no pagamento do Medicare, 39-40
   pesquisado sistema de saúde, 216
   tipos de câncer, 137
   vs. Igualdade, 40, 265
Equidade de pagamento, 39-40
   e fatores de risco, 40
Erewhon (Butler), 35
Esportes, 276-78
   e parada cardíaca, 276-78
   maratonas, 91-93
   taxa de lesões nos, 276
Estatinas, 234, 241
Esteroides, 179
Estigma, 75-76
   e drogas, 52, 70, 289

Estreptococos de garganta inflamada, 207
Estreptomicina, 169, 305
Estudo de anestesia geral *vs.* Anestesia espinhal (GAS), 65
Estudo de prova de conceito, 230
Estudos controlados (duplo-cego)
   análise por protocolo de, 240-42
   como desnecessários, 236-37, 297
   limitações de, 185-87
   origens de, 239-40
   significância estatística vs. clínica em, 192, 200, 228-29
Estudos de não inferioridade, 243
Eutanásia
   consciência dos médicos sobre, 88-90
   na Holanda, 87-88
   ver também morte assistida
Evans-Pritchard, E. E., 299
Execução (injeção letal), 131
Expectativa de vida
   e ciências genéticas, 57
   e fumar, 43
   e mortalidade na prisão, 43, 70-71
   e obesidade, 36, 161-64
   e *status* socioeconômico, 137, 151

F

Favismo, 318-20
Febre maculosa, 105
Fentanil, 45, 288
Flórida
   Firearm Owners' Privacy Act, 124
Food and Drug Administration (FDA), 64, 300, 312
Força-Tarefa Canadense de Saúde Preventiva, 84
Força-Tarefa de Serviços Preventivos dos EUA, 84

França
  classificação do sistema de saúde, 218-19
  terapia genética na, 57
Freud, Sigmund, 38

G
Gabapentinoides, 187-88
Gnu, 272
Goering, Hermann, 24
Gota, 169
Grã Bretanha, 42, 305
  relatório sobre funcionários públicos na, 138-39, 151
  Lei do Ar Limpo, 155
  Acesso aos atendimentos médicos na, 139, 217
  Greve dos mineiros, 143
  classificação do SNS, 217-18
  envenenamento por opioides na, 45
  prescrição de opioides na, 133
  prisões na, 43, 150, 218
  lei do suicídio na, 87
  protocolos de tratamento na, 254
Gray, Thomas, 63, 66, 194
Guerra do Vietnã, 182

H
Haiti, 23
  cólera no, 17-19
Harris, Marvin, 319
Hemofilia A, 314
Hemofilia B, 297, 314
Hepatite C, 209-10
Heroína, 70-72, 133-35
  e fentanil, 45-46, 288
  soldados, 182
Hidromorfona, 288-89, 300
Hill, Austin Bradford, 293, 295, 297
Hipócrates, 228, 243

Holanda
  morte assistida na, 90, 189
Hospitais rede de segurança, 253-54
Hospital Geral de Massachusetts, 69, 287, 308
Hospital Infantil do Texas, 65, 66
Hume, David, 54

I
Ibiza, 27
Identidade de disforia de gênero, 29, 88, 115, 117
Identidade transgênero, 88, 115-16, 118
Igualdade
  e DACA, 266
  e o SNS, 217-18
  e terapia genética, 314
  e tuberculose, 230-31
  global, 162, 204-05
  na morte assistida, 129
  no acesso aos atendimentos médicos, 149-50, 217
  vs. qualidade de atendimento, 218
Ilhas Gilbert, 27
Imatinibe, 67, 122
Imigrantes ilegais, 141, 266
Imunização, 240
Índia, 17, 229
  doença reumática cardíaca na, 204
  poluição do ar na, 156-57
Índice de massa corporal (IMC), 35, 162
Indonésia, 162
Inglaterra, 33
  mortes hospitalares na, 217-28
  veja também Reino Unido
Instituto Nacional de Abuso de Drogas, 125
Instruções de fim de vida, 290
Insuficiência cardíaca, 253

Integração de saúde comportamental (BHI), 36-38
Isoprenalina, 121
Ivermectina, 282-83

J
Johnson, Samuel, 173

K
Klemperer, Victor, 177

L
Lancet, x, 14, 105, 227
Lane, *sir* Arbuthnot, 239
Laranja Mecânica, 36
Larkin, Philip, 106
Le Fanu, James, 233, 248
Lesma arion, 285
Libération, 245
Linguagem PC
   sobre "uso" de drogas, 45, 70, 209-10
   e gênero, 179
Loa loa, 282-84
LoaScope, 284

M
Maconha, 54
   veja também canabinoides; *cannabis*
Malária, 59, 247
Malthus, Thomas, 319
Manual de Diagnóstico e Estatística da Associação Americana de Psiquiatria (DSM), 115
MaoTsé-tung, 182
Maratonas, 91-93
Marxismo, 168, 319
Massachusetts
   opioides em, 302
McKeown, Thomas, 168-69, 306
Medicaid, 47, 156-57, 252

e aborto, 30
Medicamentos ayurvédicos, 311
Medicare, 143, 156, 252
   e integração de saúde comportamental, 36-38
   e remuneração "baseada em valor", 39-40
Médicos de atendimentos primários (família), 144, 215, 253
Meningite, 311
Merck, 233
Metilprednisolona, 312
Mobutu Sese Seko, 187
Modelo de atendimento psiquiátrico colaborativo (CoCM), 37
Morfina, 45, 133, 135, 288
Morsa e o Carpinteiro, A (Carroll), 235-36
Mortalidade materna, 263-65
Morte assistida
   e a consciência dos médicos, 88-90
   na Holanda, 87-88, 189
   no Canadá, 129-30
Mudança climática, 104

N
Nações Unidas, 18-19
   Unicef, 20
Naloxona, 46, 288
Nauru, 137, 161
Nazistas, 177
Nepal
   cólera no, 17
New England Compounding Center, 312
Nigéria
   medicamentos falsificados na, 311
Nixon, Richard, 61
Novartis, 67, 229

O
Obama, Barack, 158, 266

Obesidade, 28, 161-64
  anticorpos para, 176
  cirurgia bariátrica para, 35, 164-65
  e "integração de saúde comportamental", 35-38
  e diabetes, 36, 164-65
  e expectativa de vida, 36, 161-62
  e morte materna, 264
  e situação econômica, 163
  emulação, 307
  prevenção de, 163-64
Objeção consciente, 88-89
"Ode on a Distant Prospect of Eton College" (Gray), 63
Olaparibe, 191-92
Onchocerca volvulus, 281-83
Oncocercose, 281-83
Organização Mundial da Saúde, 18-19, 32-33
Orwell, George, 306
Osteoartrite, 36, 278
Osteoporose, 248
Oxicodona, 300

P
País de Gales
  mortes em hospitais no, 217
Papel da Medicina, O (McKeown), 305
Paquistão, 204
Parada cardíaca
  diagnóstico de, 115
  e esportes, 276-78
  e hipotermia induzida, 31
  resposta dinamarquesa a, 109-13
  veja também Ataque cardíaco
Pascal, Blaise, 213
Pauling, Linus, 60
Pediatric Anesthesia and Neurodevelopment Assessment (PANDA), 65
Pedidos DNR (não ressuscitar), 290

Penicilina, 234
Pertuzumabe, 170
Peste, 105
Pickering, sir George, 25, 171
Pitágoras, 318-19
Planejamento de cenário, 173-74
Pobreza, 137
  e acesso médico, 39
  e cólera, 17
  e doença cardíaca reumática, 204
  e fumar, 43, 253
  e hospitais rede de segurança, 253-54
  e mortalidade materna, 263
  e obesidade, 163
  e prisioneiros, 43
  e tratamento, 229
  redução de, 180
Poluição do ar, 156-58
Pôncio Pilatos, 209, 261
Pope, Alexandre, 91
Popper, Karl, 169
Pré-eclâmpsia, 199-200
Pregabalina, 187-88
Prescrição de opioides, 48-49, 287-89, 302-03
  alternativas para, 187
  Britânica *vs.* EUA, 133
  hipertensão, 240, 317
  marketing para, 97
  para dor crônica, 98-100, 135
  Porter e Jick sobre, 133-35
  Princípio da precaução, 63-64, 246, 317-18
Prisão
  como desgraça, 70
  drogas em, 26
  efeito salvador, 43, 71-72, 150
  riscos para a saúde de, 150-53
  suicídio na, 150-52

taxa de mortalidade na, 43, 71, 150-51, 218
Problemas LGBTQ, 29
   transgêneros, 88-89, 115-18
Produtos farmacêuticos
   alendronato, 248
   anacetrapibe, 233-35
   apomorfinas, 36-37
   canabidiol, 127-29
   canacinumabe, 228-30
   cromoglicato de sódio, 121
   estatinas, 234, 241
   estreptomicina, 169, 305
   gabapentina, 187-88
   genérico, 313
   hidromorfona, 288-89, 300
   imatinibe, 67, 122
   isoprenalina, 121
   ivermectina, 282-83
   metilprednisolona, 312
   naloxona, 46, 288
   olaparibe, 191-92
   oxicodona, 300
   pertuzumabe, 170
   pregabalina, 187
   romosozumabe, 248
   segurança de, 311-12
   tocilizumabe, 179-81
   ularitide, 123
Programa de Redução de Reinternações em Hospitais (HRRP), 252-54
Proibições dietéticas, 319-20
Projeto Genoma Humano, 307
Psicologia, 75-79
Psychopathia Sexualis (Krafft-Ebing), 29-30
Purdue Pharma, 99

R
Raça e etnia
   anemia falciforme, 58-59
   e desconfiança, 94
   e mortalidade materna, 264-65
   e poluição do ar, 158
   e VHC, 209-13
   eleição, 140
   futebol, 263-64
Rand, Ayn, 77
Registro de estudos médicos, 32
Reino Unido
   classificação do sistema de saúde, 222
   veja também Inglaterra
Remuneração baseada em valor, 39-40
Responsabilidade moral (dos médicos)
   divisão de, 291
   e consenso, 136
   e desejos dos pacientes, 89, 117
   e prescrição de opioides, 99, 100, 133-34, 301-03
Responsabilidade moral (dos pacientes), 289
   e dependência de opioides, 100
   e "iniquidade", 42-43
   e "integração de saúde comportamental", 36-38
   e prisão, 43, 149-50
Revisão crítica (habilidade de), 198
Risco (absoluto vs. relativo), 21, 93, 201
Romosozumabe, 248-49
Rosen, Ismond, 116
Rosen, R. D., 75, 77

S
Saúde mental, 145
   e psicologia, 75-79
Scaife, Courtney L., 24
Selênio, 293
Serra Leoa
   Ebola em, 246
Sexual Deviation (Rosen), 116

Shaw, George Bernard, 307
Shipman, Harold, 24
Simpson, James Young, 225
Simulium damnosum, 281
Síndrome compartimental, 272
Síndrome de Dravet, 127-28
Síndrome de Ehlers-Danlos, 309
Singer, Peter, 221n
Smartphones, 281, 284
Solução final, 87
Substituição da válvula
    aórtica, 269-70
    mitral, 269-70
    cardíaca, 270
Suicídio
    assistido, 89, 189
    como crime, 88
    e posse de armas, 124
    na prisão, 150
Sydenham, Thomas, 207

T

Tabaco
    litígio, 300
    política sobre, 53
    veja também Tabagismo
Tabagismo, 36, 43, 97, 158
    advertências, 139
    cessação de, 296
    e ações judiciais coletivas, 300-01
    e enfisema, 175
    e renda, 40, 252-53
    prazer do, 53-54
Taiwan, 229
Taxas de reinternação hospitalar, 221-24, 252-55
Teoria darwiniana, 59
Terapia gênica
    para doença falciforme, 57-58
    para hemofilia A, 314
    para hemofilia B, 297
Teste genético (pré-natal), 192-93
Tocilizumabe, 179-81
Too Many Pills (Le Fanu), 233, 248
Trainwreck #2, 26
Tratamento holístico, 309
Tribo Diné (Navajo), 94
Tribo Navajo (Diné), 94
Tribo Pima, 161
Triquinose, 319
Trump, Donald, 141, 167
Tuberculose, 169, 229-30
    e estreptomicina, 305
Tularemia, 105

U

Ularitide, 123
Ulceração péptica, 147, 169, 227
Último Decálogo, O (Clough), 290
    Unidade de Serviço de Estudos Clínicos da Universidade de Oxford, 233
Universidade Duke, 140
University Health Network (Toronto), 129-130

V

Varíola, 240
Verme da Guiné, 282
Veteranos
    e opioides, 182
    e VHC, 209-13
Viés de publicação, 30-32
Virchow, Rudolf, 306
Vírus do Nilo Ocidental, 105
Viruses (periódico), 210

Z

Zika, 105
Zimmett, Paul, 161

Do mesmo autor, leia também:

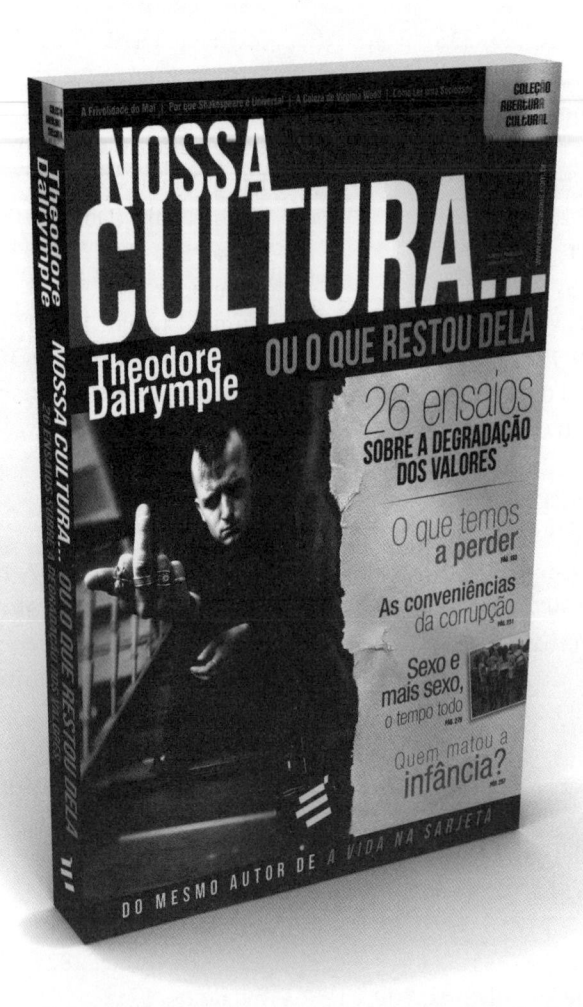

Quem são os formadores de opinião de hoje? Qual a relação entre a cultura *pop* e o estilo de vida dos jovens da periferia? Como a academia, o cinema, o jornalismo e a televisão têm influenciado os rumos de nossa sociedade? Theodore Dalrymple, com a lucidez que marca sua escrita, mostra como os "formadores de opinião" nem sempre estão certos do destino a que conduzem as massas.

facebook.com/erealizacoeseditora   twitter.com/erealizacoes   instagram.com/erealizacoes   youtube.com/editorae

issuu.com/editora_e   erealizacoes.com.br   atendimento@erealizacoes.com.br